普通高等教育土建类专业规划教材

Tielu yu Gonglu Gongcheng Gaiyusuan ji Gongchengliang Qingdan Jijia

铁路与公路工程概预算及工程量清单计价

陈小娟　谢　斌　主编

人民交通出版社股份有限公司
China Communications Press Co.,Ltd.

内 容 提 要

本书是以原铁道部铁建设[2006]113 号文公布的《铁路基本建设工程设计概(预)算编制办法》和交通部第 33 号文公布的《公路工程基本建设项目概算预算编制办法》(JTG B06—2007)为依据,全面介绍铁路、公路工程概预算的编制原理和方法,并以原铁道部《铁路工程工程量清单计价指南》和交通部《公路工程国内招标文件范本》、《公路工程工程量清单计量规则》等规范为基础,结合实际工程案例给出了工程量清单计价的具体操作思路。全书内容共分九章,主要内容包括:铁路、公路工程计价概述;铁路工程概预算的编制;铁路工程概预算定额及应用;铁路工程概预算编制实例;铁路工程工程量清单计价;公路工程概预算的编制;公路工程概预算定额及应用;公路工程概预算编制实例;公路工程工程量清单计价。

本书可作为高等院校工程造价专业、工程管理专业及土木工程专业学生的教材,也可供工程造价人员参考使用。

图书在版编目(CIP)数据

铁路与公路工程概预算及工程量清单计价 / 陈小娟,谢斌主编. --北京 : 人民交通出版社股份有限公司,2014.8

ISBN 978-7-114-11533-2

Ⅰ. ①铁… Ⅱ. ①陈… ②谢… Ⅲ. ①铁路工程—概算编制—教材②铁路工程—预算编制—教材③铁路工程—工程造价—教材④道路工程—概算编制—教材⑤道路工程—预算编制—教材⑥道路工程—工程造价—教材 Ⅳ. ①U215.1②U415.13

中国版本图书馆 CIP 数据核字(2014)第 151547 号

书　　名: 铁路与公路工程概预算及工程量清单计价
著 作 者: 陈小娟　谢　斌
责任编辑: 温鹏飞
出版发行: 人民交通出版社股份有限公司
地　　址: (100011)北京市朝阳区安定门外外馆斜街 3 号
网　　址: http://www.ccpress.com.cn
销售电话: (010)59757973
总 经 销: 人民交通出版社股份有限公司发行部
经　　销: 各地新华书店
印　　刷: 北京鑫正大印刷有限公司
开　　本: 787×1092　1/16
印　　张: 18.25
字　　数: 440 千
版　　次: 2014 年 8 月　第 1 版
印　　次: 2014 年 8 月　第 1 次印刷
书　　号: ISBN 978-7-114-11533-2
定　　价: 42.00 元

前言 Foreword

本书是以原铁道部和交通部颁发的最新编制办法(《铁路基本建设工程设计概(预)算编制方法》和《公路工程基本建设项目概算预算编制办法》)、《铁路工程工程量清单计价指南》、《公路工程工程量清单计算规则》及相关法规、规范和最新定额为依据编写。教材全面阐述了铁路、公路工程概预算的编制办法和工程量清单计价的方法,并给出了实际案例。

全书共分九章:第一章介绍工程计价原理的内容,第二章到第五章介绍铁路工程计价的原理和方法,第六章到第九章介绍公路工程计价的原理和方法。通过本书的学习,可以帮助读者进一步理解编制办法和工程量清单计价规范,提高学生及相关人员的实际操作与动手能力,解决工作中遇到的实际问题,弥补实践方面的不足,为今后工作打下良好的基础。

本书具有以下特点:

(1)本书在体结构系上以原铁道部和交通部最新颁布的编制办法和预算定额为依据,使教材与专业最新的规范保持同步,增强了知识的更新度。

(2)本书在内容上更加注重实践教学所占课程的比重,内容全面、案例丰富,便于读者更加全面地掌握知识点,提高读者实际动手操作的能力,具有很强的实用性。

(3)本书更加注重教材建设的系统配套性,深化教学内容改革,注重教学内容的前瞻性、实践性和系统性。

本书由兰州交通大学陈小娟、谢斌主编。各章编写分工如下:第一章、第四章、第七章由陈小娟编写,第二章由兰州交通大学顾伟红编写,第三章、第九章由谢斌编写,第五章由陈小娟、谢斌编写,第六章由兰州交通大学郝伟编写,第八章由郝伟、谢斌编写。在编写过程中,得到了中铁二十一局高工童亨涨的大力支持,在此表示衷心的感谢。

本书可作为高等院校工程造价专业、工程管理专业、土木工程专业等相关专业的学生的教材,也可供从事工程项目建设的建设单位、施工单位、勘察设计单位和监理单位等工程造价人员参考使用。

本书在编写过程中参考了大量的优秀教材,在此对所有作者一并表示感谢。鉴于作者经验和水平有限,书中难免存在不妥之处,恳请广大读者和同行专家批评指正,并提出宝贵意见,以便再版时采纳。

编者

2014年5月

前　言

目录 Contents

第一章　铁路、公路工程计价概述

第一节　工程计价方法

一、工程计价的原理

建设项目是兼具单件性与多样性的集合体。每一个建设项目的建设都需要按业主的特定需要进行单独设计、单独施工，不能批量生产和按整个项目确定价格，只能采用特殊的计价程序和计价方法，即将整个项目进行分解，划分为可以按有关技术经济参数测算价格的基本构造单元（如定额项目、清单项目），这样就可以计算出基本构造单元的费用。一般来说，分解结构层次越多，基本子项也越细，计算也更精确。

任何一个建设项目都可以分解为一个或几个单项工程，任何一个单项工程都是由一个或几个单位工程所组成。作为单位工程的各类建筑工程和安装工程仍然是一个比较复杂的综合实体，还需要进一步分解成分部工程，从工程计价的角度，还需要把分部工程按照不同的施工方法、构造及规格，加以更为细致的分解，划分为更为简单细小的部分，即分项工程。分解到分项工程后还可以根据需要进一步划分为定额项目或清单项目，这样就可以得到基本构造单元。

工程造价计价的主要思路就是将建设项目细分至最基本的构造单元，找到适当的计量单位及当时当地的单价，就可以采取一定的计价方法，进行分部组合汇总，计算出相应工程造价。工程计价的基本原理就在于项目的分解与组合。

工程计价的基本原理可以用公式的形式表达如下：

分部分项工程费＝∑[基本构造单元工程量（定额项目或清单项目）×相应单价]

二、工程计价标准和依据

工程计价标准和依据主要包括计价活动的相关规章规程、工程量清单计价和计量规范、工程定额和相关造价信息。

从目前我国现状来看，工程定额主要用于在项目建设前期各阶段对于建设投资的预测和估计，在工程建设交易阶段，工程定额通常只能作为建设产品价格形成的辅助依据。工程量清单计价依据主要适用于合同价格形成以及后续的合同价格管理阶段，计价活动的相关规章规程则根据其具体内容可能适用于不同阶段的计价活动。造价信息是计价活动所必需的依据。

1．计价活动的相关规章规程

现行计价活动相关的规章规程主要包括建筑工程发包与承包计价管理办法、建设项目投资估算编审规程、建设项目设计概算编审规程、建设项目施工图预算编审规程、建设工程招标控制价编审规程、建设项目工程结算编审规程、建设项目全过程造价咨询规程、建设工程造价咨询成果文件质量标准、建设工程造价鉴定规程等。

2. 工程量清单计价和计量规范

铁路工程工程量清单计价和计量规范主要是2007年5月原铁道部发布的《铁路工程工程量清单计价指南》(以下简称《07指南》)。公路工程工程量清单计价和计量规范主要是《公路工程工程量清单计量规则》,该规则主要依据交通部《公路工程国内招标文件范本》中的技术规范,结合公路建设项目内容编制。

3. 工程定额

工程定额主要指国家、省、有关专业部门制定的各种定额,包括工程消耗量定额和工程计价定额等。

4. 工程造价信息

工程造价信息主要包括价格信息、工程造价指数和已完工程信息等。

三、工程计价的基本程序

(一)工程概预算编制的基本程序

工程概预算的编制是国家通过颁布统一的计价定额或指标,对建筑产品价格进行计价的活动。国家以假定的建筑安装产品为对象,制定统一的预算和概算定额。然后按概预算定额规定的分部分项子目,逐项计算工程量,套用概预算定额单价(或单位估价表)确定直接工程费,然后按规定的取费标准确定其他的相关费用,最后得到工程概、预算价值。

工程概预算单位价格的形成过程,就是依据概预算定额所确定的消耗量乘以定额单价或市场价,经过不同层次的计算形成相应造价的过程。

(二)工程量清单计价的基本程序

工程量清单计价的基本原理可以描述为:按照工程量清单计价规范规定,在各相应专业工程计量规范规定的工程量清单项目设置和工程量计算规则基础上,针对具体工程的施工图纸和施工组织设计计算出各个清单项目的工程量,根据规定的计算方法计算出综合单价,并汇总各清单合价得出工程造价。

工程量清单计价的过程可以分为两个阶段:工程量清单的编制和利用工程量清单来编制投标报价(或招标控制价)。其计算过程可用以下公式表示:

分部分项工程费=∑分部分项工程量×相应分部分项综合单价

措施项目费=∑各措施项目费

其他项目费=暂列金额+暂估价+计日工+总承包服务费

单位工程报价=分部分项工程费+措施项目费+其他项目费+规费+税金

单项工程报价=∑单位工程报价

建设项目总报价=∑单项工程报价

其中:综合单价是指完成一个规定计量单位的分部分项工程量清单项目或措施清单项目所需的人工费、材料费、施工机械使用费和企业管理费与利润,以及一定范围内的风险费用。

工程量清单计价活动涵盖施工招标、合同管理以及竣工交付全过程,主要包括:工程量清单的编制,招标控制价、投标报价的编制,工程合同价款的约定,竣工结算的办理以及施工过程中的工程计量、工程价款支付、索赔与现场签证、工程价款调整和工程计价争议处理等活动。

第二节　工程计价定额

一、工程定额体系

工程定额是完成规定计量单位的合格建筑安装产品所消耗资源的数量标准。工程定额是一个综合概念,是建设工程造价计价和管理中各类定额的总称,包括许多种类的定额,可以按照不同的原则和方法对它进行分类。

1.按定额反映的生产要素消耗内容分类

可以把工程定额划分为劳动消耗定额、机械消耗定额和材料消耗定额三种。

(1)劳动消耗定额。简称劳动定额(也称人工定额),是在正常的施工技术和组织条件下,完成规定计量单位合格的建筑安装产品所消耗的人工工日的数量标准。劳动定额的主要表现形式是时间定额,但同时也表现为产量定额。时间定额与产量定额互为倒数。

(2)材料消耗定额。简称材料定额,是指在正常的施工技术和组织条件下,完成规定计量单位合格的建筑安装产品所消耗的原材料、成品、半成品、构配件、燃料以及水、电等动力资源的数量标准。

(3)机械消耗定额。机械消耗定额是以一台机械一个工作班为计量单位,所以又称为机械台班定额。机械消耗定额是指在正常的施工技术和组织条件下,完成规定计量单位合格的建筑安装产品所消耗的施工机械台班的数量标准。机械消耗定额的主要表现形式是机械时间定额,同时也以产量定额表现。

2.按定额的编制程序和用途分类

可以把工程定额分为施工定额、预算定额、概算定额、概算指标、投资估算指标五种。

(1)施工定额。施工定额是完成一定计量单位的某一施工过程或基本工序所需消耗的人工、材料和机械台班数量标准。施工定额是施工企业(建筑安装企业)组织生产和加强管理在企业内部使用的一种定额,属于企业定额的性质。施工定额是以某一施工过程或基本工序作为研究对象,表示生产产品数量与生产要素消耗综合关系编制的定额。为了适应组织生产和管理的需要,施工定额的项目划分很细,是工程定额中分项最细、定额子目最多的一种定额,也是工程定额中的基础性定额。

(2)预算定额。预算定额在正常的施工条件下,完成一定计量单位合格分项工程和结构构件所需消耗的人工、材料、施工机械台班数量及其费用标准。预算定额是一种计价性定额。从编制程序上看,预算定额是以施工定额为基础综合扩大编制的,同时它也是编制概算定额的基础。

(3)概算定额。概算定额是完成单位合格扩大分项工程或扩大结构构件所需消耗的人工、材料和施工机械台班的数量及其费用标准,是一种计价性定额。概算定额是编制扩大初步设计概算、确定建设项目投资额的依据。概算定额的项目划分粗细,与扩大初步设计的深度相适应，一般是在预算定额的基础上综合扩大而成的，每一综合分项概算定额都包含了数项预算定额。

(4)概算指标。概算指标是以单位工程为对象，反映完成一个规定计量单位建筑安装产品的经济消耗指标。概算指标是概算定额的扩大与合并，以更为扩大的计量单位来编制的。概算指标的内容包括人工、机械台班、材料定额三个基本部分，同时还列出了各结构分部的工程量及单位建筑工程(以体积计或面积计)的造价，是一种计价定额。

(5)投资估算指标。投资估算指标是以建设项目、单项工程、单位工程为对象，反映建设总投资及其各项费用构成的经济指标。它是在项目建议书和可行性研究阶段编制投资估算、计算投资需要量时使用的一种定额。它的概略程度与可行性研究阶段相适应。投资估算指标往往根据历史的预、决算资料和价格变动等资料编制，但其编制基础仍然离不开预算定额、概算定额。

上述各定额关系如表1-1所示。

各定额之间的关系图

表1-1

定 额 类 别	施工定额	预算定额	概算定额	概算指标	投资估算指标
对象	施工过程或基本工序	分项工程和结构构件	扩大的分项工程或扩大的结构构件	单位工程	建设项目、单项工程、单位工程
用途	编制施工预算	编制施工图预算	编制扩大初步设计概算	编制初步设计概算	编制投资估算
项目划分	最细	细	较粗	粗	很粗
定额水平	平均先进	平均	平均	平均	平均
定额性质	生产性定额	计价性定额			

二、预算定额及其基价编制

1. 预算定额的用途和作用

(1)预算定额是编制施工图预算、确定建筑安装工程造价的基础。

(2)预算定额是编制施工组织设计的依据。

(3)预算定额是工程结算的依据。

(4)预算定额是施工单位进行经济活动分析的依据。

(5)预算定额是编制概算定额的基础。

(6)预算定额是合理编制招标控制价、投标报价的基础。

2. 预算定额的编制原则

(1)按社会平均水平确定预算定额的原则。预算定额的平均水平，是在正常的施工条件下，合理的施工组织和工艺条件、平均劳动熟练程度和劳动强度下，完成单位分项工程基本构造要素所需要的劳动时间。

(2)简明适用的原则。简明适用一是指在编制预算定额时，对于那些主要的、常用的、价值量大的项目，分项工程划分宜细，次要的、不常用的、价值量相对较小的项目则可以粗一些；二是指预算定额要项目齐全；三是还要求合理确定预算定额的计算单位。

3.预算定额的编制依据

(1)现行劳动定额和施工定额。

(2)现行设计规范、施工及验收规范,质量评定标准和安全操作规程。

(3)具有代表性的典型工程施工图及有关标准图。对这些图纸进行仔细分析研究,并计算出工程数量,作为编制定额时选择施工方法确定定额含量的依据。

(4)新技术、新结构、新材料和先进的施工方法等。这类资料是调整定额水平和增加新的定额项目所必需的依据。

(5)有关科学实验、技术测定和统计、经验资料。这类工程是确定定额水平的重要依据。

(6)现行的预算定额、材料预算价格及有关文件规定等。包括过去定额编制过程中积累的基础资料,也是编制预算定额的依据和参考。

4.预算定额基价编制

预算定额基价就是预算定额分项工程或结构构件的单价,包括人工费、材料费和机械台班使用费,也称工料单价或直接工程费单价。

预算定额基价一般通过编制单位估价表、地区单位估价表及设备安装价目表所确定的单价,用于编制施工图预算。在预算定额中列出的“预算价值”或“基价”,应视作该定额编制时的工程单价。

预算定额基价的编制方法,简单说就是工、料、机的消耗量和工、料、机单价的结合过程。其中,人工费是由预算定额中每一分项工程用工数,乘以地区人工工日单价计算算出;材料费是由预算定额中每一分项工程的各种材料消耗量,乘以地区相应材料预算价格之和算出;机械费是由预算定额中每一分项工程的各种机械台班消耗量,乘以地区相应施工机械台班预算价格之和算出。

分项工程预算定额基价的计算公式如下:

$$\text{分项工程预算定额基价}=\text{人工费}-\text{材料费}+\text{机械使用费}$$

$$\text{人工费}=\sum(\text{现行预算定额中人工工日用量}\times\text{人工日工资单价})$$

$$\text{材料费}=\sum(\text{现行预算定额中各种材料耗用量}\times\text{相应材料单价})$$

$$\text{机械使用费}=\sum(\text{现行预算定额中机械台班用量}\times\text{机械台班单价})$$

预算定额基价是根据现行定额和当地的价格水平编制的,具有相对的稳定性。但是为了适应市场价格的变动,在编制预算时,必须根据工程造价管理部门发布的调价文件对固定的工程预算单价进行修正。修正后的工程单价乘以根据图纸计算出来的工程量,就可以获得符合实际市场情况的工程的直接工程费。

三、概算定额及其基价编制

概算定额是预算定额的综合与扩大。它将预算定额中有联系的若干个分项工程项目综合为一个概算定额项目。如砖基础概算定额项目,就是以砖基础为主,综合了平整场地、挖地槽、铺设垫层、砌砖基础、铺设防潮层、回填土及运土等预算定额中分项工程项目。

概算定额与预算定额的相同之处在于,它们都是以建(构)筑物各个结构部分和分部分项工程为单位表示的,内容也包括人工、材料和机械台班使用量定额三个基本部分,并列有基准价。概算定额表达的主要内容、表达的主要方式及基本使用方法都与预算定额相近。

概算定额与预算定额的不同之处，在于项目划分和综合扩大程度上的差异，同时，概算定额主要用于设计概算的编制。由于概算定额综合了若干分项工程的预算定额，因此使概算工程量计算和概算表的编制，都比编制施工图预算简化一些。

1. 概算定额的作用

概算定额主要作用如下：

(1)是初步设计阶段编制概算、扩大初步设计阶段编制修正概算的主要依据。

(2)是对设计项目进行技术经济分析比较的基础资料之一。

(3)是建设工程主要材料计划编制的依据。

(4)是控制施工图预算的依据。

(5)是施工企业在准备施工期间，编制施工组织总设计或总规划时，对生产要素提出需要量计划的依据。

(6)是工程结束后，进行竣工决算和评价的依据。

(7)是编制概算指标的依据。

2. 概算定额基价编制

概算定额基价和预算定额基价一样，都只包括人工费、材料费和机械费。是通过编制扩大单位估价表所确定的单价，用于编制设计概算。概算定额基价和预算定额基价的编制方法相同。概算定额基价按下列公式计算：

概算定额基价＝人工费＋材料费＋机械费

人工费＝现行概算定额中人工工日消耗量×人工单价

材料费＝∑(现行概算定额中材料消耗量×相应材料单价)

机械费＝∑(现行概算定额中机械台班消耗量×相应机械台班单价)

第三节 铁路、公路工程造价体系及计价依据

一、铁路、公路工程造价体系的形成

工程造价是指一个建设项目从立项开始到建成交付使用预期花费或实际花费的全部费用，即该建设项目有计划地进行固定资产再生产和形成相应的铺底流动资金和其他资产的一次性费用总和。按照铁路、公路基本建设程序，造价工作逐渐由粗到细、由不太准确到较准确，到最终反映工程实际投资。建设项目的每一个建设阶段都对应有计价工作，从而形成相应的具有特定用途的造价文件，主要包括以下内容。

(一)投资估算

投资估算是指在整个投资决策过程中，依据现有的资料和一定的方法，对拟建项目的投资数额进行的估测计算。

整个项目的投资估算总额，是指从筹建、施工直至建成投产的全部建设费用，其包括的内容视项目的性质和范围而定，通常包括工程费用、工程建设其他费用(建设单位管理费、征地

费、勘察设计费、生产准备费等)、预备费(设备、材料价格差、设计变更、施工内容变化所增加的费用及不可预见费)和协作工程投资调节税及贷款利息等。投资估算是可行性研究、设计方案比较、编制概算和进行施工预测的基础。

在编制工程项目可行性研究报告的投资估算时,应当根据可行性研究报告的内容、国家颁布的估算编制办法等,以估算时的价格进行投资估算,并合理地预测估算编制后直至工程竣工期间的工程价格、利率、汇率等动态因素的变化,打足建设资金,不留投资缺口。投资估算精度较差,一般应控制在实际投资造价的+30%～-10%之间。

(二)设计概算

设计概算包括总概算或修正总概算,是初步设计或技术设计文件的重要组成部分,根据设计要求和相应的设计图纸,按照概算定额或预算定额,各项取费标准,建设地区的自然、技术经济条件和设备预算价格等资料,预先计算和确定建设项目从筹建到竣工验收、交付使用的全部建设费用,即项目的总成本。

设计概算是编制预算、进行施工预测和批准投资的基础。设计概算应控制在批准的建设项目可行性研究报告投资估算允许浮动幅度范围内。一经批准,它所确定的工程概算造价便成为控制投资的最高限额,一般不允许突破。初步设计概算静态投资与批复可行性研究报告静态投资的差额一般不得大于批复可行性研究报告静态投资的10%。因特殊情况而超出者,须报原可行性研究报告批准单位批准。已批准的初步设计进行设计施工总承包招标的工程,其标底或造价控制值应在批准的总概算范围内。

(三)施工图预算

施工图预算是指在施工图设计阶段,当工程设计基本完成后,在工程开工前,根据施工图纸、施工组织设计、预算定额、费用标准以及地区人工、材料、机械台班的预算价格和技术经济条件等资料,对项目的施工成本进行的计算。施工图预算是施工图设计文件的重要组成部分。

编制施工图预算时要求有准确的工程数据,如详细的外业调查资料、施工图、设备报价等,要求精度较高。施工图预算是批准投资、审核项目、进行投标报价和进行成本控制的基础。

施工图预算与设计概算都属于设计预算的范畴,二者在费用的组成、编制表格、编制方法等方面基本相同,只是二者的编制定额依据、设计阶段和作用不同,施工图预算是对设计概算的深化和细化。施工图预算应当按已批准的初步设计和概算进行,一般不允许突破。

(四)施工预算

施工预算是指施工阶段,在施工图预算的控制下,施工单位企业根据施工图纸、铁路公路工程施工定额、施工组织设计等相关技术资料,从施工单位自身管理的角度,再次核定工程成本的经济文件。

施工企业通过编制施工预算,从而进一步分析施工所需的人工、材料、机械台班消耗的数量和费用,以便采取有效措施,使施工计划成本低于工程预算成本,确保施工单位获得良好的经济效益。因此,施工预算是企业内部经营核算的重要依据,也是企业管理工作的一项重要制度和措施。

(五)标底

实行招标的工程项目,在招标前建设单位都要对发包工程的总投资额再进行一次测算,其测算值即为标底。标底是一项重要的投资额测算,它是评标的一个基本尺度,即投标方的报价只有在不超过标底10%至不低于标底的20%范围内，才有可能中标，否则，将会导致投标失败。

因此，标底在招标工作中起着关键的作用，其性质与概预算很相近，编制方式也相同，即一方面要严格遵守国家的有关规定和要求，另一方面对编制的精度要求很严，应力求准确。标底一般以设计概算和施工图预算为基础，并以其中的建筑安装工程费为主，且不超过批准的概算或施工图预算。

（六）投标报价

投标报价是由投标单位根据招标文件及有关资料测算完成招标工程所需各项费用的经济文件。投标报价是投标文件中最重要的组成部分，是投标工作的关键和核心，也是投标方案决定能否中标的主要依据。因为报价过高，中标率就会降低；相反，若报价太低，虽中标率高，但利润低，甚至会亏本。因此，能否准确计算和合理确定工程造价，是施工企业在投标竞争中能否获胜的前提条件。中标单位的报价，将直接成为工程承包合同价的主要依据，并对整个施工过程起着严格的制约作用，且承包单位和业主均不能随意更改报价。

投标报价是投标单位根据对工程和招标文件的理解程度编制的。投标报价不仅可按国家的有关规定进行编制，而且还可以根据投标单位的实际情况和建筑市场的竞争状况在预算造价范围内上下浮动。因此，投标报价比概预算更复杂、更灵活。

（七）工程结算

工程结算是指项目在施工过程中由于器材采购、劳务供应、勘察设计、可行性研究及施工单位已完工程等经济活动而引起的货币支付行为。因此，项目的结算过程实质上就是组织基本建设活动，购买机具、材料，及时补偿劳务的投资过程，也是及时掌握项目经济活动的动态及其变化的过程。

项目结算的主要内容有货物结算、劳务供应结算、工程费用结算及其他货币资金的结算等。其中工程费用结算是项目结算中最重要和最关键的部分，占项目结算额的75%～80%。工程费用的结算方式主要有按月结算、竣工后一起结算、分段结算等。结算的依据主要是由驻地监理工程师验收签认的实际已完的工程量和有关合同单价。

（八）竣工决算

竣工决算，对业主而言，是指在竣工验收阶段，当建设项目完工后，由业主编制的建设项目从筹建到建成投产或使用的全部实际成本；对承包商而言，是根据施工过程中现场实际情况的记录、设计变更、现场工程更改、预算定额、材料预算价格和各项费用标准等资料，在概算范围内和施工图预算的基础上对项目的实际成本开支进行的核算，用于承包商向业主办理结算工程价款的依据。

竣工决算统计、分析项目的实际开支，为以后的成本测算积累经验和数据，是工程竣工验收、交付使用的重要依据，也是进行建设财务总结，银行对其实行监督的必要手段。特别是对承包商，是作为其企业内部成本分析、反映经营效果、总结经验提高经营管理水平的手段。

二、铁路、公路工程造价的计价原则

在建设的各阶段要合理确定其造价，为造价控制提供依据，应遵循以下原则。

1. 符合国家的有关规定

工程建设投资巨大，涉及国民经济的方方面面，因此国家对投资规模、投资方向、投资结构等必须进行宏观调控。在造价编制过程中，应贯彻国家在工程建设方面的有关法规，使国家的宏观调控政策得以实施。

2. 保证计价依据的准确性

合理确定工程造价是工程造价管理的重要内容，而造价编制的基础资料的准确性则是合理确定造价的保证。为确保计价依据的准确性，应注意以下几个方面：

(1)正确计算工程量，合理确定工、料、机单价。工程量及工、料、机单价的合理与否，直接影响到造价中最为重要、最为基本的直接费的准确性，进而影响整个造价的准确性。

(2)正确选用工程定额。为适应建设各阶段确定造价的需要，原铁道部、交通部编制颁发了铁路、公路工程《估算指标》、《概算定额》、《预算定额》等工程定额。在编制造价时应根据建设阶段以及编制办法的规定，合理选用定额，才能准确地编制各阶段造价。

(3)合理使用费用定额。编制铁路工程造价，取费必须按《铁路基本建设工程投资预估算、估算编制办法》或《铁路基本建设工程设计概(预)算编制办法》中规定的计算方法和费率进行；而编制公路工程造价时，除直接工程费以外的其他多项取费，均按《公路基本建设工程投资估算编制办法》或《公路基本建设工程概算预算编制办法》中规定的计算方法及费率进行计算。各项费率应根据工程的实际情况取定。

(4)注意计价依据的时效性。计价依据是一定时期社会生产力的反映，而生产力是不断向前发展的。当社会生产力向前发展了，计价依据就会与已经发展了的社会生产力不相适应，因而，计价依据在具有稳定性的同时，也具有时效性。在编制造价时，应注意不要使用过时或作废的计价依据，以保证造价的准确合理性。

3. 技术与经济相结合

完成同一项工程，可有多个设计方案、多个施工方案。不同方案消耗的资源不同，因而其造价也不相同。编制造价时，在考虑技术可行的同时，应考虑各可行方案的经济合理性，通过技术比较、经济分析和效果评价，选择方案，确定造价。

三、铁路、公路工程造价的计价依据

1. 有关工程造价的经济法规与政策

有关工程造价的经济法规、政策包括与建安工程造价相关的国家规定的建筑安装工程营业税率、城市建设维护税税率、教育费附加费费率；与进口设备价格相关的设备进口关税税率、增值税税率；与工程建设其他费中土地补偿相关的国家对征用各类土地所规定的各项补偿费标准等。

2. 编制办法

铁路、公路基本建设工程各阶段计价的编制和取费应依据国家颁布的费用编制办法进行。编制办法规定了工程建设项目在编制工程造价中除人工、材料、机械消耗以外的其他费用需要量计算的标准，包括其他直接费定额、间接费定额、设备工具器具及家具购置费定额、工程建设其他费用中各项指标和定额。

目前铁路投资估算采用原铁道部铁建设[2008]10 号文公布的《铁路基本建设工程投资预估算、估算编制办法》,该办法自 2008 年 2 月 1 日起施行;铁路概算和预算采用原铁道部铁建设[2006]113 号文公布的《铁路基本建设工程设计概(预)算编制办法》,该办法自 2006 年 7 月 1 日起施行。公路概算和预算采用交通部 2007 年第 33 号文公布的《公路工程基本建设项目概算预算编制办法》(JTG B06—2007),该办法自 2008 年 1 月 1 日起施行。

3. 工程定额

铁路概算和预算根据铁建设[2010]223 号"关于公布《铁路路基工程预算定额》等二十九项定额标准的通知"执行,2011 年 1 月 1 日后批复初步设计的项目全部采用新版《铁路路基、桥涵、隧道、轨道、通信、信号、信息、电力、电力牵引供电、房屋、给水排水、机务车辆机械、站场工程概预算定额》和《高速铁路路基、桥梁、隧道、无砟轨道工程补充定额》等 27 册工程定额及与预算定额配套使用的《铁路工程概预算工程量计算规则》、《铁路工程混凝土、水泥砂浆配合比用料表》。缺项部分,采用相应定额补充。

公路工程预算定额目前采用交通部 2007 年 33 号文公布的《公路工程预算定额》(JTG/T B06—02—2007)。它是编制施工图预算的依据,也是编制工程概算定额(指标)的基础,适用于公路基本建设新建、改建工程,不适用于独立核算执行产品出厂价格的构件厂生产的构配件。对于公路养护的大、中修工程,可参考使用。定额包括:路基工程、路面工程、隧道工程、桥涵工程、防护工程、交通工程及沿线设施、临时工程、材料采集及加工、材料运输共九章及附录。

4. 设计图纸资料

设计图纸资料在编制造价时其作用主要表现在两个方面:一是提供计价的主要工程量,这部分工程量一般是从设计图纸中直接摘取;二是根据设计图纸提出合理的施工组织方案,确定造价编制中有关费用的基础数据,计算相应的辅助工程和辅助设施的费用。

5. 基础单价

基础单价是指工程建设中所消耗的劳动力、材料、机械台班以及设备工器具等单位价格的总称。

(1)劳动力的工日单价。是指建筑安装生产工人日工资单价,由生产工人基本工资、辅助工资、特殊地区津贴及地区生活补贴、工资性补贴、职工福利费等组成,具体标准可按照编制办法规定计算。

(2)材料单位价格。习惯称为材料的预算价格,是指材料(包括原材料、构件、成品、半成品、燃料、电等)从其来源地(或交货地点)到达施工工地仓库后的出库价格。目前铁路工程建设材料价格基期(2005 年)采用原铁道部 2006 年 129 号文公布的《铁路工程建设材料及其价格》,编制期主要材料的价格采用当地调查价。公路预算定额中的基价的材料费单价按北京市 2007 年价格记取,编制期材料预算价格按实计取。

(3)施工机械台班单价。是指列入概、预算定额的施工机械按照相应的铁路、公路施工机械台班费用定额分析的单价。目前铁路施工机械定额采用原铁道部 2006 年 129 号文公布的《铁路工程施工机械台班费用定额》,公路施工机械定额采用交通部 2007 年 33 号文公布的《公路工程机械台班费用定额》(JTG/T B06—03—2007)。

(4)设备费单价。是指各种进口设备、国产标准设备和国产非标准设备从其来源地(或交货地点)到达施工工地仓库后的出库价格。

6. 施工组织计划

施工组织计划是对工程施工的时间、空间、资源所做的全面规划和统筹安排,它包括施工方案的确定、施工进度的安排、施工资源的计划和施工平面的布置等内容。以上这些内容均涉及造价编制中有关费用的计算,如对同一施工任务可采用不同的施工方法,其工程费用会不相同;资源供应计划不同,施工现场的临时生产和生活设施就不会相同,相应的费用也不会相同;施工平面布置中堆场、拌和场的位置不同,则材料运距不同,其运费也不相同。

7. 工程量计算规则

工程量计算规则是计量工作的法规,它规定工程量的计算方法和计算范围。在铁路、公路工程概预算中,工程量计算规则都是放在工程定额的说明中。若采用工程量清单编制概预算时,其工程量计算规则依据铁路、公路工程量清单计价指南中规定执行。

8. 其他资料

包括有关合同、协议以及用到其他的一些资料,如某种型号钢筋的每米质量,土地平整中土体体积计算时的棱台公式,标准构件的尺寸等,需要从一些工具书或标准图集中查阅。

第四节　铁路、公路工程基本建设概述

一、铁路与公路工程建设项目的构成

建设项目是指按一个总体设计的建设工程并组织施工,完工后具有完整的系统,可以独立地形成生产能力或使用价值的工程。

铁路基本建设项目,从大的方面而言,有铁路新线修建项目、既有线复线或电化改造项目、线路或个体工程改扩建项目等,它们又包含许多子项目,如新建铁路基本建设工程项目有路基、桥涵、轨道、隧道及明洞、站场建筑设备、机务设备、车辆设备、给排水、通信、信号、电力、房屋建筑,一般将前五项工程统称为站前工程,其余工程统称为站后工程。

公路基本建设项目,一般指建成后可以发挥其使用价值和投资效益的一条公路或一座独立的大、中型桥梁或一座隧道。

建设项目按构成可划分为单项工程、单位工程、分部工程及分项工程。

1. 单项工程

凡具有独立的设计文件,可独立组织施工,竣工后可以独立发挥生产能力或工程效益的工程,称为一个单项工程。例如修建一条新线,将其划分为若干个区段,每个区段可作为单项工程完成。

2. 单位工程

凡具有独立设计、施工,但完工后不能独立发挥生产能力或效益的工程。铁路工程如站前工程、站后工程以及一段铁路的任何一段路基,任何一座桥梁,隧道等均可作为一项单位工程;

公路工程中同一合同段内的路基、桥涵或隧道等。

3.分部工程

分部工程是单位工程的组成部分,它是按建筑安装工程的结构、部位或工序对单位工程的进一步划分。如一座桥梁,由上部建筑和下部建筑组成,而桥梁墩台又由基础工程和主体工程等分部工程组成。

4.分项工程

分项工程是分部工程的组成部分,一般按不同的施工方法、材料或工种划分。如主体工程由模板、钢筋、混凝土等工程组成。分项工程是整个铁路、公路工程成本、进度控制的基本单位。

二、铁路与公路工程建设程序

建设程序是指建设项目从规划立项到竣工验收的整个建设过程中各项工作的先后次序,这个次序是由工程建设的客观规律决定的,违反建设程序,会造成经济损失,带来不良后果。建设程序大体包括立项决策、设计、工程实施和竣工验收四个阶段。

(一)立项决策阶段

1.编制项目建议书

根据国民经济发展的长远规划和路网建设规划,进行项目的预可行性研究,编制项目建议书。预可行性研究报告是项目立项的依据,根据国家批准的路网中长期规划,收集相关资料,进行社会、经济和运量调查、现场踏勘,系统研究项目在路网及综合交通运输体系中的作用和对社会经济发展的作用,初步提出建设方案、规模和主要技术标准,对主要工程、外部环境、土地利用、协作条件、项目投资、资金筹措、经济效益等初步研究后编制,论证项目建设的必要性和可能性。项目建议书应对拟建项目的目的、要求、主要技术标准、原材料及资金来源筹措以及经济效益和社会效益等提出文字说明。项目建议书是进行各项前期准备工作和可行性研究的依据。项目建议书按国家规定必须经过报批。

2.编制可行性研究报告

根据批准的项目建议书,在初测基础上进行可行性研究,编制可行性研究报告。可行性研究文件是项目决策的依据,根据国家批准的铁路、公路中长期规划或项目建议书开展初测,进行社会、经济和运量调查,综合考虑运输能力和运输质量,从技术、经济、环保、节能、土地利用等方面进行全面深入的论证,对建设方案、建设规模、主要技术标准等进行比较分析后,提出推荐意见,进行基础性设计,提出主要工程数量、主要设备和材料概数、拆迁概数、用地概数和补偿方案,施工组织方案,建设工期和投资估算,进行经济评价后编制,论证建设项目的可行性。可行性研究的工程数量和投资估算要有较高的准确度,环境保护、水土保持和使用土地设计工作应达到规定的深度。可行性研究是基本建设前期工作的重要组成部分,是建设项目立项、决策的主要依据。

铁路建设项目可行性研究,应根据批准的项目建议书,从技术、经济上进行全面深入的论证,采用初测资料编制。可行性研究的工程数量和投资估算要有较高精度。可行性研究审批后,即作为计划任务书。公路建设项目可行性研究,应通过必要的测量(高速公路、一级公路必须做)、地质勘探(大桥、隧道及不良地质地段等),在认真调查研究,拥有必要资料的基础上,对不同建设方案从经济上、技术上进行综合论证，提出推荐建设方案。工程可行性研究报告经审批后作为初步测量及编制初步设计文件的依据。

按现行规定，大中型和限额以上项目可行性研究报告经批准后，项目可根据实际需要成立项目管理机构，即建设单位。

(二)编制设计文件阶段

铁路、公路工程基本建设项目一般采用两阶段设计，即初步设计和施工图设计。对于技术简单、方案明确的小型建设项目，也可采用一阶段设计，即一阶段施工图设计。对于技术上复杂、基础资料缺乏和不足的建设项目，或建设项目中的复杂特大桥、互通式立体交叉、隧道、高速公路和一级公路的交通工程及沿线设施中的机电设备工程等，必要时采用三阶段设计，即初步设计、技术设计和施工图设计。勘查、设计承包单位按照招投标法的规定应经过招投标确定。

1. 初步设计

初步设计应根据批复的可行性研究报告、测设合同及勘测资料进行编制。初步设计的目的是确定设计方案，必须进行多设计方案比选，才能确定最合理的设计方案。设计方案确定后，拟定修建原则，计算工程数量和主要材料数量，提出初步施工方案，编制初步设计概算，提供文字说明和有关的图表资料。初步设计文件经审查批复，列入国家基本建设年度计划后，即作为订购主要材料、机具、设备等及联系征用土地、拆迁等事宜，进行施工准备，编制施工图设计文件和控制建设项目投资等的依据。

建设项目初步设计要确定线路走向、主要技术条件、运输能力、工程数量、征地数量、施工组织方案和总概算。要明确修建期限、设计年度与分期加强方案，要对项目的经济效益核算落实。铁路建设项目初步设计文件审查批准后，即可组织工程招标投标、编制开工报告等工作。

2. 技术设计

按三阶段设计的项目，应进行技术设计。技术设计应根据初步设计的批复意见、勘测设计合同要求，进一步勘测调查、分析比较，解决初步设计中尚未解决的问题，落实技术方案，计算工程数量，提出修正的施工方案，编制修正设计概算，批准后即作为施工图设计的依据。

3. 施工图设计

两阶段(或三阶段)施工图设计应根据初步设计(或技术设计)的批复意见、勘测设计合同，到现场进行详细勘查测量，确定路中线及各种结构物的具体位置和设计尺寸，确定各项工程数量，提出文字说明和有关图表资料，做出施工组织计划，并编制施工图预算，向建设单位提供完整的施工图设计文件。

(三)工程实施阶段

1. 招标与投标阶段

铁路与公路基本建设项目实行招标承包制。按照国家招投标法的规定，凡是符合招标范围标准的铁路、公路建设项目都必须要招投标，包括勘察、设计、施工、监理以及重要物资、设备采购。招标由建设单位根据国家颁布的招标投标法和原铁道部、交通部有关规定组织进行，从投标的单位中择优选定承包方。

铁路、公路基本建设签订的承发包合同，大多采用单价合同。单价合同是按招标文件提供的工程量清单，由投标单位根据清单项目、企业内部定额测算填报单价最终形成投标价的合同类型。

2. 施工准备

铁路、公路工程施工涉及面广，为了保证施工的顺利进行，建设单位、勘测设计单位、施工单位和建设银行等都应在施工准备阶段充分做好各自的准备工作。

建设单位应根据计划要求的建设进度组建专门的管理机构，办理登记及征地、拆迁等工作，做好施工沿线各有关单位和部门的协调工作，抓紧配套工程项目的落实，提供技术资料、建筑材料、机具设备的供应。

勘测设计单位应按照技术资料供应协议，按时提供各种图纸资料，做好施工图纸的会审及移交工作。

施工单位应首先熟悉图纸并进行现场核对，编制实施性施工组织设计和施工预算，同时组织先遣人员、部分机具、材料进场，进行施工测量、修筑便道及生产、生活用临时设施，组织材料及技术物资的采购、加工、运输、供应、储备，提出开工报告。

工程监理单位应组织监理机构或建立监理组织体系，熟悉施工设计文件和合同文件；组织工程监理人员和设备进入施工现场；根据工程监理制度规定的程序和合同条款，对施工单位的各项施工准备工作进行审批、验收、检查，合格后，使其按合同规定要求如期开工。

建设银行应会同建设、设计、施工单位做好图纸的会审，严格按计划要求进行财政拨款或贷款，做好建设资金的供应工作。

3. 工程实施阶段

施工准备工作完成后，施工单位必须按工程承包合同规定的日期开始施工。在建设项目的整个施工过程中，应严格执行有关的施工技术规程，按照设计要求，确保工程质量和进度，安全文明施工，并及时做好工程的中间结算。坚持施工过程组织原则，加强施工管理，大力推广应用新技术、新工艺，尽量缩短工期，降低工程造价，做好施工记录，建立技术档案。

（四）工程竣工验收阶段

建设项目的竣工验收是铁路、公路工程基本建设全过程的最后一个程序。工程验收是一项十分细致而又严肃的工作，必须从国家和人民的利益出发，按照国家基本建设项目竣工验收规定和办法的要求，认真负责地对全部基本建设工程进行总验收。未经验收或验收不合格的，不得交付使用。竣工验收包括对工程的实体质量、工程资料、数量、工期、生产能力、建设规模和使用条件的审查。对建设单位和施工企业编报的固定资产移交、清单、隐蔽工程说明和竣工决算（竣工验收时，建设单位必须及时编制竣工决算，核定新增固定资产的价值，考核分析投资效果）等进行细致检查。

当全部基本建设工程经过验收合格，完全符合设计要求后，应立即移交给生产部门正式使用。对存在问题要明确责任、确定处理措施和期限。

项目结束后，由建设单位编制项目后评价报告，评价本项目是否达到预期目的和效益。

三、铁路、公路工程建设程序与概预算的关系

铁路、公路工程造价包括建设程序各阶段所编制的各种概预算文件。由于建设各阶段的工作深度不同，因而各阶段所编制的概预算文件的准确性和作用也有所不同，所使用的主要计价依据定额也不相同，项目发展周期与概预算的关系如表 1-2 所示。

项目发展周期与概预算的关系 表 1-2

概预算名称	建设程序	主要作用	相互关系
投资估算	项目建议书、可行性研究阶段	投资估算是决算、筹资和控制造价的主要依据	对拟建项目所需投资，通过编制估算文件预先测算和确定
设计概算	初步设计阶段	按两阶段设计的建设项目，概算经批准后是确定建设项目投资的限度；是签订建设项目总承包合同的依据；在初步设计批准后即进行招标的工程，其概算的建筑安装工程费用是编制标底的控制依据	设计概算较投资估算的准确性有所提高，但它受投资估算的控制
修正概算	技术设计阶段	按三阶段设计的建设项目，修正概算经批准后是确定建设项目投资的额度；是签订建设项目总承包合同的依据；在初步设计批准后即进行招标的工程，其修正概算的建筑安装工程费用是编制标底的控制依据	是对初步设计概算进行修正调整，比概算造价准确，但受概算造价的控制
施工图预算	施工图设计阶段	施工图预算经批准后，是签订建筑安装工程承包合同、办理工程价款结算的依据；是实行建筑安装工造价包干的依据；实行招标的工程，其建筑安装工程费用是编制标底的基础	比概算或修正概算更为详尽和准确，但同样要受到概算或修正概算的控制
标底、报价	工程招投标阶段	标底是评标中衡量投标报价是否合理的尺度，确定投标单位能否中标的重要依据；是招标中防止盲目报价、抑制低价抢标现象的重要手段；是控制投资额度，核实建设规模的文件。 投标报价是投标单位在对建设项目进行成本预测的基础上，考虑适当利润而确定出来的。报价是投标单位完成招标文件规定的工作内容向建设单位提出的意向性价格	标底是建筑产品在建筑市场交易中的一种预期价格；报价是投标者根据本企业的成本核算情况，在本项目成本预测的基础上，考虑适当利润及相应的投资策略而确定出来的。标底和报价不能超过预算或概算
合同价	工程招投标阶段	合同价是合同双方在合同执行过程中的依据	合同价具有市场价格的性质。它是由承发包双方，即商品和劳务买卖双方根据市场行情共同认可的成交价格，但它并不等同于实际工程价格
工程结算	合同实施阶段	结算价格是该结算工程的实际价格	结算价是指在合同实施阶段，在工程结算时按合同调价范围和调价方法，对实际发生的工程量增减、设备和材料价差等进行调整后计算和确定的价格
竣工决算	工程完工后	竣工决算是确定新增固定资产价值，全面反映建设成果的文件，是竣工验收和移交固定资产的依据	竣工决算是工程完工后，将设计变更和施工变化等方面因素考虑进去，对施工图预算进行最后调整补充而编制的

注：各阶段概预算文件相互衔接，由粗到细，由浅到深，由预期到实际，前者制约后者，后者修正和补充前者。

第二章　铁路工程概预算的编制

铁路工程概预算的编制阶段应与设计阶段一致。两阶段设计，初步设计阶段编制总概算，施工图设计阶段编制投资检算或总预算。一阶段设计，编制总预算。以下按照铁建[2006]113号文《国家铁路设计概预算编制办法》介绍铁路工程概预算的编制方法、费用构成、各类费用计取方法。

第一节　铁路工程概预算编制概述

一、设计概（预）算的编制层次

设计概（预）算按单项概（预）算、综合概（预）算、总概（预）算三个层次逐步完成。

单项概（预）算是确定建设项目中的某一个单项（单位）工程的概（预）算价值。

综合概（预）算是将建设项目中各类工程单项概（预）算按综合概（预）算章节表的内容和顺序进行汇总的文件。

总概（预）算是以综合概（预）算为依据，按综合概（预）算章节表所划分的章号顺序与名称、费用类别进行分章汇总。

总概（预）算汇总是当一个建设项目编有二个以上的总概（预）算时，将各个总概（预）算分章汇总，从而求得整个建设项目的概（预）算总额。

二、编制范围及单元

（一）总概（预）算的编制范围

总概（预）算是用以反映整个建设项目投资规模和投资构成的文件。一般应按整个建设项目的范围进行编制。但遇有以下情况，应根据要求分别编制总概（预）算，并汇编该建设项目的总概（预）算汇总表。

（1）两端引入工程可根据需要单独编制总概（预）算。

（2）编组站、区段站、集装箱中心站应单独编制总概（预）算。

（3）跨越省（自治区、直辖市）或铁路局者，除应按各自所辖范围编制总概（预）算外，尚需以区段站为界，分别编制总概（预）算。

（4）分期建设的项目，应按分期建设的工程范围，分别编制总概（预）算。

（5）一个建设项目，如由几个设计单位共同设计，则各设计单位按各自承担的设计范围编制总概（预）算。总概（预）算汇总表由建设项目总体设计单位负责汇编。如有其他特殊情况，可按实际需要划分总概(预)算的编制范围。

(二)综合概(预)算的编制范围

综合概(预)算是具体反映一个总概(预)算范围内的工程投资总额及其构成的文件,其编制范围应与相应的总概(预)算一致。

(三)单项概(预)算的编制内容及单元

单项概(预)算是编制综合概(预)算、总概(预)算的基础,是详细反映各工程类别和重大、特殊工点的主要概(预)算费用的文件。

编制内容包括人工费、材料费、施工机械使用费、运杂费、价差、施工措施费、特殊施工增加费、间接费和税金。

编制单元应按总概(预)算的编制范围划分,并按工程类别分别编制。其中技术复杂的特大、大、中桥及高桥(墩高 50m 及以上),4000m 以上的单、双线隧道,多线隧道及地质复杂的隧道,大型房屋(如机车库、3000 人及以上的站房等)以及投资较大、工程复杂的新技术工点等,应按工点分别编制单项概(预)算。

三、编制深度及要求

设计概(预)算的编制深度应与设计阶段及设计文件组成内容的深细度相一致。

(一)单项概(预)算

应结合建设项目的具体情况、编制阶段、工程难易程度,确定其编制深度。

(二)综合概(预)算

根据单项概(预)算,按附录一"铁路工程综合概(预)算章节表"的顺序进行汇编,没有费用的章,在输出综合概(预)算表时其章号及名称应保留,各节中的细目结合具体情况可以增减。一个建设项目有几个综合概(预)算时,应汇编综合概(预)算汇总表。

(三)总概(预)算

根据综合概(预)算,分章汇编。没有费用的章,在输出总概(预)算表时其章号及名称一律保留。一个建设项目有几个总概(预)算时,应汇编总概(预)算汇总表。

四、定额的采用

(一)基本规定

根据不同设计阶段、各类工程(其中路基、桥涵、隧道、轨道及站场简称"前站"工程)的设计深度、铁路工程定额体系的划分,具体定额的采用按以下规定执行。

(1)初步设计概算:采用预算定额,"站后"工程可采用概算定额。

(2)施工图预算、投资检算:采用预算定额。

(二)其他规定

(1)独立建设项目的大型旅客站房的房屋工程及地方铁路中的房屋工程可采用工程所在地的地区统一定额(含费用定额)。

(2)对于没有定额的特殊工程及尚未实践的新技术工程,设计单位应在调查分析的基础上补充单价分析,并随着设计文件一并送审。

五、几个基本概念

1. 基期

基期指编制定额基价时所采用的价格标准的时间位置(年)。

2. 基期价格

基期价格指编制定额基价时采用的价格标准,包括人工单价、材料单价、机械台班单价。

3. 基价

基价指一个定额单位规定消耗的工日、材料、机械台班数量分别乘以人工、材料、机械台班基期价格所得人工费、材料费、机械使用费之和。

4. 编制期

编制期指概(预)算编制时的时间位置(年)。

5. 编制期价格

编制期价格指概(预)算编制时的价格(包括工资标准、材料单价、机械台班单价等)。

6. 价差

价差是指形成工程造价的各种因素,因时间、地点的不同,由于价格变化对工程造价产生的相对差值。价差的计算根据具体情况和编制要求,有不同的计算方法和范围。

现行编制办法规定,基期以2005年度价格水平作为基期价的取费依据,基期至编制之间产生的价差包括人工费价差、材料费价差、机械费价差、运杂费价差和设备费价差等需计算和调整。

六、章节划分及静态投资费用种类

(一)章节划分

铁路工程是一个体形庞大的线形构造物,虽然有多样性和单件性的特点,但就其实物形态来说,都是由许多部分组成的。为了准确无误地计算和确定建筑安装工程的造价,使之有利于铁路工程概预算的编审,必须对铁路基本建设项目进行科学的分析与分解。即将一个基本建设项目分解为若干个单项工程,再将一个单项工程分解为若干个单位工程,依次又将单位工程分解为若干个分部工程,最后将分部工程分解为若干个分项工程。因此,分项工程是概预算项目划分的基本单位。原铁道部颁布了统一的铁路工程“概预算项目表”(见附录一),以此规范铁路工程造价文件的编制口径。

铁路基本建设工程的概(预)算费用,按不同工程和费用类别划分为四部分,共十六章34节,编制概(预)算应采用统一的章节表,其各章节的细目及内容,见附录一。

各部分和各章费用名称如下:

第一部分　静态投资

　第一章　拆迁及征地费用

　第二章　路基

　第三章　桥涵

　第四章　隧道及明洞
　第五章　轨道
　第六章　通信、信号及信息
　第七章　电力及电力牵引供电
　第八章　房屋
　第九章　其他运营生产设备及建筑物
　第十章　大型临时设施和过渡工程
　第十一章　其他费用
　第十二章　基本预备费
第二部分　动态投资
　第十三章　工程造价增涨预留费
　第十四章　建设期投资贷款利息
第三部分　机车车辆购置费
　第十五章　机车车辆购置费
第四部分　铺底流动资金
　第十六章　铺底流动资金

在编制概预算时，必须严格按照项目表的序列及内容编制，不得随意划分。如果实际出现的费用项目与项目表里的内容不完全相符，一、二、三、四部分和“章、节”的序号应保留不变。

(二)静态投资费用种类

铁路工程基本建设费用是由静态投资、动态投资、机车车辆购置费、铺底流动资金四个部分构成，其中的静态投资是由建筑安装工程费、设备及工器具购置费、工程建设其他费用和基本预备费四个部分组成。

(1)建筑工程费(费用代号：Ⅰ)指路基、桥涵、隧道及明洞、轨道、通信、信号、信息、电力、电力牵引供电、房屋、给排水、机务、车辆、动车、站场、工务、其他建筑工程等和属于建筑工程范围内的管线敷设、设备基础、工作台等，以及拆迁工程和应属于建筑工程费内容的费用。

(2)安装工程费(费用代号：Ⅱ)指各种需要安装的机电设备的装配、装置工程，与设备相连的工作台、梯子等的装设工程，附属于被安装设备的管线敷设，以及被安装设备的绝缘、刷油、保温和调整、试验所需的费用。

(3)设备购置费(费用代号：Ⅲ)指一切需要安装与不需要安装的生产、动力、弱电、起重、运输等设备(包括备品备件)的购置费。

(4)其他费(费用代号：Ⅳ)指土地征用及拆迁补偿费、建设项目管理费、建设项目前期工作费、研究试验费、计算机软件开发与购置费、配合辅助工程费、联合试运转及工程动态检测费、生产准备费、其他。

(5)基本预备费指设计概(预)算中难以预料的费用。

七、费用项目组成

概(预)算费用项目组成见图2-1。

概预算费用中，建筑安装工程费是一个复杂庞大的综合体，是计算工作量最大的费用，同时也是概预算价值的主要组成部分，其费用通常占工程总造价的80%左右。因此，在一定意义上讲，编制铁路工程概预算，主要是编制建筑安装工程概预算。铁路工程招投标实质上也是对建筑安装工程进行招投标。因此，对建筑安装工程费用的测算精度将直接影响工程概预算的编制质量。

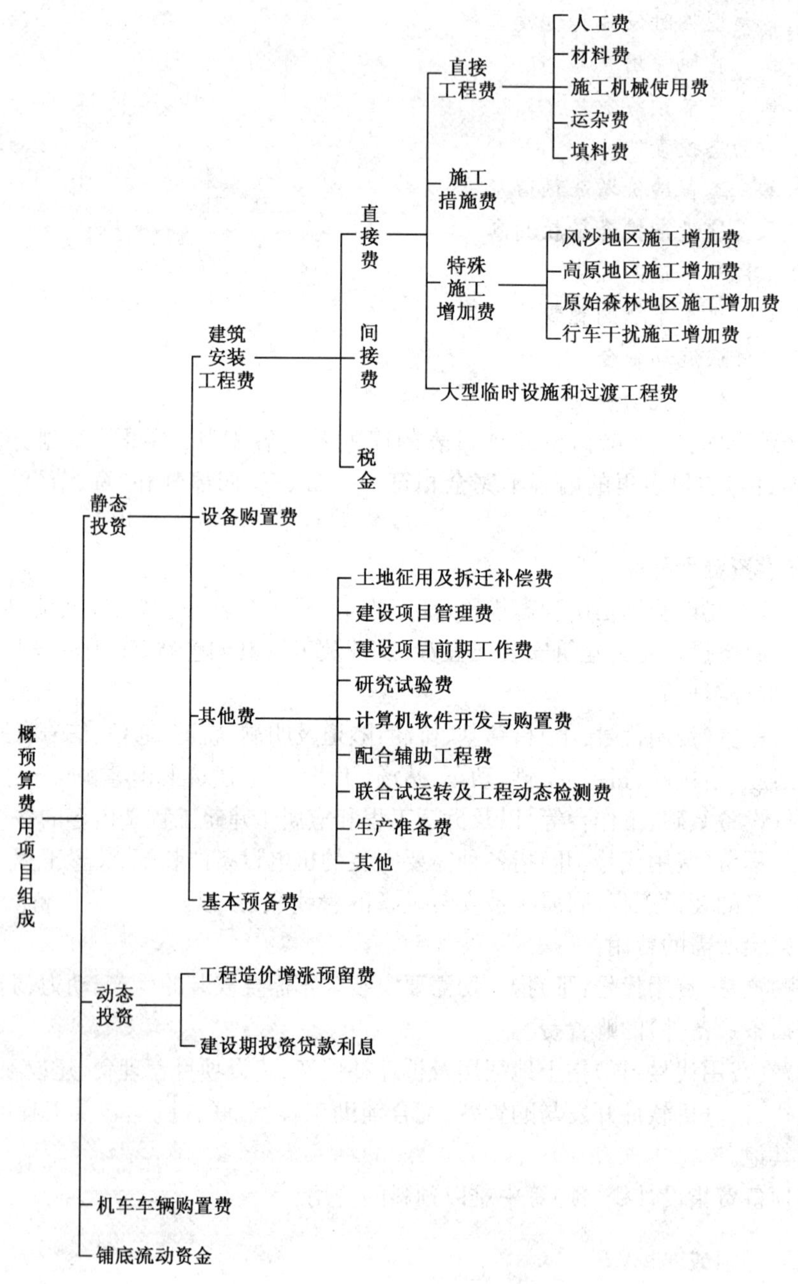

图2-1　概(预)算费用项目组成

第二节　建筑安装工程费

一、人工费

人工费指直接从事建筑安装工程施工的生产工人开支的各项费用。

（一）人工费的计算

人工费＝∑定额人工消耗量×综合工费标准＝∑（工程数量×定额工日×综合工费标准）

（二）综合工费的组成内容

（1）基本工资。

（2）津贴和补贴。

（3）生产工人辅助工资。

（4）职工福利费。

（5）生产工人劳动保护费。

（三）综合工费标准

综合工费标准见表2-1。

综合工费标准　　表2-1

综合工费类别	工程类别	综合工费标准（元/工日）
Ⅰ类工	路基，小桥涵，房屋，给排水，站场（不包括旅客地道、天桥）等的建筑工程，取弃土（石）场处理，临时工程	20.35
Ⅱ类工	特大桥、大桥、中桥（包括旅客地道、天桥）、轨道、机务、车辆、动车等的建筑工程	24.00
Ⅲ类工	隧道、通信、信号、信息、电力、电力牵引供电工程，设备安装工程	25.82
Ⅳ类工	计算机设备安装调试	43.08

注：1.本表中的综合工费标准为基期综合工费标准，不包含特殊地区津贴、补贴。特殊地区津贴、补贴按国务院及其有关部门和省（自治区、直辖市）规定计算，按人工费价差计列。

2.独立建设项目的大型旅客站房及地方铁路中的房屋工程，采用工程所在地区统一定额的，应采用工程所在地的房屋工程综合工费标准。

3.隧道外一般工程短途接运运输的综合工费采用Ⅰ类工标准。

（四）人工费价差计算

价差调整是指基期至概（预）算编制期、概（预）算编制期至工程结（决）算期对价格所做的合理调整。

人工费价差＝∑定额人工消耗量（不包括施工机械台班中的人工）×（编制期综合工费单价－基期综合工费单价）

【例2-1】 某单位在某地新建铁路特大桥工程，按国家规定，该地有特殊地区津贴和补贴，合计为每月65元，试分析该特大桥工程人工费价差。

解　基期的综合工费单价，由表2-1可知，路基基期的综合工费标准为24元/工日。

编制期的综合工费单价，计算综合工费的年工作日为：365－52×2－11＝250天，平均月工作日为20.83天。该地区的特殊地区津贴和补贴应为：65÷20.83＝3.12元/工日。查铁建设196号文，铁路大桥工程的综合工费标准为45元/工日，所以编制期的综合工费单价为：45+3.12=48.12元/工日。

人工费价差=48.12−24=24.12元/工日

二、材料费

材料费指按施工过程中耗用的构成工程实体的原材料、辅助材料、构配件、零件和半成品、成品的用量以及周转材料的摊销量和相应预算价格等计算的费用。材料费计算公式为：

材料费=∑定额材料消耗量×材料预算价格

（一）材料预算价格的组成

材料预算价格由材料原价、运杂费、采购及保管费组成。其具体计算公式为：

材料预算价格=（材料原价+运杂费）×（1+采购及保管费率）

（1）材料原价。指材料的出厂价或指定交货地点的价格，对同一种材料，因产地、供应渠道不同而出现几种原价时，其综合原价可按其供应量的比例加权平均确定。

（2）运杂费。是指材料自来源地（生产厂或指定交货地点）运至工地所发生的有关费用，包括运输费、装卸费及其他有关运输的费用等。

（3）采购及保管费。是指材料在采购、供应和保管过程中所发生的各种费用。包括采购费、仓储费、工地保管费、运输损耗费、仓储损耗费，以及办理托运所发生的费用（如按规定由托运单位负担的包装、捆扎、支垫等的料具耗损费，转向架租用费和托运签条）等。

按国家关于直接费划分的规定，材料预算价格包括材料原价以及材料从发货点至用料点的运杂费（包括材料供销部门的手续费及包装费、全过程运费及采购保管费）。铁路工程由于线长点多，分布区域广，大多工程地处荒僻地区，交通不便，材料来源广，品种杂，运输方法多，建设周期长，材料的运杂费占直接费比重比较大，很难统一将运杂费纳入料价中。因此，长期以来铁路工程的材料费和运杂费是分别列项的。

但随着市场经济的逐步深化，招标投标制度的不断完善，过去那种以工程局或相关机构集中设置材料厂的管理模式已逐渐被淘汰，许多材料已直接送至工地料库，因此，铁建设[2006]113号文对铁路工程材料费的内容作了较大调整，包括了大部分材料的运杂费，而单列的运杂费仅指少数材料的运杂费。

（二）材料预算价格的确定

（1）水泥、木材、钢材、砖、瓦、石、石灰、黏土、花草苗木、土木材料、钢轨、道岔、轨枕、钢梁、钢管拱、斜拉索、钢筋混凝土梁、铁路桥梁支座、钢筋混凝土预制桩、电杆、铁塔、机柱、接触网支柱、接触网及电力线材、光电缆线、给水排水管材等材料（电算代号见表2-2）的基期价格采用现行的《铁路工程建设材料基期价格》，编制期价格根据设计单位实地调查分析采用，以上价格均不含来源地至工地的运杂费，来源地至工地的运杂费应单独计列，若调查价格中未含采购及保管费，要计算其按材料原价计取的采购及保管费。

编制期价格与基期价格的差额按价差计列。以上材料的编制期价格应随设计文件一并送审。

（2）施工机械用汽油、柴油，基期价格采用现行的《铁路工程建设材料基期价格》，编制期价格根据设计单位实地调查分析采用，以上均为含运杂费和采购及保管费的价格。编制期价格与基期价格的差额按价差计列(计入施工机械使用费价差中)。施工机械用汽油、柴油的编制期价格应随设计文件一并送审。

采用调查价格材料的品类及电算代号 表 2-2

序 号	材料名称	电算代号
1	水泥	1010001～1010100
2	木材	1110001～1110018
3	钢材	1900001～1979999,1980010～1989999,2000001～2009999,2200001～2209999,2220001～2249999,2810023～2810999
4	给水排水管材	1400001～1403999,2300010～2309999,2330010～2330109,3372010～3372999
5	砂	1260022～1260025
6	石	1230001～1240599
7	石灰、黏土	1200013～1200019,1210004,1210016
8	砖、瓦	1300001～1300054,1310001～1310099
9	土木材料、花草苗木	3410010～3412999,1170050～1179999
10	钢轨	2700010～2709999
11	道岔	2720010～2729999
12	轨枕	2741012～2741799
13	钢梁、钢管拱、斜拉索	2624010～2624999
14	钢筋混凝土梁	2600010～2609999
15	铁路桥梁支座	2610010～2612999,2613110～2613499,2625010～2625999
16	钢筋混凝土预制桩	1405001～1405999
17	电杆、铁塔、机柱	1410001～1413499,4843010～4844999,7812010～7912999,8111036～8111099
18	接触网支柱	5200302～5200799,530051～5399999
19	接触网及电力线材	2120001～2129999,5800001～5800499,5811016～5866999
20	光电缆线	4710010～4715999,4720010～4734960,7010010～7312999,8010010～8017999

(3)除上述材料以外的其他材料,基期价格采用现行的《铁路工程建设材料基期价格》,其编制期与基期的价差按部颁材料价差系数调整。此类材料的基期价格已包含运杂费和采购及保管费,部颁材料价差系数也已考虑运杂费和采购及保管费因素,编制概(预)算时不应另计运杂费和采购及保管费。

(三)再用轨料价格的计算规定

修建正式工程使用的旧轨料(不包括定额规定使用的废轨、旧轨,如桥梁和平交道的护轮轨,车挡弯轨等),其价格按设计调查的价格分析确定;本工程范围内拆除后利用的,一般只计运杂费;需整修的,按相同规格型号新料价格的 10%计算整修管理费。

(四)材料价差的计算

(1)水泥、木材、钢材、砖、瓦、砂、石、石灰、黏土、土工材料、花草苗木、钢轨、道岔、轨枕、钢梁、钢管拱、斜拉索、钢筋混凝土梁、铁路桥梁支座、钢筋混凝土预制桩、电杆、铁塔、机柱、接触网支柱、接触网及电力线材、光电缆线、给水排水管材等材料的价差。

材料费价差＝∑定额材料消耗量×(编制期材料价格－基期材料价格)

(2)其他材料的价差

其他材料的价差以定额消耗材料的基期价格为基数，按部颁材料价差系数调整，系数中不含机械台班中的油燃料价差。为了反映地区差别，材料价差系数按地区划分，将全路划分为六个地区，分别测算材料价差系数，六个地区的具体范围以相应铁路局为界划分，具体划分如表2-3所示。

材料价差系数的地区划分　　表2-3

Ⅰ	Ⅱ	Ⅲ	Ⅳ	Ⅴ	Ⅵ
沈阳局、哈尔滨局	北京局、呼和浩特局	上海局、南昌局、济南局	郑州局、广铁(集团)公司	成都局、柳州局、昆明局	乌鲁木齐局、兰州局

其他材料的价差＝∑其他材料基期材料价格×(价差系数－1)

三、施工机械使用费

施工机械使用费＝∑定额施工机械台班消耗量×施工机械台班单价

(一)施工机械台班费用的组成

1. 折旧费

折旧费是指机械在规定的使用期限(耐用总台班)内陆续收回其原值的费用。

2. 大修理费

大修理费是指机械在规定的使用期限(耐用总台班)内分若干次进行必要的大修理，以恢复其正常功能所需的费用。

3. 经常修理费

经常修理费是指机械除大修理以外的各级技术保养、修理及临时故障排除所需的费用；为保障机械正常运转所需的替换设备、随机配备的工具与附具的摊销和维护费用；机械运转与日常保养所需的润滑、擦拭材料费用；机械停置期间的维护保养费用等。

4. 安装拆卸费

安装拆卸费是指机械在施工现场进行安装、拆卸与搬运所需的人工费、材料费、机具费和试运转费用；辅助设施(基础、底座、固定锚桩、走行轨道、枕木等)的搭设、拆除与折旧费用等。

5. 人工费

人工费是指机上司机和其他操作人员的人工费，以及上述人员在机械规定的年工作台班以外的人工费。

6. 燃料动力费

燃料动力费是指机械在运转作业中所耗用的液体燃料(汽油、柴油)、固体燃料(煤)、电和水的费用。其中气动机械所需耗用的“气”，因系按其需要量另行配备相应的空气压缩机，故定额中不列。

7. 其他费用

其他费用是指机械按照国家和有关部门规定应交纳的养路费、车船使用税、保险费及年检费用等。

(二)施工机械台班单价的取定

编制设计概(预)算以现行的《铁路工程施工机械台班费用定额》作为计算施工机械台班单价的依据。以现行《铁路工程建设材料基期价格》中的油燃料价格及本办法规定的基期综合工费标准计算出的台班单价作为基期施工机械台班单价;以编制期的综合工费标准、油燃料价格、水电单价及养路费标准计算出的台班单价作为编制期施工机械台班单价。编制期与基期的施工机械台班单价的差额按价差计列。

(三)施工机械使用费价差计算

施工机械使用费价差=∑定额机械台班消耗量×(编制期施工机械台班单价-基期施工机械台班单价)

【例 2-2】 试分析某新建铁路大桥工程中履带式推土机≤60kW 基期与编制期的机械台班单价。

解 查铁建设[2006]129 号文《铁路工程施工机械台班费用定额》第 6 页,得出履带式推土机≤60kW 的台班费用组成:

折旧费:37.38 元/台班;

大修理费:13.69 元/台班;

经常修理费:35.59 元/台班;

人工消耗:2.4 工日/台班;

柴油消耗:41.00kg/台班。

由表 2-1 可知,基期的综合工费标准为 24 元/工日,假设编制期的综合工费标准为 45 元/工日。

查铁建设[2006]129 号文《铁路工程建设材料基期价格》得柴油基期价格为 3.67 元/kg,设柴油编制期价格为 5.10 元/kg。

所以履带式推土机≤60kW 基期的机械台班单价为:

$$37.38+13.69+35.59+2.4\times24+41.00\times3.67=294.73\text{ 元/台班}$$

编制期的机械台班单价:

$$37.38+13.69+35.59+2.4\times45+41.00\times5.10=403.76\text{ 元/台班}$$

$$\text{履带式推土机}\leqslant60\text{kW 的价差}=403.76-294.73=109.03\text{ 元/台班}$$

四、工程用水、电综合单价

(一)工程用水综合单价

基期单价为 0.38 元/t。

编制期单价可按施工组织设计确定的供水方案,另行分析工程用水单价,分析水价与基期水价的差额,按价差计列;在大、中城市中施工时,必须使用城市自来水的,可按当地规定的自来水价格作为工程用水单价,与基期水价的差额按价差计列。

(二)工程用电综合单价

基期单价为 0.55 元/kW·h。

编制期单价可根据施工组织设计所确定的供电方案,按下述工程用电单价分析办法,计算出各种供电方式的单价。

(1)采用地方电源的电价算式：

$$Y_{地} = Y_{基}(1+c)+f_1$$

式中：$Y_{地}$——采用地方电源的电价(元/kW·h)；

$Y_{基}$——地方供电部门基本电价(元/kW·h)；

c——变配电设备和线路损耗率7%；

f_1——变配电设备的修理、安装、拆除，设备和线路的运行维修的摊销费等0.03元/kW·h。

(2)采用内燃发电机临时集中发电的电价算式：

$$Y_{集} = \frac{Y_1+Y_2+Y_3+\cdots+Y_n}{W(1-R-c)}+S+f_1$$

式中：$Y_{集}$——临时内燃集中发电站的电价(元/kW·h)；

Y_1、Y_2、Y_3、…、Y_n——各型发电机的台班费(元)；

R——发电机的用电率5%；

S——发电机的冷却水费0.02元/kW·h；

W——各型发电机的总发电量(kW·h)，其值为：

$$W=(N_1+N_2+N_3+\cdots+N_n)\times 8\times B\times M$$

其中：N_1、N_2、N_3、…、N_n——各型发电机的额定能力(kW)；

B——台班小时的利用系数0.8；

M——发电机的出力系数0.8；

c、f_1同上。

(3)采用分散发电的电价算式：

$$Y_{分} = Y_1+Y_2+Y_3+\cdots+Y_n/(W_1+W_2+W_3+\cdots+W_n)(1-c)+S+f_1$$

式中：$Y_{分}$——分散发电的电价(元/kW·h)；

Y_1、Y_2、Y_3、…、Y_n——各型发电机的台班费(元)；

W_1、W_2、W_3、…、W_n——各型发电机的台班产量(kW·h)，其值为：

$$W_i = 8\times B_i\times M$$

其中：B_i——某种型号发电机台班小时的利用系数，由设计确定；

M、c、S、f_1同上。

(三)水、电价差

水、电价差=∑定额材料消耗量×(编制期水、电的价格－基期水、电的价格)

五、运杂费

运杂费指水泥、木材、钢材、砖、瓦、石、石灰、黏土、花草苗木、土木材料、钢轨、道岔、轨枕、钢梁、钢管拱、斜拉索、钢筋混凝土梁、铁路桥梁支座、钢筋混凝土预制桩、电杆、铁塔、机柱、接触网支柱、接触网及电力线材、光电缆线、给水排水管材等材料，自来源地运至工地所发生的有关费用。

运杂费包括运输费、装卸费、其他有关运输的费用(如火车运输的取送车费等)以及采购及保管费。其计算规定如下：

(一)运输费

运输费是指各种运输工具运送各种材料物品所发生的运费。

1. 火车运输费

火车运输费分营业线火车、临管线火车、工程列车、其他铁路四种。

(1)营业线火车按编制期《铁路货物运价规则》的有关规定计算，计算公式如下：

营业线火车运价(元/t)$=K_1\times$(发到基价+运行基价×运价里程)+附加费运价

其中：附加费运价$=K_2\times$(电气化附加费费率×电气化里程+新路新价均摊运价率×运价里程+铁路建设基金费率×运价里程)。

计算公式中的有关因素说明如下：

①各种材料计算货物运价所采用的运价号、综合系数K_1、K_2见表2-4。

铁路运价号、综合系数 表2-4

序　号	项目 分类名称	运价号 (整车)	综合系数 K_1	综合系数 K_2
1	砖、瓦、石灰、砂石料	2	1.00	1.00
2	道砟	25	1.20	1.20
3	钢轨(≤25cm)、道岔、轨枕、钢梁、电杆、机柱、钢筋混凝土管桩、接触网圆形支柱	5	1.08	1.08
4	100m长定尺钢轨	5	1.80	1.80
5	钢筋混凝土梁	5	3.48	1.64
6	接触网方形支柱、铁塔、硬横梁	5	2.35	2.35
7	接触网及电力线材、光电缆线	5	2.00	2.00
8	其他材料	5	1.05	1.05

注：1. K_1包含了游车、超限、限速和不满载等因素；K_2只包含不满载及游车因素。

2. 火车运土的运价号和综合系数K_1、K_2，比照"砖、瓦、石灰、砂石料"确定。

3. 爆炸品、一级易燃液体除K_1、K_2外的其他加成，按编制期《铁路货物运价规则》的有关规定计算。

②电气化附加费按该批货物经由国家铁路正式营业线和实行统一运价的运营临管线电气化区段的运价里程合并计算。

③货物运价、电气化附加费费率、新路新价均摊运价率、铁路建设基金费率等按编制期《铁路货物运价规则》及原铁道部的有关规定执行。

④计算货物运输费用的运价里程，由发料地点起算，至卸料地点止，按编制期《铁路货物运价规则》的有关规定计算。其中，区间(包括区间岔线)装卸材料的运价里程，应由发料地点的后方站起算，至卸料地点的前方站(均系指办理货运业务的营业站)止。

(2)临管线火车运价执行由部批准的运价。运价中包括路基、轨道及有关建筑物和设备(包括临管用的临时工程)的养护、维修、折旧费等。运价里程应按发料地点起算，至卸料地点止，区间卸车算至区间工地。

(3)工程列车运价包括机车、车辆的使用费，乘务员及有关行车管理人员工资、津贴和差旅费，线路及有关建筑物和设备的养护维修费、折旧费以及有关运输的管理费用。运价里程应按发料地点起算，至卸料地点止，区间卸车算至区间工地。

工程列车运价按营业线火车运价（不包括铁路建设基金、电气化附加费、限速加成等）的1.4倍计算。计算公式如下：

$$工程列车运价（元/t）=1.4\times K_2\times（发到基价+运行基价\times运价里程）$$

(4)其他铁路

其他铁路运价按该铁路主管部门的规定办理。

2.汽车运输费

原则上参照现行的《汽车运价规则》确定。为简化概（预）算编制工作，按下列计算公式分析汽车运价：

汽车运价（元/t）＝吨次费＋公路综合运价率×公路运距＋汽车运输便道综合运价率×汽车运输便道运距

计算公式中有关因素说明如下：

(1)吨次费：按工程项目所在地的调查价格计列。

(2)公路综合运价率：材料运输道路为公路时，考虑过路过桥费等因素，以建设项目所在地的汽车运输单价乘以1.05的系数计算。

(3)汽车运输便道综合运价率：材料运输道路为汽车运输便道时，结合地形、道路状况等因素，按当地汽车运输单价乘以1.2的系数计算。

(4)公路运距：应按发料地点起算，至卸料地点止所途经的公路长度计算。

(5)汽车运输便道运距：应按发料地点起算，至卸料地点止所途经的汽车运输便道长度计算。

3.船舶运输费

船舶运价及渡口等收费标准按建设项目所在地的标准计列。

4.其他运输费

材料运输过程中，因确需短途接运而采用的双（单）轮车、单轨车、大平车、轻轨斗车、轨道平车、机动翻斗车等运输方法的运价，应按有关定额资料分析确定。

(二)装卸费单价

装卸费是运输过程中装车和卸车的费用。材料运至工地料库或堆料地点，可能不止一次发生装卸，应有一次计算一次。如有的运输工具装卸费已包括在运输费中，就不再计装卸费了，避免重复。

(1)火车、汽车装卸单价，按表2-5所列综合单价计算。

火车、汽车装卸费单价（单位：元/t）　　表2-5

一 般 材 料	钢轨、道岔、接触网支柱	其他1t以上的构件
3.4	12.5	8.4

注：其中装占60%，卸占40%。

(2)水运等的装卸费单价按建设项目所在地的标准计列。

(3)双轮车、单轮车、单轨车、大平车、轻轨斗车、轨道平车、机动翻斗车等的装卸费，按有关定额资料分析。

(三)其他有关运输费用

1.取送车费(调车费)

用铁路机车往专用线、货物支线(包括站外出岔)或专用铁路的站外交接地点调送车辆时,核收取送车费。计算取送车费的里程,应自车站中心线起算,到交接地点或专用线最长线路终端止,里程往返合计(以公里计)。取送车费的计费标准原则上按原铁道部运输主管部门的规定办理。取送车费按0.10元/t·km计列。

2.汽车运输的渡船费

按建设项目所在地的标准计列。

(四)采购及保管费

指按运输费、装卸费及其他有关运输的费用之和为基数计取的,应列入运杂费中的采购及保管费。采购及保管费率见表2-6。

采购及保管费率 表2-6

序 号	材料名称	费率(%)	其中运输损耗费率(%)
1	水泥	3.53	1.00
2	碎石(包括道砟及中、小卵石)	3.53	1.00
3	砂	4.55	2.00
4	砖、瓦、石灰	5.06	2.50
5	钢轨、道岔、轨枕、钢梁、钢管拱、斜拉索、钢筋混凝土梁、铁路桥梁支座、电杆、铁塔、钢筋混凝土预制桩、接触网支柱、机柱	1.00	—
6	其他材料	2.05	—

(五)运杂费计算的其他规定

(1)单项材料运杂费单价的编制范围,原则上应与单项概(预)算的编制单元相对应。

(2)运输方式和运输距离要经过调查、比选,综合分析确定。以最经济合理的,并且符合工程要求的材料来源地作为计算运杂费的起运点。

(3)分析各单项材料运杂费单价,应按施工组织设计所拟定的材料供应计划,对不同的材料品类及不同的运输方法分别计算平均运距。

(4)各种运输方法的比例,按施工组织设计确定。

(5)旧轨件的运杂费,其重量应按设计轨型计算。如设计轨型未确定,可按代表性轨型的重量,其运距由调拨地点的车站起算。如未明确调拨地点者,可按以下原则编列:

①已明确调拨的铁路局,但未明确调拨地点者,则由该铁路局所在地的车站起算。

②未明确调拨的铁路局者,则按工程所在地区的铁路局所在地的车站起算。

(六)平均运杂费单价的有关规定

(1)平均运杂费单价分析的编制范围,原则上应与单项概算的编制单元相适应。

(2)路基、挡土墙、桥梁、涵洞、隧道、轨道等工程的平均运杂费单价,原则上应根据设计的工程量,按概预算定额统计的主要材料(包括成品、半成品、构件、设备)重量和各材料的不同运输方法的运价进行分析计算;房屋、给排水、站场建筑、通信、信号、电力及电力牵引供电等工程,可按该工程的建筑类型制定的材料重量比例指标计算平均运杂费单价。

(3)分析平均运杂费单价,应按施工组织设计所拟定的材料供应计划,对不同的材料品类及不同的运输方法分别计算平均运距,平均运距应考虑各种运输方法的起码运距及进级规定,如系采用加权平均计算的运距,则不应再次进级。

平均运距是指一个施工单位在一段线路上施工,而该施工区段内工点分散且不均匀,各工点用料也不一样,所用材料又分当地料和外来料,为计算简单,对多工点用料,采用各类材料运输中心的平均运距。在分析平均运杂费单价时均采用平均运距。

平均运距=∑各种运输材料的重量(t)×该种材料的运距(km)/∑各种运输材料的质量(t)

(4)各种运输方法的比例,应以施工组织设计确定的运输方案为依据。

(5)旧轨件的运杂费,其重量应按设计轨型计算。如设计轨型未确定,可采用代表性轨型的重量,其运距由调拨地点的车站起算。如未明确调拨地点者,可按以下原则编列:已明确调拨的铁路局,但未明确调拨地点者,则由该铁路局所在地的车站起算;未明确调拨的铁路局者,则按工程所在地区的铁路局所在地的车站起算。

六、填料费

填料费指购买不作为材料对待的土方、石方、渗水料、矿物料等填筑用料所支出的费用。

七、施工措施费

施工措施费是指直接费以外的施工过程中发生的、定额中未包括而属于直接工程费的其他各项费用。铁建设[2006]113 号文列出了 9 项内容作为施工措施费。

(一)施工措施费内容

1. 冬雨季施工增加费

冬雨季施工增加费是指建设项目的某些工程需在冬季、雨季施工,以致引起需采取的防寒、保温、防雨、防潮和防护措施,人工与机械的功效降低以及技术作业过程的改变等,所需增加的有关费用。

2. 夜间施工增加费

夜间施工增加费是指必须在夜间连续施工或在隧道内铺砟、铺轨、敷设电线、电缆,架设接触网等工程,所发生的工作效率降低、夜班津贴,以及有关照明设施(包括所需照明设施的装拆、摊销、维修及油燃料、电)等增加的有关费用。

3. 小型临时设施费

小型临时设施费是指施工企业为进行建筑安装工程施工,所必须修建的生产和生活用的一般临时建筑物、构筑物和其他小型临时设施所发生的费用。

小型临时设施包括:

(1)为施工及施工运输(包括临管)所需修建的临时生活及居住房屋,文化教育及公共房屋(如三用堂、广播室等)和生产、办公房屋(如发电站,变电站,空压机站,成品厂,材料厂、库,堆料棚,停机棚,临时站房,货运室等)。

(2)为施工或施工运输而修建的小型临时设施,如通往中小桥、涵洞、牵引变电所等工程和施工队伍驻地以及料库、车库的运输便道引入线(包括汽车、马车、双轮车道),工地内运输便道、轻便轨道、龙门吊走行轨,由干线到工地或施工队伍驻地的地区通信引入线、电力线和达不到给水干管路标准的给水管路等。

(3)为施工或维持施工运输(包括临管)而修建的临时建筑物、构筑物。如临时给水(水井、水塔、水池等),临时排水沉淀池,钻孔用泥浆池、沉淀池,临时整备设备(给煤、砂、油、清灰等设备),临时信号、临时通信(指地区线路及引入部分),临时供电,临时站场建筑设备。

(4)其他:

大型临时设施和过渡工程项目内容以外的临时设施。

小型临时设施费用包括:小型临时设施的搭设、移拆、维修、摊销及拆除恢复等费用,因修建小型临时设施而发生的租用土地、青苗补偿、拆迁补偿、复垦及其他所有与土地有关的费用等。

4. 工具、用具及仪器、仪表使用费

工具、用具及仪器、仪表使用费是指施工生产所需不属于固定资产的生产工具、检验用具及仪器、仪表等的购置、摊销和维修费,以及支付给生产工人自备工具的补贴费。

5. 检验试验费

检验试验费是指施工企业按照规范和施工质量验收标准的要求,对建筑安装的设备、材料、构件和建筑物进行一般鉴定、检查所发生的费用,包括自设试验室进行试验所耗用的材料和化学药品费用等,以及技术革新的研究试验费。不包括应由研究试验费和科技三项费用支出的新结构、新材料的试验费;不包括应由建设单位管理费支出的建设单位要求对具有出厂合格证明的材料进行试验,对构件破坏性试验及其他特殊要求检验试验的费用;不包括设计要求的和需委托其他有资质的单位对构筑物进行检验试验的费用。

6. 工程定位复测、工程点交、场地清理费

7. 安全作业环境及安全施工措施费

安全作业环境及安全施工措施费是指用于购置施工安全防护用具及设施、宣传落实安全施工措施、改善安全生产环境及条件、确保施工安全等所需的费用。

8. 文明施工及施工环境保护费

文明施工及施工环境保护费是指现场文明施工费用及防噪声、防粉尘、防振动干扰、生活垃圾清运排放等费用。

9. 已完工程及设备保护费

已完工程及设备保护费是指竣工验收前,对已完工程及设备进行保护所需费用。

(二)施工措施费的计算

施工措施费=∑(基期人工费+基期施工机械使用费)×施工措施费费率

施工措施费费率是根据施工措施费地区划分确定的,见表 2-7,其费率按表 2-8 所列计列。

施工措施费地区划分表 表2-7

地区编号	地域名称
1	上海，江苏，河南，山东，陕西(不含榆林地区)，浙江，安徽，湖北，重庆，云南，贵州(不含毕节地区)，四川(不含凉山彝族自治州西昌市以西地区、甘孜藏族自治州)
2	广东，广西，海南，福建，江西，湖南
3	北京，天津，河北(不含张家口、承德市)，山西(不含大同市、朔州市、忻州地区原平以西各县)，甘肃，宁夏，贵州毕节地区，四川凉山彝族自治州西昌市以西地区、甘孜藏族自治州(不含石渠县)
4	河北张家口市、承德市，山西大同市、朔州、忻州地区原平以西各县，陕西榆林地区，辽宁
5	新疆(不含阿勒泰地区)
6	内蒙古(不含呼伦贝尔盟—图里河及以西各旗)，吉林，青海(不含玉树藏族自治州曲麻莱县以西地区、海北藏族自治州祁连县、果洛藏族自治州玛多县、海西蒙古族藏族自治州格尔木市辖的唐古拉山区)，西藏(不含阿里地区和那曲地区的尼玛、班戈、安多、聂荣县)，四川甘孜藏族自治州石渠县
7	黑龙江(不含大兴安岭地区)，新疆阿勒泰地区
8	内蒙古呼伦贝尔盟—图里河及以西各旗，黑龙江大兴安岭地区，青海玉树藏族自治州麻莱县以西地区、海北藏族自治州祁连县、果洛藏族自治州玛多县、海西蒙古族藏族自治州格尔木市辖的唐古拉山区，西藏阿里地区和那曲地区的尼玛、班戈、安多、聂荣县

施工措施费率 表2-8

类别代号	地区编号	1	2	3	4	5	6	7	8	附注
	工程类别	费率(%)								
1	人力施工土石方	20.55	21.09	24.70	27.10	27.37	29.90	30.15	31.57	包括人力拆除工程，绿色防护、绿化，各类工程中单独挖填的土石方，爆破工程
2	机械施工土石方	9.42	9.98	13.83	15.22	15.51	18.21	18.86	19.98	包括机械拆除工程，填级配碎石、砂砾石、渗水土，公路路面，各类工程中单独挖填的土石方
3	汽车运输土石方采用定额"增运"部分	5.90	4.99	5.40	6.12	6.29	6.63	6.79	7.35	包括隧道出砟洞外运输
4	特大桥、大桥	10.28	9.19	12.30	13.53	14.19	14.24	14.34	14.52	不包括梁部及桥面系
5	预制混凝土梁	27.56	22.14	37.67	41.38	44.65	44.92	45.42	46.31	包括桥面系
6	现浇混凝土梁	17.24	13.89	23.50	25.97	27.99	28.16	28.46	29.02	包括梁的横向联结和湿接缝，包括分段预制后拼接的混凝土梁
7	运架混凝土简支箱梁	4.68	4.68	4.81	5.16	5.25	5.40	5.49	5.73	

续上表

类别代号	地区编号 / 工程类别	1	2	3	4	5	6	7	8	附　注
		费率(%)								
8	隧道、明洞、棚洞，自采砂石	13.08	12.74	13.61	14.75	14.90	14.96	15.04	15.09	
9	路基加固防护工程	16.94	16.25	18.89	20.19	20.35	20.59	20.80	20.94	包括各类挡土墙及抗滑桩
10	框架桥、中桥、小桥，涵洞，轮渡、码头，房屋、给排水、工务、站场、其他建筑物等建筑工程	21.25	20.22	23.50	25.53	26.04	26.27	26.47	26.65	不包括梁式中、小桥梁部及桥面系
11	铺轨、铺岔，架设混凝土梁(简支箱梁除外)、钢梁、钢管拱	27.08	26.96	27.83	29.50	30.17	32.46	34.12	40.96	包括支座安装，轨道附属工程，线路备料
12	铺砟	10.33	9.07	12.38	13.71	13.94	14.52	14.86	15.99	包括线路沉落整修、道床清筛
13	无砟道床	27.66	23.60	35.25	38.90	41.35	41.55	41.93	42.60	包括道床过渡段
14	通信、信号、信息、电力、牵引变电、供电段、机车、车辆、动车，所有安装工程	25.30	25.40	25.80	27.75	28.03	28.30	28.70	29.55	
15	接触网建筑工程	25.12	23.89	27.33	29.26	29.42	29.74	30.20	30.46	

注：(1)对于设计速度≤120km/h的工程，其机械施工土石方工程、铺架工程的施工措施费应按表2-8规定的费率计算，其余工程类别的费用采用表2-9中的规定。

(2)大型临时设施和过渡工程按表列同类正式工程的费率乘以0.45的系数计列。

设计速度≤120km/h的工程施工措施费费率　　表2-9

地区编号工程 / 类别	1	2	3	4	5	6	7	8
机械施工土石方	9.03	9.59	13.44	14.83	15.21	17.82	18.47	19.59
铺轨、铺岔，架设混凝土梁	25.33	25.21	26.08	27.75	28.42	30.71	32.38	39.21

八、特殊施工增加费

铁建设[2006]113号文将不常发生的风沙地区施工增加费、高原地区施工增加费、原始森林地区施工增加费、行车干扰施工增加费等4项费用列为特殊施工增加费。

(一)风沙地区施工增加费

风沙地区施工增加费是指在内蒙古及西北地区的非固定沙漠地区施工时，月平均风力在四级以上的风沙季节，进行室外建筑安装工程时，由于受风沙影响应增加的费用。

风沙地区施工增加费按下列算法计列：

风沙地区施工增加费＝室外建筑安装工程的定额工天×编制期综合工费单价×3％

(二)高原地区施工增加费

高原地区施工增加费是指在海拔2000m以上的高原地区施工时，由于人工和机械受气候、气压的影响而降低工作效率，所增加的费用。

高原地区施工增加费根据工程所在地的不同海拔高度，不分工程类别，按下列算法计列：

高原地区施工增加费＝定额工天×编制期综合工费单价×高原地区工天定额增加幅度＋定额机械台班量×编制期机械台班单价×高原地区机械台班定额增加幅度

高原地区施工定额增加幅度见表2-10。

高原地区施工定额增加幅度 表2-10

海拔高度(m)	定额增加幅度(％)	
	工天定额	机械台班定额
2000～3000	12	20
3001～4000	22	34
4001～4500	33	54
4501～5000	40	60
5000以上	60	90

(三)原始森林地区施工增加费

原始森林地区施工增加费是指在原始森林地区进行新建或增建二线铁路施工，由于受气候影响，其路基土方工程应增加的费用。

原始森林地区施工增加费按下列算法计列：

原始森林地区施工增加费＝(路基土方工程的定额工天×编制期综合工费单价＋路基土方工程的定额机械台班量×编制期机械台班单价)×30％

(四)行车干扰施工增加费

行车干扰施工增加费是指在不封锁的营业线上，在维持通车的情况下，进行建筑安装工程施工时，由于受行车影响造成局部停工或妨碍施工而降低工作效率等所需增加的费用。

1.行车干扰施工增加费的计费范围

受行车干扰的范围见表2-11。

行车干扰施工增加费计费范围 表2-11

名称	受行车干扰范围	受行车干扰项目	包括	不包括
路基	在行车线上或在行车线中心平距5m及以内	填挖土方、填石方	路基抬高落坡全部工程	路基加固防护及附属土石方工程
	在行车线的路堑内	开挖土石方的全部数量以及路堑内的挡土墙、护墙、护坡、侧沟、吊沟的全部砌筑工程数量	以邻近行车线的股道为限	控制爆破开挖石方，路堤挡土墙、护坡
	平面跨越行车线运土石方	跨越运输的全部数量	隧道弃砟	

续上表

名　称	受行车干扰范围	受行车干扰项目	包　括	不 包 括
桥涵	在行车线上或在行车线中心平距5m及以内	涵洞的主体圬工，桥梁工程的下部建筑主体圬工	桥梁的锥体护坡及桥头填土	桥涵其他附属工程及桥梁架立和桥面系等，框架桥、涵管的挖土、顶进，框架桥内、涵洞内的路面、排水等工程
隧道及明洞	在行车线的隧道、明洞内施工	改扩建隧道或增设通风、照明设备的全部工程数量	明洞、棚洞的挖基及衬砌工程	明洞、棚洞拱上的回填及防水层、排水沟等
轨道	在行车线上或在行车线中心平距5m及以内或在行车线的线间距≤5m的邻线上施工	全部数量	拆铺、改拨线路，更换钢轨、轨枕及线路整修作业	线路备料
电力牵引供电	在行车线上或在行车线两侧中心距5m及以内或在行车线的线间距≤5m的邻线上施工	在既有线上非封闭线路作业的全部数量和邻线未封闭而本线封闭线路作业的全部数量		封闭线路作业的项目（邻线未封闭的除外）；牵引变电及供电段的全部工程
其他室外建筑安装及拆除	在行车线上或在行车线两侧中心平距5m及以内	全部数量	靠行车线较近的基本站台、货物站台，天桥、灯桥，地道的上下楼梯，信号工程的室内安装	站台土方不跨线取土者

在封锁的营业线上施工（包括要点施工在内，封锁期间邻线行车的除外），在未移交正式运营的线路上施工和在避难线、安全线、存车线及其他段管线上施工均不计列行车干扰施工增加费。

2. 行车干扰施工增加费的计算

每次行车的行车干扰施工定额人工和机械台班增加幅度按0.31%计（接触网工程按0.40%计）。行车干扰施工定额增加幅度包含施工期间因行车而应做的整理和养护工作，以及在施工时为防护所需的信号工、电话工、看守工等的人工费用及防护用品的维修、摊销费用在内。

行车干扰施工增加费根据每昼夜的行车次数（以现行铁路局运输部门的计划运行图为准，所有计划外的小运转、轨道车、补机、加点车的运行等均不计算），按受行车干扰范围内的工程项目的工程数量，以其定额工天和机械台班量，乘以行车干扰施工定额增加幅度计算。

（1）土石方施工及跨股道运输的行车干扰施工增加费，不论施工方法如何，均按下列算法计列：

行车干扰施工增加费＝表2-12所列工天×编制期综合工费单价×受干扰土石方数量×每昼夜行车次数×0.31%

土石方施工及跨股道运输计行车干扰的工天(单位:工日/100m³天然密实体积)　表 2-12

序号	工 作 内 容	土方	石方
1	仅挖、装(爆破石方仅为装)在行车干扰范围内	20.4	8.0
2	仅卸在行车干扰范围内	4.0	5.4
3	挖、装、卸(爆破石方为装、卸)均在行车干扰范围内	24.4	13.4
4	平面跨越行车线运输土石方,仅跨越一股道或跨越双线、多线股道的第一股道	15.7	23.0
5	平面跨越行车线运输土石方,每增跨一股道	3.1	4.6

(2)接触网工程的行车干扰施工增加费按下列算法计列:

行车干扰施工增加费=受行车干扰范围内的工程数量×(所对应定额的应计行车干扰的工天×编制期综合工费单价+所对应定额的应计行车干扰的机械台班量×编制期机械台班单价)×每昼夜行车次数×0.40%

(3)其他工程的行车干扰施工增加费按下列算法计列:

行车干扰施工增加费=受行车干扰范围内的工程数量×(所对应定额的应计行车干扰的工天×编制期综合工费单价+所对应定额的应计行车干扰的机械台班量×编制期机械台班单价)×每昼夜行车次数×0.31%

九、大型临时设施和过渡工程费

大型临时设施和过渡工程费指施工企业为进行建筑安装工程施工及维持既有线正常运营,根据施工组织设计确定所需的大型临时建筑物和过渡工程修建及拆除恢复所发生的费用。

(一)项目及费用内容

1. 大型临时设施(简称大临)

(1)铁路岔线、便桥。指通往混凝土成品预制厂、材料厂、道砟场(包括砂、石场)、轨节拼装场、长钢轨焊接基地、钢梁拼装场、制(存)梁场的岔线,机车转向用的三角线和架梁岔线,独立特大桥的吊机走行线,以及重点桥隧等工程专设的运料岔线等。

(2)铁路便线、便桥。指混凝土成品预制厂、材料厂、道砟场(包括砂、石场)、轨节拼装场、长钢轨焊接基地、钢梁拼装场、制(存)梁场等场(厂)内为施工运料所需修建的便线、便桥。

(3)汽车运输便道。指通行汽车的运输干线及其通往隧道、特大桥、大桥和轨节拼装场、混凝土成品预制厂、材料厂、砂石场、钢梁拼装场、制(存)梁场、混凝土集中拌和站、填料集中拌和站、大型道砟存储场、长钢轨焊接基地、换装站等的引入线,以及机械化施工的重点土石方工点的运输便道。

(4)运梁便道。指专为运架大型混凝土成品梁而修建的运输便道。

(5)轨节拼装场、混凝土成品预制厂、材料厂、制(存)梁场、钢梁拼装场、混凝土集中拌和站、填料集中拌和站、大型道砟存储场、长钢轨焊接基地、换装站等的场地土石方、圬工及地基处理。

(6)通信工程。指困难山区(起伏变化很大或比高>80m 的山地)铁路施工所需的临时通信干线(包括由接轨点最近的交接所为起点所修建的通信干线),不包括由干线到工地或施工地段沿线各施工队伍所在地的引入线、场内配线和地区通信线路。当采用无线通信时,其费用应控制在有线通信临时工程费用水平内。

(7)集中发电站、集中变电站(包括升压站和降压站)。

(8)临时电力线(供电电压在 6kV 及以上)。包括临时电力干线及通往隧道、特大桥、大桥和混凝土成品预制厂、材料厂、砂石场、钢梁拼装场、制(存)梁场等的引入线。

(9)给水干管路。指为解决工程用水而铺设的给水干管路(管径≥100mm 或长度≥2km)。

(10)为施工运输服务的栈桥、缆索吊、渡口、码头、浮桥、吊桥、天桥、地道。指通行汽车为施工服务者、铁路便线、岔线、便桥和汽车运输便道的养护费。修建"大临"而发生的租用土地、青苗补偿、拆迁补偿、复垦及其他所有与土地有关的费用等。

2. 过渡工程

过渡工程指由于改建既有线、增建第二线等工程施工,需要确保既有线(或车站)运营工作的安全和不间断地运行,同时为了加快建设进度,尽可能地减少运输与施工之间的相互干扰和影响,从而对部分既有工程设施必须采取的施工过渡措施。

过渡工程内容包括临时性便线、便桥和其他建筑物及设备,以及由此引起的租用土地、青苗补偿、拆迁补偿、复垦及其他所有与土地有关的费用等。

(二)费用计算规定

(1)大型临时设施和过渡工程,应根据施工组织设计确定的项目、规模及工程量,按本办法规定的各项费用标准,采用定额或分析指标,按单项概(预)算计算程序计算。

(2)大型临时设施和过渡工程,均应结合具体情况,充分考虑借用本建设项目正式工程的材料,以尽可能节约投资,其有关费用的计算规定如下。

①借用正式工程的材料:

a. 钢轨、道岔计列一次铺设的施工损耗,钢轨配件、轨枕、电杆计列铺设和拆除各一次的施工损耗(拆除损耗与铺设同),便桥枕木垛所用的枕木,计列一次搭设的施工损耗。

b. 借用表 2-13 中所列的材料,计列由材料堆存地点至使用地点和使用完毕由材料使用地点运至指定归还地点的运杂费,其余材料不另计运杂费。

c. 借用正式工程的材料,在概(预)算中一律不计折旧费,损耗率均按《铁路工程基本定额》执行。

②使用施工企业的工程器材:

a. 使用施工企业的工程器材,按表 2-13 所列的施工器材年使用费率计算使用费。

b. 以上材料、构件的运杂费,属表 4 所列材料类别的,计列由始发地点至使用地点的往返运杂费,其余不再另计运杂费。

③利用旧道砟,除计运杂费外,还应计列必要的清筛费用。

④不能倒用的材料,如圬工用料,道砟(不能倒用时),计列全部价值。

(3)铁路便线、岔线、便桥的养护费计费标准。

为使铁路便线、岔线、便桥经常保持完好状态,其养护费按表 2-14 规定的标准计列。

临时工程施工器材年使用费率 表 2-13

序　号	材 料 名 称	年使用费率(%)
1	钢轨、道岔	5
2	钢筋混凝土枕、钢筋混凝土电杆	8
3	钢铁构件、钢轨配件、铁横担、钢管	10
4	油枕、油浸电杆、铸铁管	12.5
5	木制构件	15
6	素枕、素材电杆、木横	20
7	通信、信号及电力线材(不包括电杆及横担)	30

注:1. 不论按摊销或折旧计算,均一律按表列费率作为编制概(预)算的依据。其中通信、信号及电力线材的使用年限超过 3 年时,超过部分的年使用费率按 10%计。困难山区使用的钢筋混凝土电杆,不论其使用年限多少,均按 100%摊销。

2. 计算单位为季度,不足一季度,按一季度计。

铁路便线、岔线、便桥养护费 表 2-14

项　目	人　工	零星材料费	道砟[m^3/(月·km)]		
			3 个月以内	3～6 个月	6 个月以上
便线岔线	32 工日/(月·公里)	—	20	10	5
便桥	11 工日/(月·百换算米)	1.25 元/(月·延长米)	—	—	—

注:1. 人工费按概(预)算综合工费标准计算。

2. 便线、岔线长度不满 100m 者,按 100m 计;便桥长度不满 1m 者,按 1m 计。计算便线、岔线长度,不扣除道岔及便桥长度。

3. 便桥换算长度的计算:钢梁桥:1m＝1 换算米;木便桥:1m＝1.5 换算米;圬工及钢筋混凝土梁桥:1m＝0.3 换算米。

4. 养护的期限,根据施工组织设计确定,按月计算,不足一个月者,按一个月计。

5. 道砟数量采用累计法计算(例:1km 便线当其使用期为一年时,所需道砟数量＝3×20＋3×10＋6×5＝120m^3)。

6. 费用内包括冬季积雪清除和雨季养护等一切有关养护费用。

7. 架梁及存梁岔线等,均不计列养护费。

8. 便线、岔线、便桥,如通行工程列车或临管列车,并按有关规定计列运费者,因运价中已包括了养护费用,不应另列养护费。如修建的临时岔线(如运土、运料岔线等)只计取送车费或机车、车辆租用费者,可计列养护费。

9. 营业线上施工,为保证不间断行车而修建通行正式运营列车的便线、便桥,在未办理交接前,其养护费按照表列规定加倍计算。

(4)汽车便道养护费计费标准

为使通行汽车运输便道经常保持完好的状态,其养护费按表 2-15 规定的标准计算。

汽车运输便道养护费 表 2-15

项　目		人　工	碎石或粒料
		工日/(月·km)	m^3/(月·km)
土路		15	—
粒料路(包括泥结碎石路面)	干线	25	2.5
	引入线	15	1.5

注:1. 人工费按概(预)算综合工费标准计算。

2. 计算便道长度,不扣除便桥长度。不足 1km 者,按 1km 计。

3. 养护的期限,根据施工组织设计确定,按月计算,不足一个月者,按一个月计。

4. 费用内包括冬季积雪清除和雨季养护等一切有关养护费用。

5. 便道中的便桥不另计养护费。

十、间接费

间接费包括企业管理费、规费和利润。

(一)间接费的费用内容

1.企业管理费

企业管理费是指建筑安装企业组织施工生产和经营管理所需的费用。内容包括:

(1)管理人员工资。指管理人员的基本工资、津贴和补贴、辅助工资、职工福利费、劳动保护费等。

(2)办公费。指管理办公用的文具、纸张、账表、印刷、邮电、书报、宣传、会议、水、电、烧水和集体取暖用煤等费用。

(3)差旅交通费。指职工因公出差、调动工作的差旅费,助勤补助费,市内交通费和误餐补助费,职工探亲路费,劳动力招募费,职工退休、退职一次性路费,工伤人员就医路费以及管理部门使用的交通工具的油料、燃料、养路费及牌照费。

(4)固定资产使用费。指管理和试验部门及附属生产单位使用的属于固定资产的房屋、车辆、设备仪器等的折旧、大修、维修或租赁费。

(5)工具用具使用费。指管理使用的不属于固定资产的生产工具、器具、家具、交通工具和检验、试验、测绘、消防用具等的购置、维修和摊销费。

(6)财产保险费。指施工管理用财产、车辆保险。

(7)税金。指企业按规定交纳的房产税、车船使用税、土地使用税、印花税等各项税费。

(8)施工单位进退场及工地转移费。指施工单位根据建设任务需要,派遣人员和机具设备从基地迁往工程所在地或从一个项目迁至另一个项目所发生的往返搬迁费用及施工队伍在同一建设项目内,因工程进展需要,在本建设项目内往返转移,以及民工上、下路所发生的费用。包括:承担任务职工的调遣差旅费,调遣期间的工资,施工机械、工具、用具、周转性材料及其他施工装备的搬运费用;施工队伍在转移期间所需支付的职工工资、差旅费、交通费、转移津贴等;民工的上、下路所需车船费、途中食宿补贴及行李运费等。

(9)劳动保险费。指由企业支付离退休职工的易地安家补助费、职工退职金、6个月以上病假人员的工资、职工死亡丧葬补助费、抚恤费以及按规定支付给离休干部的各项经费等。

(10)工会经费。指企业按照职工工资总额计提的工会经费。

(11)职工教育经费。指企业为职工学习先进技术和提高文化水平,按职工工资总额计提的费用。

(12)财务费用。指企业为筹集资金而发生的各种费用,包括企业经营期间发生的短期贷款利息净支出,金融机构手续费,以及其他财务费用。

(13)其他。包括技术转让费、技术开发费、业务招待费、绿化费、广告费、公证费、法律顾问费、审计费、咨询费、无形资产摊销费、投标费、企业定额测定费等。

2.规费

规费是指政府和有关部门规定必须缴纳的费用(简称规费)。内容包括:

(1)社会保障费。指企业按规定缴纳的基本养老保险费、失业保险费、基本医疗保险费、工伤保险费、生育保险费。

(2)住房公积金。指企业按规定缴纳的住房公积金。

(3)工程排污费。指施工现场按规定缴纳的工程排污费用。

3. 利润

利润是指施工企业完成所承包的工程获得的盈利。

(二)间接费的费用计算

间接费按下列算法计列：

$$间接费=\sum(基期人工费+基期施工机械使用费)\times费率$$

间接费费率按不同工程类别，采用表2-16所规定费率。

间接费费率　表2-16

类别代号	工程类别	费率(%)	附注
1	人力施工土石方	59.7	包括人力拆除工程，绿色防护、绿化，各类工程中单独挖填的土石方，爆破工程
2	机械施工土石方	19.5	包括机械拆除工程，填级配碎石、砂砾石、渗水土，公路路面，各类工程中单独挖填的土石方
3	汽车运输土石方采用定额"增运"部分	9.8	包括隧道出砟洞外运输
4	特大桥、大桥	23.8	不包括梁部及桥面系
5	预制混凝土梁	37.6	包括桥面系
6	现浇混凝土梁	38.7	包括梁的横向联结和湿接缝，包括分段预制后拼接的混凝土梁
7	运架混凝土简支箱梁	24.5	
8	隧道、明洞、棚洞，自采砂石	29.6	
9	路基加固防护工程	36.5	包括各类挡土墙及抗滑桩
10	框架桥、中桥、小桥，涵洞，轮渡、码头，房屋、给排水、工务、站场、其他建筑物等建筑工程	52.1	不包括梁式中、小桥梁部及桥面系
11	铺轨、铺岔，架设混凝土梁(简支箱梁除外)、钢梁、钢管拱	97.4	包括支座安装，轨道附属工程，线路备料
12	铺砟	32.5	包括线路沉落整修、道床清筛
13	无砟道床	73.5	包括道床过渡段
14	通信、信号、信息、电力、牵引变电、供电段、机务、车辆、动车，所有安装工程	78.9	
15	接触网建筑工程	69.5	

注：大型临时设施和过渡工程按表列同类正式工程的费率乘以0.8的系数计列。

十一、税金

税金是指按国家税法规定应计入建筑安装工程造价内的营业税，城市维护建设税及教育费附加。

(一)税金计列标准

根据国家规定，税金计列标准如下：

(1)营业税按营业额的3%计列。

(2)城市维护建设税以营业税税额作为其计税基数，其税率随纳税人所在地不同而异，即市区按7%；县城、镇按5%；不在市区、县城或镇者按1%计列。

(3)教育费附加按营业税的3%计列。

(二)税金的计算

为简化概(预)算编制，税金统一按建筑安装工程费(不含税金)的3.35%计列。

税金＝(直接费＋间接费)×3.35%

第三节　设备购置费、其他费及基本预备费

一、设备购置费

设备购置费是指构成固定资产标准的设备购置和虽低于固定资产标准，但属于设计明确列入设备清单的设备，按设计确定的规格、型号、数量，以设备原价加设备运杂费计算的购置费用。工程竣工交验时，设备(包括备品备件)应移交运营部门。

购买计算机硬件设备时所附带的软件若不单独计价，其费用应随设备硬件一起列入设备购置费中。

(一)设备购置费的内容

1.设备原价

指设计单位根据生产厂家的出厂价及国家机电产品市场价格目录和设备信息价等资料综合确定的设备原价。内容包括按专业标准规定的保证在运输过程中不受损失的一般包装费，及按产品设计规定配带的工具、附件和易损件的费用。非标准设备的原价(包括材料费、加工费及加工厂的管理费等)，可按厂家加工订货等价格资料，并结合设备信息价格，经分析论证后确定。

2.设备运杂费

设备自生产厂家(来源地)运至施工工地料库(或安装地点)所发生的运输费、装卸费、供销部门手续费、采购及保管费等统称为设备运杂费。

(二)设备购置费的计算规定

(1)编制设计概(预)算时，采用现行的《铁路工程建设设备预算价格》中的设备原价，作为基期设备原价。编制期设备原价由设计单位根据调查资料确定。编制期与基期设备原价的差额按价差处理，直接列入设备购置费中。缺项设备由设计单位进行补充。

(2)为简化概(预)算编制工作,设备运杂费以基期设备原价为计算基数,一般地区按6.1%计列,新疆、西藏按7.8%计列。

二、其他费

其他费是指根据有关规定,应由基本建设投资支付并列入建设项目总概(预)算内,除建筑安装工程费、设备购置费以外的有关费用。

(一)土地征用及拆迁补偿费

土地征用及拆迁补偿费是指按照《中华人民共和国土地管理法》规定,为进行铁路建设所支付的土地征用及拆迁补偿费用。主要内容包括:

(1)土地征用补偿费。土地补偿费,安置补助费,被征用土地地上、地下附着物及青苗补偿费,征用城市郊区菜地缴纳的菜地开发建设基金,征用耕地缴纳的耕地开垦费,耕地占用税等。

(2)拆迁补偿费。被征用土地上的房屋及附属构筑物、城市公共设施等迁建补偿费等。

(3)土地征用、拆迁建筑物手续费。在办理征地拆迁过程中,所发生的相关人员的工作经费及土地登记管理费等。

(4)用地勘界费。委托有资质的土地勘界机构对铁路建设用地界进行勘定所发生的费用。

土地征用补偿费、拆迁补偿费应根据设计提出的建设用地面积和补偿动迁工程数量,按工程所在地区的省(自治区、直辖市)人民政府颁发的各项规定和标准计列。

土地征用、拆迁建筑物手续费按土地补偿费与征用土地安置补助费的0.4%计列。

用地勘界费按国家和工程所在地区的省(自治区、直辖市)人民政府的有关规定计列。

(二)建设项目管理费

1.建设单位管理费

建设单位管理费是指建设单位从筹建之日起至办理竣工财务决算之日止发生的管理性质开支。

内容包括:工作人员工资、基本养老保险费、基本医疗保险费、失业保险费、工伤保险费、生育保险费、住房公积金,办公费、差旅交通费、劳动保护费、工具用具使用费、固定资产使用费、零星购置费、招募生产工人费、技术图书资料费、印花税、业务招待费、施工现场津贴、竣工验收费和其他管理性质开支。

建设单位管理费以第二~第十章费用总额为计算基数,按表2-17所规定的费率采用累进法计列。

建设单位管理费率 表2-17

第二~第十章费用总额(万元)	费率(%)	算例(万元)	
		基数	建设单位管理费
500及以内	1.74	500	500×1.74%=8.7
501~1000	1.64	1000	8.7+500×1.64%=16.9
1001~5000	1.35	5000	16.9+4000×1.35%=70.9
5001~10000	1.10	10000	70.9+5000×1.10%=125.9
10001~50000	0.87	50000	125.9+40000×0.87%=473.9

续上表

第二～第十章费用总额（万元）	费率(%)	算例(万元)	
		基数	建设单位管理费
50001～100000	0.48	100000	473.9＋50000×0.48%＝713.9
100001～200000	0.20	200000	713.9＋100000×0.20%＝913.9
200000 以上	0.10	300000	913.9＋100000×0.10%＝1013.9

【例 2-3】 某铁路建设项目第二～第十章费用总和为 56000 万元，试计算该项目的建设单位管理费。

解 根据表 2-16 提供的建设单位管理费费率，按累进法计算的建设单位管理费为：

473.9＋(56000－50000)×0.48%＝502.70 万元

2. 建设管理其他费

建设管理其他费包括：建设期交通工具购置费，建设单位前期工作费，建设单位招标工作费，审计(查)费，合同公证费，经济合同仲裁费，法律顾问费，工程总结费，宣传费，按规定应缴纳的税费，以及要求施工单位对具有出厂合格证明的材料进行试验、对构件破坏性试验及其他特殊要求检验试验的费用等。

建设期交通工具购置费按表 2-18 所列的标准计列，其他费用按第二～第十章费用总额的 0.05%计列。

建设期交通工具购置标准 表 2-18

线路长度(正线公里)	交通工具配置情况		
	数量(台)		价格(万元/台)
	平原丘陵区	山区	
100 及以内	3	4	20～40
101～300	4	5	
301～700	6	7	
700 以上	8	9	

注：1. 平原丘陵区指起伏小或比高≤80m 的地区；山区指起伏大或比高＞80m 的山地。

2. 工期 4 年及以上的工程，在计算建设期交通工具购置费时，均按 100%摊销；工期小于 4 年的工程，在计算建设期交通工具购置费时，按每年 25%计算。

3. 海拔 4000m 以上的工程，交通工具价格另行分析确定。

3. 建设项目管理信息系统购建费

建设项目管理信息系统购建费是指为利用现代信息技术，实现建设项目管理信息化需购建项目管理信息系统所发生的费用，包括有关设备购置与安装、软件购置与开发等。

建设项目管理信息系统购建费按原铁道部有关规定计列。

4. 工程监理与咨询服务费

工程监理与咨询服务费是指由建设单位委托具有相应资质的单位，在铁路建设项目的招投标、勘察、设计、施工、设备采购监造(包括设备联合调试)等阶段实施监理与咨询的费用(设计概预算中每项监理与咨询服务费应列出详细条目)。内容包括：

(1)招投标咨询服务费

招投标咨询服务费按国家和原铁道部有关规定计列。

(2)勘察监理与咨询费

勘察监理与咨询费按国家和原铁道部有关规定计列。

(3)设计咨询服务费

设计咨询服务费按国家和原铁道部有关规定计列。

(4)施工监理与咨询费

其中施工监理费以第二～第九章建筑安装工程费用总额为基数，按表2-19费率采用内插法计列，施工咨询费按国家和原铁道部有关规定计列。

施工监理费率 表2-19

第二～第九章建筑安装工程费用总额 M(万元)	费率 b(%)	
	新建单线、独立工程、增建二线、电气化改造工程	新建双线
$M \leqslant 500$	2.5	0.7
$500 < M \leqslant 1000$	$2.5 > b \geqslant 2.0$	
$1000 < M \leqslant 5000$	$2.0 > b \geqslant 1.7$	
$5000 < M \leqslant 10000$	$1.7 > b \geqslant 1.4$	
$10000 < M \leqslant 50000$	$1.4 > b \geqslant 1.1$	
$50000 < M \leqslant 100000$	$1.1 > b \geqslant 0.8$	
$M > 100000$	0.8	

(5)设备采购监造监理与咨询费

设备采购监造监理与咨询费按国家和原铁道部有关规定计列。

5.工程质量检测费

工程质量检测费是指为保证工程质量，根据原铁道部规定由建设单位委托具有相应资质的单位对工程进行检测所需的费用。

工程质量检测费按国家和原铁道部有关规定计列。

6.工程质量安全监督费

工程质量安全监督费是指按国家有关规定实行工程质量安全监督所发生的费用。

工程质量安全监督费按第二～第十章费用总额的0.02%～0.07%计列。

7.工程定额测定费

工程定额测定费是指为制定铁路工程定额和计价标准，实现对铁路工程造价的动态管理而发生的费用。

工程定额测定费按第二～第九章建筑安装工程费用总额的0.01%～0.05%计列。

8.施工图审查费

施工图审查费是指建设主管部门认定的施工图审查机构按照有关法律、法规，对施工图涉及公共利益、公共安全和工程建设强制性标准的内容进行审查所需的费用。

施工图审查费按国家和原铁道部有关规定计列。

9. 环境保护专项监理费

环境保护专项监理是指为保证铁路施工对环境及水土保持不造成破坏，而从环保的角度对铁路施工进行专项检测、监督、检查所发生的费用。

环境保护专项监理费按国家有关部委及建设项目所经地区省（自治区、直辖市）环保监理部门的有关规定计列。

10. 营业线施工配合费

营业线施工配合费是指施工单位在营业线上进行建筑安装工程施工时，需要运营单位在施工期间参加配合工作所发生的费用（含安全监督检查费用）。

营业线施工配合费按不同工程类别的计算范围，以编制期人工费与编制期施工机械使用费之和为基数，乘以表 2-20 所列费率计列。

营业线施工配合费费率 表 2-20

工程类别	费率(%)	计算范围	说明
一、路基			
1. 石方爆破开挖	0.5	既有线改建、既有线增二线需要封锁线路作业的爆破	不含石方装、运、卸及压实、码砌
2. 路基基床加固	0.9	挤密桩等既有基床加固及基床换填	仅限于行车线路基，不含土石方装、运、卸
二、桥涵			
1. 架梁	9.1	既有线改建、增建二线拆除和架设成品梁	增建二线限于线间距 10m 以内
2. 既有桥涵改建	2.7	既有桥梁墩台、基础的改建、加固，既有桥梁部加固；既有涵洞接长、加固、改建	
3. 顶进框架桥、顶进涵洞	1.4	行车线加固及防护，行车线范围内主体的开挖及顶进	不包括主体预制，工作坑、引道、土方外运及框架桥、涵洞内的路面、排水等工程
三、隧道及明洞	4.1	需要封锁线路作业的既有隧道及明、棚洞的改建、加固、整修	
四、轨道			
1. 正线铺轨	3.5	既有轨道拆除、起落、重铺及拨移；换铺无缝线路	仅限于行车线
2. 铺岔	5.5	既有道岔拆除、起落、重铺及拨移	仅限于行车线
3. 道床	2.4	既有道床扒除、清筛、回填或换铺、补砟及沉落整修	仅限于行车线
五、通信、信息	2.0	通信、信息改建建安工程	
六、信号	24.4	信号改建建安工程	
七、电力	1.1	电力改建建安工程	
八、接触网	2.0	既有线增建电气化接触网建安工程和既有电气化改造接触网建安工程	已含牵引变电所，供电段等工程的施工配合费
九、给排水	0.5	全部建安工程	

(三)建设项目前期工作费

建设项目前期工作费包括:

1. 项目筹融资费

项目筹融资费是指为筹措项目建设资金而支付的各项费用。主要包括向银行借款的手续费以及为发行股票、债券而支付的各项发行费用等。

项目筹融资费根据项目融资情况,按国家和原铁道部的有关规定计列。

2. 可行性研究费

可行性研究费是指编制和评估项目建议书(或预可行性研究报告)、可行性研究报告所需的费用。

可行性研究费按国家和原铁道部有关规定计列。

3. 环境影响报告编制与评估费

环境影响报告编制与评估费是指按照有关规定编制与评估建设项目环境影响报告所发生的费用。

环境影响报告编制与评估费按国家和原铁道部有关规定计列。

4. 水土保持方案报告编制与评估费

水土保持方案报告编制与评估费是指按照有关规定编制与评估建设项目水土保持方案报告所发生的费用。

水土保持方案报告编制与评估费按国家和原铁道部有关规定计列。

5. 地质灾害危险性评估费

地质灾害危险性评估费是指按照有关规定对建设项目所在地区的地质灾害危险性进行评估所需的费用。

地质灾害危险性评估费按国家有关规定计列。

6. 地震安全性评估费

地震安全性评估费是指按照有关规定对建设项目进行地震安全性评估所需费用。

地震安全性评估费按国家有关规定计列。

7. 洪水影响评价报告编制费

洪水影响评价报告编制费是指按照有关规定就洪水对建设项目可能产生的影响和建设项目对防洪可能产生的影响做出评价,并编制洪水影响评价报告所需的费用。

洪水影响评价报告编制费按国家有关规定计列。

8. 压覆矿藏评估费

压覆矿藏评估费是指按照有关规定对建设项目压覆矿藏情况进行评估所需的费用。

压覆矿藏评估费按国家有关规定计列。

9. 文物保护费

文物保护费是指按照有关规定对受建设项目影响的文物进行原址保护、迁移、拆除所需的费用。

文物保护费按国家有关规定计列。

10.森林植被恢复费

森林植被恢复费是指按照有关规定缴纳的所征用林地的植被恢复费用。

森林植被恢复费按国家有关规定计列。

11.勘察设计费

(1)勘察费。指勘察单位根据国家有关规定，按承担任务的工作量应收取的勘察费用。

勘察费按国家主管部门颁发的工程勘察收费标准和原铁道部有关规定计列。

(2)设计费。指设计单位根据国家有关规定，按承担任务的工作量应收取的设计费用。

设计费按国家主管部门颁发的工程设计收费标准和原铁道部有关规定计列。

(3)标准设计费。指采用铁路工程建设标准设计图所需支付的费用。

标准设计费按国家主管部门颁发的工程设计收费标准和原铁道部有关规定计列。

(四)研究试验费

研究试验费是指为建设项目提供或验证设计数据、资料等所进行的必要的研究试验，以及按照设计规定在施工中必须进行的试验、验证所需的费用。不包括：

(1)应由科技三项费用(即新产品试制费、中间试验费和重要科学研究补助费)开支的项目。

(2)应由检验试验费开支的施工企业对建筑材料、设备、构件和建筑物等进行一般鉴定、检查所发生的费用及技术革新的研究试验费。

(3)应由勘察设计费开支的项目。

研究试验费应根据设计提出的研究试验内容和要求，经建设主管单位批准后按有关规定计列。

(五)计算机软件开发与购置费

计算机软件开发与购置费是指购买计算机硬件所附带的单独计价的软件，或需另行开发与购置的软件所需的费用。不包括项目建设、设计、施工、监理、咨询工作所需软件。

计算机软件开发与购置费应根据设计提出的开发与购置计划，经建设主管单位批准后按有关规定计列。

(六)配合辅助工程费

配合辅助工程费是指在该建设项目中，凡全部或部分投资由铁路基本建设投资支付修建的工程，而修建后的产权不属铁路部门所有者，其费用应按协议额或具体设计工程量，按编制办法的有关规定计算完整的第一～第十一章概(预)算费用。

(七)联合试运转及工程动态检测费

联合试运转及工程动态检测费是指铁路建设项目在施工全面完成后至运营部门全面接收前，对整个系统进行负荷或无负荷联合试运转或进行工程动态检测所发生的费用。包括所需的人工、原料、燃料、油料和动力的费用，机械及仪器、仪表使用费用，低值易耗品及其他物品的购置费用等。

联合试运转及工程动态检测费的计算方法：

(1)需要临管运营的，按0.15万元/正线公里计列。

(2)不需临管运营而直接交付运营部门接收的,按下列指标计列:

①新建单线铁路:3.0 万元/正线公里。

②新建双线铁路:5.0 万元/正线公里。

(3)时速 200km 及以上客运专线铁路联合试运转费另行分析确定。

(八)生产准备费

生产准备费内容包括:

1.生产职工培训费

生产职工培训费指新建和改扩建铁路工程,在交验投产以前对运营部门生产职工培训所必需的费用。

内容包括:培训人员的工资、津贴和补贴、职工福利费、差旅交通费、劳动保护费、培训及教学实习费等。

生产职工培训费按表 2-21 所规定的标准计列。

生产职工培训费标准(单位:元/正线公里铁路类别)　　表 2-21

铁路类别 线路类别	非电气化铁路	电气化铁路
新建单线	7500	11200
新建双线	11300	16000
增建第二线	5000	6400
既有线增建电气化	—	3200

注:时速 200km 及以上客运专线铁路的生产职工培训费另行分析确定。

2.办公和生活家具购置费

办公和生活家具购置费指为保证新建、改扩建项目初期正常生产、使用和管理,所必需购置的办公和生活家具、用具的费用。

内容包括:行政、生产部门的办公室、会议室、资料档案室、文娱室、食堂、浴室、单身宿舍、行车公寓等的家具用具。

不包括应由企业管理费、奖励基金或行政开支的改扩建项目所需的办公和生活家具购置费。

办公和生活家具购置费按表 2-22 所规定的标准计列。

办公和生活家具购置费标准(单位:元/正线公里铁路类别)　　表 2-22

铁路类别 线路类别	非电气化铁路	电气化铁路
新建单线	6000	7000
新建双线	9000	10000
增建第二线	3500	4000
既有线增建电气化	—	2000

注:时速 200km 及以上客运专线铁路的生产职工培训费另行分析确定。

3. 工器具及生产家具购置费

工器具及生产家具购置费是指新建、改建项目和扩建项目的新建车间，验交后为满足初期正常运营必须购置的第一套不构成固定资产的设备、仪器、仪表、工卡模具、器具、工作台（框、架、柜）等的费用。不包括：构成固定资产的设备、工器具和备品、备件；已列入设备购置费中的专用工具和备品、备件。

工器具及生产家具购置费按表 2-23 所规定的标准计列。

生产工器具购置费标准（单位：元/正线公里铁路类别） 表 2-23

铁路类别 / 线路类别	非电气化铁路	电气化铁路
新建单线	12000	14000
新建双线	18000	20000
增建第二线	7000	8000
既有线增建电气化	—	4000

注：时速 200km 及以上客运专线铁路的生产职工培训费另行分析确定。

（九）其他

指以上费用之外的，经原铁道部批准或国家和部委及工程所在省（自治区、直辖市）规定应纳入设计概（预）算的费用。

三、基本预备费

（一）基本预备费主要用途

（1）在进行设计和施工过程中，在批准的设计范围内，必须增加的工程和按规定需要增加的费用。本项费用不含Ⅰ类变更设计增加的费用。

（2）在建设过程中，未投保工程遭受一般自然灾害所造成的损失和为预防自然灾害所采取的措施费用，及为了规避风险而投保全部或部分工程的建筑、安装工程一切险和第三者责任险的费用。

（3）验收委员会（或小组）为鉴定工程质量，必须开挖和修复隐蔽工程的费用。

（4）由于设计变更所引起的废弃工程，但不包括施工质量不符合设计要求而造成的返工费用和废弃工程。

（5）征地、拆迁的价差。

（二）基本预备费的计算方法

本项费用以概预算第一～第十一章的费用总和为基数，初步设计概算按 5%计列，施工图预算、投资检算按 3%计列。

$$\text{基本预备费} = \sum_{i=1}^{n}(\text{建筑安装工程费}_i + \text{设备购置费}_i + \text{其他费}_i) \times \text{基本预备费费率}$$

式中：i——章号，$i=1,2,3,\cdots,11$。

第四节　动 态 投 资

一、工程造价增涨预留费

工程造价增涨预留费指为正确反映铁路基本建设工程项目的概(预)算总额,在设计概(预)算编制年度到项目建设竣工的整个期限内,因形成工程造价诸因素的正常变动(如材料、设备价格的上涨,人工费及其他有关费用标准的调整等),导致必须对该建设项目所需的总投资额进行合理的核定和调整,而需预留的费用。

工程造价增涨预留费应根据建设项目施工组织设计安排,以其分年度投资额及不同年限,按国家及原铁道部公布的工程造价年上涨指数计算。计算公式为:

$$E=\sum_{n=1}^{N}F_n[(1+p)^{c+n}-1]$$

式中:E——工程造价增涨预留费;

N——施工总工期(年);

F_n——施工期第 n 年的分年度投资额;

c——编制年至开工年年限(年);

n——开工年至结(决)算年年限(年);

p——工程造价年增长率。

【例 2-4】 某铁路建设项目,建设期为三年。分年度投资额为第一年 30000 万元;第二年为 40000 万元;第三年为 30000 万元,编制期至开工期为一年,工程造价年增长率为 3%,则该铁路建设项目的工程造价增涨预留费为多少?

解 $E=30000\times[(1+3\%)^{1+1}-1]+40000\times[(1+3\%)^{1+2}-1]+3000\times[(1+3\%)^{1+3}-1]$

$=1827+3709.08+3765.26$

$=9301.34$ 万元

二、建设期投资贷款利息

建设期投资贷款利息是指建设项目中分年度使用国内贷款,在建设期应归还的贷款利息。

建设期投资贷款利息 = Σ(年初付息贷款本金累计 + 本年度付息贷款额 ÷ 2) × 年利率,即:

$$S=\sum_{n=1}^{N}(\sum_{m=1}^{N}F_m\times b_m+F\times b_n\div 2)\times i$$

式中:S——建设期投资贷款利息;

N——建设总工期;

n——施工年度;

m——还息年度;

F_n、F_m——在建设的第 n、m 年的分年度资金供应量;

b_n、b_m——在建设的第 n、m 年份还息贷款占当年投资比例;

i——建设期贷款年利率。

【例 2-5】 某新建铁路,建设期为三年。在建设期第一年资金供应量为 3000 万,其中贷款占 30%;第二年为 6000 万,贷款占 60%;第三年为 4000 万,贷款占 80%。银行贷款年利率为 8%,计算建设期投资贷款利息。

解 第一年利息为:

$$q_1 = \frac{1}{2} \times 3000 \times 30\% \times 8\% = 36 \text{ 万元}$$

第二年利息为:

$$q_2 = (3000 \times 30\% + 36 + \frac{1}{2} \times 6000 \times 60\%) \times 8\% = 218.88 \text{ 万元}$$

第三年利息为:

$$q_3 = (3000 \times 30\% + 6000 \times 60\% + 36 + 218.88 + \frac{1}{2} \times 4000 \times 80\%) \times 8\% = 509.39 \text{ 万元}$$

因此建设期投资贷款利息总和为:

$$S = 36 + 218.88 + 509.39 = 763.27 \text{ 万元}$$

第五节　机车车辆购置费及铺底流动资金

一、机车车辆购置费

机车车辆购置费应根据原铁道部铁路机车、客车投资有偿占用有关办法的规定,在新建铁路、增建二线和电气化改造等基建大中型项目总概(预)算中计列按初期运量所需新增机车车辆的购置费。

机车车辆购置费按设计确定的初期运量所需新增机车车辆的型号、数量及编制期机车车辆购置价格计算。

二、铺底流动资金

铺底流动资金是为保证新建铁路项目投产初期正常运营所需流动资金有可靠来源,而计列的费用。主要用于购买原材料、燃料、动力,支付职工工资和其他有关费用。

铺底流动资金按下列指标计列:

(一)地方铁路

(1)新建Ⅰ级地方铁路:6.0 万元/正线公里。

(2)新建Ⅱ级地方铁路:4.5 万元/正线公里。

(3)既有地方铁路改扩建、增建二线以及电气化改造工程不计列铺底流动资金。

(二)其他铁路

(1)新建单线Ⅰ级铁路:8.0 万元/正线公里。

(2)新建单线Ⅱ级铁路:6.0 万元/正线公里。

(3)新建双线:12.0 万元/正线公里。

如初期运量较小,上述指标可酌情核减。既有线改扩建、增建二线以及电气化改造工程不计列铺底流动资金。

第三章　铁路工程概预算定额及应用

第一节　概预算定额基本知识

一、概念

1. 预算定额的含义

工程预算定额是在正常施工条件下，完成一定计量单位的分部分项工程或结构构件，而合理消耗的人工、材料和机械台班数量限额及其工、料、机单价（基价）标准。预算定额反映了国家、建设单位和施工企业三者在生产活动中的经济关系。国家和建设单应按照预算定额的规定为某项工程提供物力和资金，施工企业则利用上述资金组织生产，保质、保量、按期完成工程任务。

预算定额是按照合理的施工组织和正常的施工条件编制的，并且纳入已经应用的新技术、新工艺。定额中所采用的施工方法和工程质量标准，是根据现行技术规范、规程和标准确定的。

2. 概算定额的含义

概算定额是指在预算定额的基础上，以主要工序为准，综合相关工序的扩大定额，是按主要分项工程规定的计量单位及综合相关工序编制的劳动、材料和机械台班的消耗标准。

概算定额与预算定额都属于计价定额。不同的是，它们在项目划分和综合扩大程度上存在差异，以适用于不同设计阶段的计价需要。

二、铁路概预算定额总说明

(1)《铁路工程预算定额（2010 年）》（简称本定额）是标准轨距铁路工程专业性全国统一定额。

(2)本定额适用于新建和改建铁路工程。

(3)本定额按专业内容分为 13 个分册：

①第一册　路基工程。

②第二册　桥涵工程。

③第三册　隧道工程。

④第四册　轨道工程。

⑤第五册　通信工程。

⑥第六册　信号工程。

⑦第七册　电力工程(上、下)。

⑧第八册　电力牵引供电工程(上、下)。

⑨第九册　房屋工程(上、下)。

⑩第十册　给水排水工程。

⑪第十一册　机务、车辆、机械工程。

⑫第十二册　站场工程。

⑬第十三册　信息工程。

为避免重复,属专业间通用的定额子目,只编列在其中一个分册内,使用时可跨册使用。各册定额工程的划分,不涉及专业分工。

(4)本定额按照合理的施工组织和正常的施工条件编制,定额中所采用的施工方法和质量标准,是现行的铁路设计规范(指南)、施工规范(指南)、技术安全规程、施工质量验收标准等确定的,本定额主要内容体现了铁路建设“六位一体”和标准化管理的“机械化、工厂化、专业化、信息化”四个支撑手段(以下简称“四个支撑手段”)的要求。

(5)使用本定额时,应结合施工条件和专业施工机械配置指导意见,优先采用体现“四个支撑手段”的施工工艺、工法及与之相适应的定额子目,详见各册定额附录:体现机械化、工厂化的定额子目索引。

(6)定额中的工作内容仅列出了主要施工工序次要工序虽未列出,也包括在定额内。

(7)定额中的人工消耗量不分工种、技术等级,其内容包括:基本用工、人工幅度差、辅助用工、工地小搬运工。

(8)定额中的材料消耗量,均已包括工地搬运及施工操作损耗,其中周转性材料(如模板、支撑、手杆、脚手板、挡土板等)的消耗量,均按其正常摊销次数摊入定额内,除另有说明外,使用时不得因实际摊销次数不同而调整。当设计采用的主材与对应定额子目不符时,可抽换。

(9)定额中混凝土和水泥砂浆的数量(表中圆括号内的数字),仅用于根据混凝土和砂浆配合比计算水泥、沙子、碎石的消耗量,使用时不得重复计算。其水泥消耗量按中粗砂编制。当设计采用的强度等级、骨科类型、粒径、使用环境等与定额不同时,应按相关技术指标和基本定额配合比用料表调整。

(10)定额中的施工机械类型、规格型号,系按正常情况综合选定。

(11)定额中除列出的材料和施工机械外,对于零星的及费用很少的材料和施工机械的费用,综合列入“其他材料费”和“其他机械使用费”中,以“元”表示。

(12)定额中的“重量”,为各项材料的重量之和,不包括水和施工机械消耗的燃料重量。

(13)定额中凡注有××以内(下)者,均包括××本身;××以内(上)者,则不包括××本身。

(14)表中未注尺寸单位均为mm。

三、定额的组成结构

现行的《铁路工程概算定额》(以下简称《概算定额》)和《铁路工程预算定额》(以下简称《预算定额》)主要由以下几部分组成:

1. 法定批文

铁路工程预算定额是一项技术标准，它必须经过有权审批机关的确认才能颁布执行。在定额的扉页上，刊印有关批文，宣布定额的作用、开始执行时间以及发现问题之后，归口上报的一些规定。

例如，铁路路基工程预算定额手册的法定批文为《关于发布铁路路基工程预算定额的通知》(铁建设[2010]223号)，其内容规定为《铁路路基工程预算定额》，自2011年1月1日起执行。

自新定额颁布实行之日起，原铁道部原发《铁路路基工程预算定额》(铁建设[2004]47号)定额标准同时废止。

2. 总说明

铁路工程预算定额中的总说明综合阐述定额的编制原则、指导思想、编制依据和适用范围，以及涉及定额使用方面的全面性的规定和解释，是各章说明的总纲，具有统管全局的作用。

3. 目录

目录位于总说明之后，简明扼要地反映定额的全部内容及相应的页码，对查用定额起索引作用。

4. 章(节)说明

章(节)说明主要讲述本章(节)的工程内容、工程量的计算方法和规定，计算单位及尺寸的起讫范围，以及计算的附表等。它是正确引用定额的基础。

5. 定额项目表

各工程项目中分部工程为章；章以下分为若干分项工程，以节号第一节、第二节……排列；在分项工程中又按工程结构、材料类别分为许多项目，用序号(一)、(二)……排列；在项目中，还可按不同的土壤、岩石、结构规格、材料类别再细分为若干子目，例如，人力挖土按不同土质分为松土、普通土、硬土三个子目。定额表各类定额的主要组成部分，是定额各指标数额的具体体现。《概算定额》和《预算定额》的表格形式基本相同，其主要内容如图3-1所示。

(1)工程内容

工程内容位于定额表的左上方。工程内容主要说明本定额表所包括的主要操作内容。查定时，必须将实际发生的操作内容与表中的工程内容相对照，若不一致，应按照章(节)说明中的规定进行调整。

(2)单位

定额单位位于定额表的右上方，如图3-1所示，单位：$10m^3$。定额单位是合格产品的计量单位，实际的工程数量应是定额单位的倍数。

(3)电算代号

电算代号位于定额表中第一列。当采用电算方法来编制工程概、预算时，可引用表中代号作为工、料、机名称的识别符号。

(4)项目

项目是本定额表中工程所需的人工、材料、机具、费用的名称和规格。如图3-1中的项目是“人工、其他材料、履带式液压单斗挖掘机≤$0.6m^3$、履带式推土机≤75kW”。

第一节 挖基及抽水

一、挖基坑

(一)机械挖土方、淤泥、流砂

工作内容：挖、运至基坑外20m，包括近坑底标高0.3m以内的土方以人工挖运，坑壁及坑底修整。

单位：$10m^3$

电算代号	预算定额编号		QY-1	QY-2	QY-3	QY-4
	项目	单位	挖土方 基坑深≤6m		机械挖淤泥	机械挖流砂
			无水	有水		
基价		元	33.06	33.55	48.63	53.67
其中	人工费	元	5.52	6.00	2.64	3.12
	材料费		0.11	0.12	0.24	0.24
	机械使用费		27.43	27.43	45.75	50.31
重量		t	—	—	—	—
2	人工	工日	0.23	0.25	0.11	0.13
8999002	其他材料费	元	0.11	0.12	0.24	0.24
9100001	履带式液压单斗挖掘机≤$0.6m^3$	台班	0.050	0.050	0.080	0.090
9100102	履带式推土机≤75kW	台班	0.010	0.010	0.020	0.020

图 3-1 桥梁工程某预算定额

(5)计量单位

它位于图 3-1 第三列，表示各种资源消耗量的单位。

(6)定额值

定额值就是定额表中各种资源消耗量的数值。其中括号内的数值表示基价中未包括其价值。

(7)定额基价

基价是指一定计量单位的分部分项工程或结构构件基期的人工费、材料费、机械费之和。也就是在定额编制时，以某一年为基期年，以该年某一地区(如北京)工、料、机单价为基础计算的完成定额计量单位的合格产品所需要的人工费、材料费、机械费的合计价值。如图 3-1 所示，QY-1 的基价是 33.06 元。

定额使用一定时期后，由定额编制单位发行更新的《基价表》配合原定额使用，以确保定额的相对稳定性。如铁路工程定额(铁建设[2010]223 号文)，基期计费依据和标准如下：

①人工费：执行原铁道部《铁路工程基本建设工程设计概算编制办法》(铁建设[2006]113 号文，以下简称 113 号文)概(预)算综合工费标准，其中路基为Ⅰ类工 20.35 元/工日，大桥为Ⅱ类工 24.00 元/工日，隧道为Ⅲ类工 25.82 元/工日等。

②材料费：执行铁建设[2006]129 号文《铁路工程基本建设材料基期价格》(2005 年度)。

③机械使用费：执行铁建设[2006]129 号文批准的《铁路工程施工机械台班费用定额》。

④水电单价：执行 113 号文，水 0.38 元/t，电 0.55 元/(kW·h)。

(8)定额材料重量

子目栏中"重量"说明完成某一定额计量单位合格产品所需要的全部建筑安装材料重量，但不包括水和施工机械的动力消耗(油耗及燃料)的重量，以"t"为计量单位。定额中消耗的材料包括主要材料和辅助材料，其中主要材料重量用于计算主要材料运杂费。

定额项目表是规定完成某一定额单位的合格产品所需的人工、材料、机械消耗量指标、计量单位、基价、定额重量及附注。

因此,编制概预算时,首先应阅读预算定额的总说明、章说明,对定额的编制依据、适用范围、包含的主要工程内容,以及其他有关问题的说明和使用方法等应熟记、通晓。同时,对常用子项、人工、材料、机械的计量单位等都应有一个全面的了解,从而达到正确、快速使用定额编制预算文件的目的。

第二节 概预算定额的应用

一、定额的查用方法

建设工程是一项庞大的系统工程,与之对应的定额也是内容繁多、复杂多变。因此,查用定额的工作不仅量大,而且要十分细致。

为了能够正确地运用定额,必须反复学习定额,熟练掌握定额,在查用方法上应按如下步骤进行:

1. 确定定额种类

铁路工程定额按基建程序的不同阶段,已形成一套完整的定额体系,如《概算定额》、《预算定额》、《施工定额》等。在查用定额时,应根据运用定额的目的,确定所选用定额的种类,明确是查《概算定额》,还是查《预算定额》。

2. 确定定额编号

定额编号是概预算定额中每一工程细目的唯一编号。在编制概预算文件时,计算表格中均要列出所选用定额的编号,其目的一方面是便于快捷查找,核对所选用定额的准确性;另一方面是便于计算机识别和运算。

在用计算机软件编制概预算文件时,预算定额编号是用单位工程(或分部工程)的汉语拼音首字母+数码编制的。例如,预算定额第四册《轨道工程》第一章“铺轨”第二节“机械铺轨”中混凝土Ⅰ、Ⅱ型轨节拼装(1600 根/km)的定额,当用编号表示时,则为 GY-35。

3. 阅读说明

在查到定额表号后,应详细阅读总说明和章、节说明,并核对定额表上方的“工程内容”及表下的“注”,目的是:

(1)检查所确定的定额表号是否有误。

(2)确定定额值。在确认定额表号无误后,根据上述各种“说明”及“工作内容”“注”的要求,看定额值是否需要调整。若不需调整,就直接抄录。若需调整还应做下一步工作。

4. 定额抽换

当设计内容或实际工作内容与定额表中规定的内容不完全相符时,应根据“说明”及“注”的规定调整定额值,即定额抽换。在抽换前应再仔细阅读总说明和章、节说明与注解,确定是否需要抽换,以及怎样抽换。

重复上述步骤即可查用下一工程内容的定额值。

二、定额的套用

当分项工程的设计要求与预算定额条件完全相符时，可直接套用定额(即直接查找定额)。编制施工图预算中的大多数情况如此。套用时应注意以下几点：

1. 正确选用定额条目

根据设计图纸要求及说明，选择与工作项目内容相符的定额条目、并对其工作内容、技术特点和施工方法仔细核对，做到内容不漏、不重、不错。

2. 核对计量单位

条目选定后，核对并调整所列工程项目的计量单位，使之与定额条目的计量单位相一致。

3. 明确定额中的表述

了解定额中用语、符号及定额表中数据的意义，区分“以内”、“以外”和“以上”、“以下”的含义。

4. 注意定额的换算

工程设计与定额内容部分不相符，而定额允许换算时，要先对套用的定额进行必要的换算后才能使用。

三、定额的换算

当设计要求与定额内容不完全相符时则不能直接套用定额，应在定额规定的范围内根据不同情况加以换算：

1. 设计的规格、品种与定额不相符的换算

当设计要求的规格、品种与定额规定不同时，必须先换算使用量，再按其单价换算价值。由此看来，预、概算定额的换算实际上是预、概算价格的换算。

(1)砂浆或混凝土强度等级，设计与规定不符时，应根据“铁路工程混凝土、水泥砂浆配合比用料表”查出相应换入的用料数，并考虑工地搬运及操作损耗量等；或在《铁路工程预算定额》中，查出与设计强度等级相同项目的混凝土及水泥砂浆的用料数(已考虑了损耗量等)。应换出的用料数为定额表中的数量，然后进行换算。

换算后砂浆或混凝土概、预算定额基价＝原概、预算定额基价－∑(应换出的用料数×相对应的材料单位价)＋∑(应换入的用料数×相对应的材料单价)

【例 3-1】 《铁路工程预算定额》(2010)隧道工程分册第二章 SY-131，定额单位 $10m^3$ 的喷射混凝土 C25，考虑工地搬运及操作损耗量等实际需 $12.24m^3$ 混凝土，所需普通水泥 42.5 级 5544.72kg，中粗砂 $8.323m^3$，碎石粒径 16 以内 $6.854m^3$，萘系减水剂 55.447kg，速凝剂0.22t，预算定额基价 4189.61 元。设计要求喷射混凝土为 C30，计算此预算定额基价。

解 在《混凝土、水泥砂浆配合比用料表》(2010)中分别查得 $1m^3$C25、C30 混凝土所消耗普通水泥、中粗砂、碎石的量见表 3-1。

查材料预算价格(2005 年度)知，普通水泥 42.5 级为 0.31 元/kg，中粗砂 16.51 元/m^3，碎石粒径 16 以内 31 元/m^3，速凝剂 1905.48 元/t，萘系减水剂 2.8 元/kg。

每立方米喷射混凝土配合比用料表　　表3-1

混凝土强度等级	水泥强度等级	水泥	碎石	水	速凝剂	萘系减水剂	中粗砂	定额编号
C25	42.5	453	0.56	0.24	0.018	4.53	0.68	HT-766
C30	42.5	474	0.55	0.24	0.019	4.74	0.68	HT-774

换算后喷射混凝土 $10m^3$C30 预算定额基价：

4189.61－(0.31×5544.72＋16.51×8.323＋31×6.854＋2.8×55.447＋1905.48×0.22)＋(0.31×474×12.24＋16.51×0.68×12.24＋31×0.55×12.24＋1905.48×0.019×12.24＋2.8×4.74×12.24)＝4296.64元

或

4189.61＋(474－453)×12.24×0.31＋(0.68－0.68)×12.24×16.51＋(0.55－0.56)×12.24×31＋(0.019－0.018)×12.24×1905.48＋(4.74－4.53)×12.24×2.8＝4296.64元

(2)砂浆或混凝土的骨料粒径，当设计与定额规定不符时，必须按砂浆或混凝土强度等级调整水泥用量。例如，铁路工程预概算定额中，混凝土、钢筋混凝土、浆砌石及砂浆的水泥用量是按中粗砂编制的，实际使用细砂时，应按基本定额调整水泥用量。

钢筋混凝土定额中的钢筋数量、规格，当设计与定额规定不符，使实际钢筋含量与定额中钢筋含量相差超过±5％时，应先按设计要求调整定额钢筋数量，再用钢筋制作及绑扎定额调整定额工日、有关材料、机械台班数，并用定额单价计算其价值。不是因设计原因造成不符，如钢筋由粗代细，螺纹钢筋代替圆钢铁或型号改变，因此而增加的钢筋费用，不能编入定额价值内。

2.厚度和宽度换算

如防护层的厚度(沥青混凝土、沥青砂浆的厚度)，抹灰层厚度，道砟桥面人行道宽，有的定额表中划分为基本厚度或宽度和增减厚度或宽度定额，但设计厚度或宽度与定额不符时可按设计要求和增减定额对基本厚度或宽度的定额基价进行调整换算。

3.体积换算

《基本定额》路基分册说明中规定路基开挖、运输数量以天然密实体积计算，填筑数量以压实体积计算，因此在路基土石方调配与套用定额时需要进行天然密实体积与压实体积的换算，换算系数见表3-2。表3-2为路基土石方以填方压实体积为工程量，采用天然密实方为计量单位定额时的换算系数。

该系数已经包括了路堤施工要求两侧加宽的土石方数量。计算工程数量一律以净设计断面为准。需注意的是除填石路基采用石方的系数外，以石带土的填方工程也应采用石方的系数，因而使用定额时需进行详细的土石方调配并区分填料的性质。

总之，定额换算，必须在定额规定的条件下进行。如果定额规定不允许进行换算，不得强调本部门的特点，任意进行换算。例如，在定额总说明中规定，周转性的材料、模板、支撑、脚手杆、脚手板和挡土板等的数量，按其正常周转次数，已摊入定额内，不得因实际周转次数不同调整定额消耗量。又如，定额中各项目的施工机械种类、规格型号是按一般情况综合选定，如果施工中实际采用的种类、规格与定额不一致，除定额另有说明者外，均不得换算。

路基土石方的换算系数　　表 3-2

铁路等级 \ 岩土类别		土方			石方
		松土	普通土	硬土	
设计速度 200km/h 及以上铁路	区间	1.258	1.156	1.115	0.941
	站场	1.230	1.130	1.090	0.920
设计速度 160km/h 及以下Ⅰ级铁路	区间	1.255	1.133	1.092	0.921
	站场	1.198	1.108	1.068	0.900
Ⅱ级及以下铁路	区间	1.125	1.064	1.023	0.859
	站场	1.100	1.040	1.000	0.840

四、使用定额应注意的事项

铁路工程定额是专业性全国统一定额，它用于标准轨距的铁路工程建设；要使定额在基本建设中发挥作用，除定额本身先进合理外，还必须正确应用定额。正确使用定额须注意以下几个方面：

(1)首先要学习和理解定额的总说明和分部工程说明及附注、附录、附表的规定，这是定额的核心部分。因为它指出了定额编制的指导思想、原则、依据、适用范围、使用方法、调整换算、已考虑和未考虑的因素，以及其他有关问题。对因客观条件需据实调整的换算也作了规定。

例如，在桥涵工程说明中，指出支座以孔、个为单位的定额中已含支座，以 10t 为单位的钢桁梁支座安装定额中未含支座，未含的支座按成品价格计算；又如在路基工程说明中指出，土方工程和石方工程中汽车增运定额适用于运距 10km 及以内运输，超过 10km 部分乘以 0.85 的系数；在隧道工程说明中指出，衬砌沟槽模板定额，按双侧沟槽编制，如设计采用单侧沟槽，定额消耗量乘以 0.7 的系数。定额中还指出定额中的“重量”为各项材料的重量之和，不包括水和施工机械消耗的燃料重量。

(2)掌握分部分项工程定额所包括的工作内容和计量单位。在使用定额前，必须弄清一个工程由哪些工作项目组成，每个项目的工作内容是否与定额的工作内容一致，定额的计量单位是否采用扩大计量单位，如 $10m^3$、$100m^3$ 等；设计单位与定额单位是否一致，如定额中钻孔桩是以 10m 为单位，设计中一般以 m^3 为单位等，采用统一单位。

(3)弄清定额项目表中各子目栏中工作条目的名称、内容和步距划分。然后以定额的计量单位为标准，将该工程各个项目按定额子目栏的工作条目逐项列出，做到完整齐全，不重不漏。

例如，在《铁路工程预算定额》第一册《路基工程》中，推土机推运土是按推土机功率(包括≤60kW、≤75kW，≤90kW、≤105kW、≤135kW、≤165kW、≤240kW)，推运土土质(包括普通土、硬土)，运距≤20m、增运 10m 划分的；施工土方工程应按使用推土机功率、土质、运距列项。

(4)了解定额项目表中人工、材料、机械台班名称、耗用量、单价和计量单位。

(5)熟悉工程量计算规定及适用范围。按规定和适用范围计算工程数量，有利于统一口径。

在桥涵工程定额说明中，对每一部分的工程量计算均有详细的规则，需仔细阅读，熟悉要求。如定额说明中规定，明挖基础基坑深度一般按坑的原地面中心标高至坑底标高计算，路堑地段按路基形成断面路肩设计标高至坑底标高计算；钻孔桩钻孔深度，陆上以地面标高、水上以河床面标高、筑岛施工以筑岛平面标高、路堑地段以路基设计成形断面路肩标高至桩尖设计标高计算。当采用管柱作为钻孔护筒时，钻孔深度应扣除管柱入土深度等。

在计算工程数量时，工作条目与定额条目要相符，计量单位要一致，以保证正确使用定额，避免计算错误。

(6)对于分项工程的内容，应通过深入施工现场和工作实践，理解其实际含义。只有对定额内容了解透彻，在确定工作条目，套用、换算定额或编制补充定额时，才会快而准确。

第三节　路基工程预算定额

一、综合说明

(1)本定额系对原《铁路路基工程预算定额》(铁建设[2004]47 号)的修订，适用于铁路路基工程、改移道路、平交道、改沟及其他土石方工程。

(2)本定额按照“机械施工与人力施工”分别编制的子目，需人工完成的工程量由施工组织设计确定。

(3)本定额按照“工厂化施工与非工厂化施工”分别编制的子目，应优先采用“工厂化施工”的定额子目，需人工完成的工程量由施工组织设计确定。

(4)混凝土定额单位为“$10m^3$”的子目系按集中拌制编制，未含混凝土拌制、运输内容，混凝土拌制、运输按《铁路桥涵工程预算定额》相关子目另计。当根据规定采用商品混凝土时，混凝土按当地的市场价格计算，不再计算混凝土拌制与运输的费用。

(5)本定额中的混凝土构件预制、钢筋制作等子目是按工厂化生产考虑的，未含场外运输，场外运输按相关标准另计。

(6)除另有说明外，本定额用于封锁线路作业时，人工和机械台班消耗量乘 2.0 的系数。

二、分章说明

1. 土方工程

(1)土石方挖填工程，除工作内容说明以外，另包括：路堑修坡检底、取土坑整修等所需的工人、材料、机械消耗量。

(2)土石方工程定额单位，挖方为天然密实方，填方为压(夯)实方。当以填方压实体积为工程量，采用以天然密实方为计量单位的定额时，所采用的定额应乘以表 3-3 的系数。

(3)土石方运输定额已考虑了道路系数(便道及交通干扰等因素)，土石方工程中汽车增运定额仅适用于运距 10km 及以内运输，10～30km(含)乘以 0.85 的系数，超过 30km 部分按运杂费计算。

(4)工程量计算规则：

①开挖与运输数量以天然密实体积计算，填筑数量以压(夯)实体积计算，光面(预裂)爆破数量按照设计边坡面积计算。

②路堑开挖按照设计开挖线计算土石方数量。

③路堤填筑按照设计填筑线计算土石方数量，护道土石方、需要预留的沉降数量计入填方数量。

④清除表土及原地面压实后回填至原地面标高所需的土、石方数量按设计确定的数量计算，并纳入到路基填方数量内。

土石方换算系数表 表 3-3

铁路等级＼岩土类别		土方			石方
		松土	普通土	硬土	
设计速度 200km/h 及以上铁路	区间	1.258	1.156	1.115	0.941
	站场	1.230	1.130	1.090	0.920
设计速度 160km/h 及以下Ⅰ级铁路	区间	1.255	1.133	1.092	0.921
	站场	1.198	1.108	1.068	0.900
Ⅱ级及以下铁路	区间	1.125	1.064	1.023	0.859
	站场	1.100	1.040	1.000	0.840

注：上表系数已包括路堤施工要求两侧加宽的土石方数量。

2. 石方工程

(1)土方工程说明适用于石方工程。

(2)光面(预裂)爆破定额单位按爆破面积计算，应与其他石方开挖定额叠加使用。

(3)控制爆破定额适用于既有电气化铁路增建二线需控制爆破的石方开挖工程。其他类似施工条件，可结合设计要求比照执行。

①按施工条件不同分为 A、B、C 三类，见表 3-4。

石 方 爆 破 分 类 表 3-4

A 类	B 类	C 类
线间距≤5m，开挖高度≥8m，开挖厚度≤4m，既有边坡坡度>1∶0.5，岩石硬度为次坚石以上	线间距≤10m，开挖厚度≤10m，既有边坡坡度≤1∶0.5	不满足 A、B 类条件，但距既有线路堑边坡顶 50m 之内无天然屏障的石方爆破

注：上表中开挖度为路肩至路堑边坡最高点的高度；开挖厚度为爆破体平均开挖厚度。

②定额中已经考虑了要点封锁线路引起的工效降低因素，使用时不再计列行车干扰施工增加费。

③爆破覆盖层分为 4 层、2 层、1 层三种，覆盖材料为钢筋网、橡胶炮被、土袋。4 层为钢筋网、土袋各一层，橡胶炮被 2 层；2 层为橡胶炮被、土袋各 1 层；1 层为橡胶炮被。

3. 路基加固及附属工程

(1)当设计采用的土木合成材料和透水软管的规格型号与本定额不同时，可抽换。

(2)本定额中的各种地基处理未包含桩顶空钻部分，实际发生时应单独计算空钻部分工程数量，按以下原则计列：人工和机械台班消耗量乘 0.5 的系数，扣除成桩材料费。

(3)旋喷桩、石灰桩、碎石桩、砂桩定额中主要材料用量系按一般情况编制，当设计采用类型规格或用量与定额不同时，可抽换。

(4)钻孔压浆定额中浆液系按水泥砂浆编制,当设计采用其他类型浆液时,可抽换。

(5)填筑砂石定额适用于构筑物基底、后背填筑。抛填片石定额适用于人工抛石挤淤工程。

(6)工程量计算规则如下:

①全坡面护坡、护墙其挖基数量仅计算原地面(或路基面)线以下部分;骨架护坡挖基需另计在坡开挖沟槽数量。

②铺设土工织物、土工格栅按照设计铺设面积计算,但特殊设计需要回折的,回折部分另行计算并计入工程数量中。

③路基边坡斜铺土工网垫按照设计铺设面积计算,定额中已经包括了撒播草籽。

④石灰桩、碎石桩、水泥搅拌桩、旋喷桩按照设计桩长×设计桩截面积计算,如需试桩,按设计文件计入工程数量。

4.路基支挡结构工程

(1)挡土墙定额亦适用于护墙。

(2)挡土墙、护墙、护坡的基坑开挖、支护等,应采用桥涵预算定额相应子目。

(3)土钉定额中不含挂网和喷射混凝土,需要时应按有关定额另计。

(4)软土地基垫层定额中石垫层定额亦适用于机械施工抛石挤淤工程。当设计采用砂卵石等混合填料时,可抽换。

(5)工程量计算规则

①圬工体积按设计尺寸以实体体积计算,不扣除圬工钢筋、钢绞线、预埋件和预留压浆孔道所占体积。

②锚杆挡土墙中锚杆制安以及锚索制安按照所需主材(钢筋或钢绞线)重量计算,附件重量不得计入。其计算长度是指嵌入岩石设计有效长度,按规定应留的外露部分及加工过程中的损耗,均已计入定额。

③抗滑桩桩孔开挖,不论哪一种深度均执行总孔深定额。桩身混凝土工程量按桩顶至桩底的长度乘以设计桩断面积计算,不包括护壁混凝土的数量。护壁混凝土按相应定额另计。

5.其他

(1)级配碎石(砂砾石)拌制定额的基价是按照碎石进行编制的,如设计采用级配砂砾石,材料应进行抽换。各种粒径的碎石(砂砾石)用量,应按照设计确定的配合比计算。

(2)路桥过渡段压实定额包括了掺入水泥的工作内容,但不包括掺入的水泥价格,使用时应按照设计用量另计。

(3)压实定额中已包括洒水或翻晒,洒水定额仅应用于特殊干旱地区或单独洒水的工程。

(4)承载板、位移桩预制及埋设定额不含日常观测用工。

(5)挖沟定额如发生运输时,可按土方工程中普通土或石方工程中次坚石的有关定额计算。

(6)在斜坡上挖台阶定额,仅供既有线路基帮宽时使用。

(7)"土质路面(拱)、边坡休整"、"石质路堑(渠)底面或边坡修整"定额的工作内容已经包含在土石方有关定额中,使用土石方定额时,不得重复计算,该定额仅供单一工作项目使用。

(8)挖除树根定额,其直径系地面以上 20cm 处直径。

(9)绿化工程定额计量规格:胸径是指从地面起至树干 1.3m 高处的直径,冠径是指枝展幅度的水平直径,苗高是指从地面起至稍顶的高度。灌木以冠径/苗高表示。

(10)栽植定额以原土回填为主,如需换土,按"换种植土"定额另计。

(11)香根草、穴植容器苗、植生袋定额中已含养护管理费用。

(12)喷混植生定额中绿化基材当设计配方与本定额不符时可以进行抽换调整。

(13)本定额中一般地区、干旱地区、寒冷地区的划分标准执行建技[2003]7 号文发布的《铁路路基边坡绿色防护技术暂行规定》中的有关规定。一般地区是指年平均降水量>600mm、最冷月月平均气温>-5℃ 的地区;干旱地区是指年平均降水量≤600mm 的地区;寒冷地区是指最冷月月平均气温≤-5℃ 的地区。

三、本定额基价中采用的人工、材料、机械使用费计费标准

(1)人工费:执行《铁路基本建设工程设计概预算编制办法》(铁建设[2006]113 号)。

(2)材料费:执行《铁路工程建设材料基期价格(2005 年度)》(铁建设[2006]129 号)。

(3)机械使用费:执行《铁路工程施工机械台班费用定额(2005 年度)》(铁建设[2006]129 号)。其中柴油 3.67 元/kg,汽油 3.98 元/kg。

(4)水电单价:执行 113 号文,水 0.38 元/t,电 0.55 元/kW·h。

第四节 桥涵工程预算定额说明

一、综合说明

(1)本定额系对原《铁路桥涵工程预算定额》(铁建设[2005]15 号)的修订,适用于铁路桥梁、涵洞工程。

(2)本定额按陆上、水上分别编制。水上定额适用于设计采用船舶施工的工程,水上如采用栈桥、栈桥加平台或筑堤等,则混凝土工程采用陆上定额,另列栈桥或筑堤等费用。河滩、水中筑岛施工采用陆上定额。

水上定额已含材料(成品、半成品)的水上短途运输。

(3)辅助结构及周转性材料原则上已按摊销计入定额,除另有说明外,不扣除回收料的残值。但每使用一个季度的子目及第五章第七节中钢结构制作、木结构制安拆子目,其摊销和使用费应根据施工组织确定的时间计算。

(4)现浇异形梁模板可按建设项目一次摊销,并扣除模板回收残值。

(5)施工机械种类、规格型号,系按一般情况综合选定。除另有说明外,不得抽换。

(6)除另有说明外,定额中已含脚手架、支架、扒杆等的搭拆及摊销。

(7)构筑物基地、后背填筑砂石等,采用《铁路路基工程预算定额》相应子目。

(8)本定额的混凝土工程除水上子目和定额单位非"$10m^3$"子目外,定额单位为"$10m^3$"的子目其混凝土拌制与浇筑是分开编制的,若施工组织设计按集中搅拌供应混凝土的,应分别套

用搅拌站拌制、浇筑、搅拌运输车运输混凝土子目；若施工组织设计按分散搅拌供应混凝土的，应分别套用搅拌机拌制、浇筑子目。当根据规定采用商品混凝土时，混凝土按当地含运费的市场价格计算，不再计算混凝土拌制与运输的费用。

(9)本定额的实体墩、现浇梁子目适用于墩高≤30m 的情况，超过此高度时，扣除混凝土和钢筋子目中汽车起重机的台班数量，另按施工组织设计确定的墩身与现浇梁的班制及工期，每工班(按 8h 计)计列塔式起重机 1 个台班。塔式起重机地基加固处理的费用根据设计要求另计。

(10)预应力筋定额中已含孔道压浆数量，但未含两端封锚后涂刷防水涂料的数量，应按相应防水层相应定额另计。

(11)本定额中混凝土构件预制、钢筋制作是按工厂化生产考虑的，未含场外运输，场外运输按相关标准另计。

(12)工程量计算规则如下：

①基坑开挖数量以天然气密实体积计算，填筑数量以压实体积计算。

②各类砌体的体积，按砌体设计尺寸以实体体积计算。

③混凝土的体积，按混凝土设计尺寸以实体体积计算，不扣除混凝土中钢筋(钢丝、钢绞线)、预埋件和预留压浆孔道所占的体积。

④钢筋的重量按钢筋设计长度(应含架立钢筋、定位钢筋和搭接钢筋)乘理论单位重量计算。不得将焊接、接头套筒、垫块等材料计入工程数量。

⑤预应力混凝土结构的预应力钢筋(钢丝、钢绞线)的重量按结构内设计长度或两端锚具之间的预应力筋长度计算。不得将张拉等施工所需的预留长度部分和锚具重量计入工程数量。

⑥各种桩基如需试桩，其数量由设计确定，纳入工程数量。

二、分章说明

(一)下部工程

1.挖基及抽水

(1)无水挖基指开挖地下水位以上部分，有水挖基指开挖地下水位以下部分。开挖淤泥、流砂不分有水、无水均采用同一定额。

(2)开挖基坑定额不含坑壁支护，需要时应根据设计确定的支护方式采用相应定额。本定额仅编制了挡土板和钢筋混凝土围圈子目，当设计采用锚杆、喷射混凝土、土钉等支护方式时，可采用路基定额相应子目。

(3)在同一基坑内，不管开挖哪一深度均执行该基坑总深度定额。

(4)基坑开挖定额中弃方运距为 20m，如需远运，按路基定额相应子目另计。

(5)挖井基础可采用《铁路路基工程预算定额》的抗滑桩相关子目。

(6)使用基坑开挖定额，一般情况应采用机械开挖子目，当工点零星、工作面狭窄，不适合采用机械开挖时，可采用人工开挖子目。

(7)井点降水定额适用于地下水位较高的地区，井点管安拆子目中已包括井点管、总管及附件的摊销。

(8)采用井点降水后的基坑开挖按无水计。

(9)采用无砂混凝土管井水降水时,水泵的抽水费用另计。每座无砂混凝土管井需配置1台水泵,水泵的选型应根据工点的设计涌水量确定。

(10)工程量计算规则如下:

①基坑开挖的工程量按基坑设计容积计算。

②挡土板支护的工程量按所支挡的基坑开挖数量计算。

③基坑回填数量=基坑开挖数量-基坑(承台)圬工数量。

④基坑深度一般按坑的原地面中心标高,路堑地段按路基成形断面路肩设计标高至坑底的标高计算。

⑤井点降水使用费的计算,以50根井点管为一套,不足50根的按一套计。使用天数按施工组织设计确定的日历天数计算,24h为1d。

⑥与无砂混凝土管井配套的水泵台班数量,按施工组织设计确定的日历天数计算,24h为1d,每天每台水泵计3个台班。

⑦基坑抽水工程量为地下水位以下的湿处开挖数量。已含开挖、基础浇(砌)筑及至混凝土终凝期间的抽水。

⑧抽静水定额仅适用于排除水塘、水坑等的积水。工程量按设计抽水量计算。

2. 围堰及筑岛

(1)土坝、草袋、塑料编织袋围堰及筑岛定额中已包括20m以内的运输,当运距超过20m时,按增运10m定额另计。

(2)打钢板桩定额系按正常摊销次数编制,当施工组织设计确定不再拔出钢板桩时,按一次摊销计算。

(3)双壁钢围堰在水中下沉定额中,按摊销量计入了定位船至双壁钢围堰上、下兜揽,兜揽数量不得另计。

(4)钢围堰定额系按使用导向船、定位船的施工方法编制,如施工组织设计为其他施工方案,应调整后使用。

(5)定额中的定位船系按一前一后两艘编制,施工组织设计每增减一艘定位船,有关定额中工程驳船(≤400t,三班制)的台班应增减的数量见表3-5。

按施工组织设计增减工程驳船(≤400t,三班制)数量表 表3-5

项目名称	单位	增减数量
双壁钢围堰、钢沉井底节、钢围笼浮运、定位、下水	台班/t	0.17
吊箱围堰浮运、定位、下水	台班/t	0.195
双壁钢围堰在水中下沉	台班/100m^3	1.18
双壁钢围堰在覆盖层中下沉	台班/100m^3	2.63
钢沉井在水中下沉	台班/100m^3	1.86
钢沉井在覆盖层中下沉	台班/100m^3	4.35

续上表

项目名称	单位	增减数量
双壁钢围堰内钢护筒安拆及固定架制安拆	台班/t	1.31
双壁钢围堰基底清理	台班/$10m^2$	0.72
钢沉井基底清理(覆盖层)	台班/$10m^2$	1.1
钢沉井基底清理(风化层)	台班/$10m^2$	2.76

(6)双壁钢围堰下沉定额中未含井壁填充混凝土,需要时按填充混凝土定额另计。

(7)工程量计算规则如下:

①土坝、草袋及塑料编织袋围堰的工程量,长度按围堰中心长度,高度按设计的施工水位加0.5m计算,不包括围堰内填心数量,需填心时,按筑岛填心定额另计。

②钢围堰浮运的工程量按设计确定所需的浮运重量计算。

③钢围堰拼装的工程量按设计的围堰身重量计算,不包括工作平台的重量。

④双壁钢围堰在水中下沉的工程量按围堰外缘所包围的断面积乘以设计施工水位至原河床面中心标高的高度计算。

⑤双壁钢围堰在覆盖层下沉的工程量按围堰边缘所包围的断面积乘以河床面中心标高至围堰刃脚基底中心标高的高度计算。

⑥钢围堰拆除的工程量按施工组织设计确定的拆除数量计算。

⑦双壁钢围堰基底清理的工程量按围堰刃脚外缘所包围的断面积计算。

⑧拼装船组拼拆除的工程量按设计使用次数计算。

⑨双壁钢围堰下沉设备制安拆的工程量按设计使用墩数计算。

3. 定位船、导向船及锚碇设备

(1)定位船舱面设备定额中已含定位船至导向船的拉缆摊销量。

(2)锚碇系统定额中均已含抛锚、起锚、锚绳、锚链安拆及摊销等全部内容。

(3)主锚及边锚定额,分为铁锚及混凝土锚两类、无覆盖层河段可以使用混凝土锚,其他河段采用铁锚。

(4)工程量计算规则:锚碇的工程量按施工组织设计确定的数量计算。

4. 钻孔桩及挖孔桩

(1)本定额钻孔地层分类见表3-6。

钻孔地层分类表 表3-6

地层分类	代表性岩土类
土	黏土、粉质黏土、粉土、粉砂、细砂、中砂、黄土、包括土状风化岩层。残积土、有机土(淤泥、泥炭、耕土),含硬杂质(建筑垃圾等)在25%以下的人工填土
砂砾石	粗砂、砾砂、轻微胶结的砂土,石膏、褐煤、软烟煤、软白垩、礓石及粒状风化岩层,细圆(角)砾土,粒径40mm以下的粗圆(角)砾土,含硬杂质(建筑垃圾等)在25%以下的人工填土

续上表

地层分类	代表性岩土类
软石	岩石单轴饱和抗压强度小于30MPa的各类软质岩。如泥质页岩、砂质页岩、油页岩、灰质页岩、钙质页岩、泥质砂岩、泥质胶结的砂岩和砾岩，砂页岩互层，泥质板岩，滑石绿泥石片岩，云母片岩，凝灰岩，泥灰岩，泥灰质白云岩，钻孔遇洞率30%及以下或蜂窝状或溶洞内充填物较多的岩溶化石灰岩及大理岩，盐岩，结晶石膏，断层泥，无烟煤，硬烟煤，火山凝灰岩，强风化的岩浆岩及花岗片麻岩，冻土，冻结砾层，金属矿渣，粒径40～100mm含量大于50%的粗圆(角)砾土、卵(碎)石土
卵石	粒径100～200mm含量大于50%的卵(碎)石土
次坚石	岩石单轴饱和抗压强度30～60MPa的各类硬岩。如长石砂岩，钙质胶结的长石石英砂岩，钙质胶结的砂岩或砾岩，灰岩及轻微硅化灰岩，钻孔遇洞率30%～60%的岩溶化石灰岩，熔结凝灰岩，大理岩，白云岩，橄榄岩，蛇纹岩，板岩，千枚岩，片岩，凝灰质砂岩，集块岩，弱风化的岩浆岩及花岗片麻岩，冻结粗圆(角)砾土，混凝土构件、砌块，粒径200～800mm含量大于50%的漂(块)石土
坚石	岩石单轴饱和抗压强度大于60MPa的各类极硬岩。如花岗岩，闪长岩，花岗闪长岩，正长岩，辉长岩，花岗片麻岩，粗面岩，石英粗面岩，安山岩，辉绿岩，玄武岩，伟晶岩，辉石岩，硅化板岩，千枚岩，流纹岩，角闪岩，碧玉岩，刚玉岩，碧玉质硅化板岩，角页岩，石英岩，燧石岩，硅质灰岩，硅质胶结的砂岩或砾岩，硅化或角页化的凝灰岩，钻孔遇洞率60%以上的盐溶化石灰岩，粒径大于800mm含量大于50%的漂(块)石土，钙质或硅质胶结的卵石土

(2)在滩涂、水田等浅水、淤泥地带钻孔，其工作平台的费用可采用筑岛填心定额计算。

(3)钻孔定额适用于孔深50m以内，若钻孔深度大于50m时，超过部分每增加10m(含不足10m部分)，定额中人工和机械台班消耗量以50m为基数按表3-7系数调整。

系数调整表

表3-7

地层分类	系数	地层分类	系数
土	1.05	卵石、软石、次坚石、坚石	1.10
砂砾石	1.08		

为方便使用，可按钻孔总深度采用表3-8综合系数调整定额中人工和机械台班消耗量。

综合系数表

表3-8

地层分类	钻孔深度				
	≤60	≤70	≤80	≤90	≤100
土	1.008	1.022	1.039	1.058	1.080
砂砾石	1.013	1.035	1.063	1.096	1.134
卵石、软石、次坚石、坚石	1.017	1.044	1.080	1.123	1.172

(4)水上钢护筒按一次摊销计，不另计拆除及整修的费用，也不扣除回收料的残值。

(5)双壁钢围堰内清水钻孔定额也适用于浮运钢沉井及管柱内清水钻孔。

(6)钢筒内钻岩定额，仅适用于管柱内钻岩。

(7)双壁钢围堰内钻孔护筒定额，已含护筒固定架的摊销量。

(8)钢护筒和双壁钢围堰内导向护筒定额中已含护筒的摊销量。

(9)挖孔桩定额按不同桩长及不同岩土分级编制,在同一根桩内不论挖何种地层,均执行总孔深定额。

(10)挖孔桩桩身混凝土定额按普通混凝土编制,当自孔底及孔壁渗入的地下水的上升速度大于 6mm/min 时,应抽换为水下混凝土。

(11)钻孔用泥浆和钻渣外运定额,原则上适用于当地政府有明文规定的区域内的工作。

(12)工程量计算规则如下:

①钻孔桩钻孔深度,陆上以地面标高、水上以河床面标高、筑岛施工以筑岛平面标高、路堑地段以路基设计成形断面路肩标高至桩尖设计标高计算。当采用管柱作为钻孔护筒时,钻孔深度应扣除管柱入土深度。

②钻孔桩桩身混凝土工程量按设计桩长(桩顶至桩底的长度)加 1m 乘以设计桩径断面积计算,不得将扩孔因素计入工程量。

③水中钻孔工作平台的工程量,一般钻孔工作平台按承台面尺寸每边各加 2.5m 计算面积,钢围堰钻孔工作平台按围堰外缘尺寸每边加 1m 计算面积。

④钢护筒和钢导向护筒的工程量按设计重量计算,包括加劲肋及连接部件的重量,不包括固定架的重量。

⑤钻孔用泥浆和钻渣外运工程量按钻孔体积计算,计算公式为:

$$V = 0.25\pi D^2 H \quad (m^3)$$

式中:D——设计桩径(m);

H——钻孔深度(m)。

⑥声测管的数量按设计钢管重量计算。

⑦挖孔桩开挖工程量按护壁外缘包围的断面积乘以设计孔深计算。

⑧挖孔桩桩身混凝土工程量按承台底至桩底的长度乘以设计桩径断面积计算,不包括护壁混凝土的数量。护壁混凝土按相应定额另计。

5. 钢筋混凝土方桩与管桩

(1)打桩定额系按打直桩编制。如打斜桩,人工和机械台班数量应分别乘以 1.15 和 1.21 的系数。

(2)钢筋混凝土方桩与钢筋(预应力)混凝土管桩定额中已含嵌入承台内的桩长、导桩、送桩的摊销量及凿除桩头的损耗。

(3)工程量计算规则如下:

①钢筋混凝土方桩预制与沉入的工程量按承台底至桩尖的长度乘以桩断面积计算。

②钢筋(预应力)混凝土管桩的工程量按承台底至桩尖的长度计算。

③钢管桩制作的工程量按设计重量计算。

④钢管桩沉入的工程量按承台底至桩尖的长度计算。

6. 管柱

(1)管柱下沉定额未含射水吸泥管路的数量,需要时按沉井外管路中的射水吸泥管路定额另计。

(2)管柱钻岩定额中已含封端。

(3)管柱内浇筑混凝土。管柱内部分采用管柱内浇筑水下混凝土定额,管柱内钻孔桩部分采用水上钻孔浇筑水下混凝土定额。

(4)工程量计算规则如下:

①管柱下沉定额中未含管柱的数量。预制管柱的工程量按承台底至柱底的长度计算。

②管柱下沉的工程量按设计的入土深度计算。

7.沉井

(1)定额中的薄壁轻型沉井,适用于利用泥浆套和空气幕下沉的沉井工程。

(2)浮运钢沉井下沉设备及浮运、定位、下水可采用双壁钢围堰定额。

(3)沉井吸泥下沉定额中未含射水吸泥等所用的各种管路。使用时按沉井内外管路制安拆定额另计。

(4)射水吸泥管路定额适用于管柱、沉井、双壁钢围堰等工程射水吸泥用。

(5)工程量计算规则如下:

①沉井陆上下沉的工程量按沉井外缘所包围的断面积乘以原地面或筑岛平面中心标高至沉井刃脚基底中心标高的高度计算。

②浮运钢沉井在水中下沉的工程量按钢沉井外缘所包围的断面积乘以设计施工水位至原河床面中心标高的高度计算。

③浮运钢沉井在覆盖层下沉的工程量按钢沉井外缘所包围的断面积乘以河床面至沉井刃脚基底中心标高的高度计算。

④沉井基底清理的工程量按沉井刃脚外缘所包围的断面积计算。

8.墩台

(1)墩台高度为基础顶面或承台顶面至墩台帽、盖梁顶或0号块底的高度。

(2)墩顶支撑垫石和防震落梁混凝土挡块可采用顶帽混凝土子目。

(3)斜拉桥索塔定额分为下塔柱、斜腿、上塔柱、锚固区及横梁。下塔柱为塔座顶至下斜腿底;斜腿为下塔柱顶至下横梁底;上塔柱为下横梁底至锚固区底。

(4)索塔定额按水上施工布置,若塔墩在岸边或陆上,则取消定额中的船舶数量,混凝土按陆上浇筑调整。

(5)工程量计算规则:劲性钢骨架的工程量按设计钢结构重量计算,不包括钢筋的重量。

(二)上部工程

1.钢筋混凝土拱桥

拱上墙柱、桥面板及墩上结构定额也适用于钢管拱。

2.石拱桥

拱圈安砌定额中未包含拱架,需要时按拱架安拆定额另计。

3.钢筋(预应力)混凝土简支梁

(1)梁体钢筋制安定额未含梁体预埋钢件,其费用以预埋钢件设计数量按相应定额另计。

(2)钢筋(预应力)混凝土梁现浇定额中未含梁下支架及地基处理,需要时应根据设计采用的施工方法按有关定额另计。

(3)钢筋(预应力)混凝土梁架设定额中未含梁和支座的数量及支座的安装,梁和支座的费用应按有关规定或定额另计。

(4)预应力混凝土简支梁后张法纵向预应力筋制安定额是按橡胶棒制孔编制的,当设计采用波纹管制孔时,波纹管的费用按设计数量另计。

(5)门式起重机架梁定额适用于单独铺架且墩台附近场地平坦,场地最小宽度能满足运梁车与吊机能同时运行的工程

(6)桥头线路加固定额仅适用于没有做路桥过渡段设计的架桥机架设成品梁的桥梁。

4.预应力混凝土连续箱梁

(1)梁体钢筋制安定额未含梁体预埋钢件,其费用以预埋钢件设计数量按相应定额另计。

(2)预应力筋制安定额已含波纹管制安。

(3)连续箱梁混凝土浇筑定额中未含墩旁托架、边跨膺架、合龙段吊梁及临时支座等项目,需要时根据施工组织设计另计。

(4)预应力连续箱梁拼接顶推定额中已含顶推用千斤顶、托架、制动架、导向架、顶推锚栓、千斤顶顶座、墩顶临时支座、导梁上拉杆、锚梁、滑板等的摊销量。但未含顶推用的导梁制安拆,顶推用的导梁需按导梁定额另计。

5.钢梁

(1)钢梁架设定额中未含钢梁和支座的数量及支座的安装。钢梁的费用按成品价格另计,支座按有关定额另计。

(2)钢桁梁连接拖拉架设法的连接及加固定额中未含枕木垛,需要时根据施工组织设计按有关定额另计。

(3)钢桁梁悬臂架设定额中未含施工临时加固杆件。

(4)钢桁梁架设定额中的高强度螺栓带帽是按平均0.5kg/套编制的,当设计采用的高强度螺栓带帽规格与此不符时,可调整。

(5)工程量计算规则:钢梁的工程量按设计杆件和节点板的重量计算,不包括附属钢结构、检修设备走行轨和支座、高强度螺栓的重量。

6.钢管拱

(1)钢管拱架设定额系按悬臂扣挂的施工工艺编制。

(2)钢管拱架设定额中未含钢管拱的数量,钢管拱的费用按成品价格另计。

(3)钢管拱架设定额中未含缆索吊装设备,需要时可根据施工组织设计按缆索吊定额另计。

(4)钢管拱系杆安装定额系按高强度钢丝束编制,设计采用的材质与定额不同时可抽换。

(5)工程量计算规则如下:

①钢管拱的工程量按设计重量计算,不包括支座和钢管拱内混凝土的重量。

②系杆的工程量按设计重量计算,不包括锚具、保护层(套)的重量。

7. 钢斜拉桥

(1)钢桁梁悬臂架设定额中未含钢梁和支座的数量及支座的安装。钢梁的费用按成品价格另计,支座按有关定额另计。

(2)斜拉索挂索定额中未含索的数量。斜拉索的费用按成品价格另计。

(3)钢桁梁架设定额中的高强度螺栓带帽是按0.5kg/套编制的,当设计采用的高强度螺栓带帽规格与此不符时,可调整。

(4)工程量计算规则如下:

①斜拉索的工程量按设计斜拉索重量计算。不包括锚具、锚板、锚箱、防腐料、缠包带的重量。

②斜拉索张拉的工程量按设计数量计算,每根索为一根次。

③斜拉索调索的工程量按设计要求计算,每根调整一次算一次。

④斜拉索钢梁的工程量按设计杆件和节点板的重量计算,包括锚箱重量,不包括附属钢结构、检修设备走行轨和支座、高强度螺栓的重量。

8. 支座

支座安装定额中未含支座。未含的支座按成品价格另计。

9. 桥面

(1)桥面结合板预制、安装及湿接缝混凝土定额,仅适用于公路桥面板与钢梁结合的工程。结合板的钢筋可采用预制梁钢筋定额。

(2)钢筋混凝土栏杆安装定额中已含套筒,但未含预埋钢件,应按相关子目另计。

(3)公路桥面排水管路安装定额,仅适用于公路在上、铁路在下的双层公铁两用桥。

(4)铁路桥面金属结构油漆是按《铁路钢桥保护涂装》(TB/T 1527—2004)涂装体系-1编制的,当设计采用其他涂装体系时,可按设计要求调整。

(5)工程量计算规则如下:

①公路桥面排水管路的工程量按自公路面至钢梁底的直线长度计算。

②钢筋混凝土栏杆的工程量按设计长度以“双侧米”计算。

③公路桥面栏杆的工程量按设计栏杆长度以“单侧米”计算。

④护轮轨的工程量按设计铺设长度计算,不包括弯轨和梭头的长度。弯轨和梭头按相应定额另计。

⑤梳形板的工程量按设计的铸钢梳形板及与之连接的钢料重量之和计算。

10. 桥上设施

防震落梁挡块内钢筋及旧钢轨数量按设计钢材重量计算。

(三)涵洞工程

(1)基础和涵身及出入口定额,适用于各类涵洞。

(2)钢筋混凝土倒虹吸管管身定额中已含钢筋混凝土圆管的制安和钢筋混凝土套梁的制作。

(四)既有线顶进桥涵工程

(1)顶进作业的接缝处隔板与钢插销制安定额,适用于顶拉法及中继间法。

(2)框架身外沿底宽是指框架顺线路方向外侧间的长度。

(3)现浇框架式桥身采用现浇框架涵定额。

(4)工程量计算规则如下:

①顶进框架式桥涵身重量包括钢筋混凝土桥涵身和钢刃脚的重量。

②顶进的工程量按设计顶程计算,即为被顶进的结构重心移动的距离。

③按缝处隔板与钢插销的工程量按桥身外沿周长计算。

(五)其他工程

(1)吊轨梁、扣轨梁安拆定额,其钢轨重量按 50kg/m 轨编制,当设计采用的轨型与定额不符时,可抽换。

(2)枕木垛搭拆在 5m 以上高空构筑物或平台上时,定额人工消耗量乘以 1.5 的系数。

(3)军用梁安拆定额中未含钢梁下搭拆的枕木垛,需要时可按相应定额另计。

(4)拆装及架设桥梁用的木支架定额中未含枕木垛,需要时可按相应定额另计。如支架下需铺垫木时,每 $10m^3$ 垫木需增加:人工 1.4 工日,垫木 $0.601m^3$。

(5)水中凿除混凝土、钢筋混凝土和拆除石笼、砌石定额,仅适用于水深 0.5m 以内,超过 0.5m 需筑围堰及抽水时,按有关定额另计。

(6)拆除钢板梁定额中未含铺拆滑道及搭拆枕木垛,需要时可按上、下滑道及枕木垛定额另计。

(7)玻璃钢电缆槽定额中未含支架,需要时按支架制安定额另计。

(8)满堂支架搭拆定额已考虑了在正常施工期间杆件的使用折旧因素;门式支架万能杆的使用费,应根据施工组织设计确定的使用时间,按每使用 1 季度的子目另计。

(9)限高架定额未含支柱基础,其基坑挖填与基础浇筑的费用应按相关定额另计。

(10)钢件防腐处理定额适用于设计要求做防腐、耐久处理的零小构件(如支座板上下连接螺栓、人行道预埋 U 形螺栓等),定额仅含需要做防腐处理所增加的工作,不含钢件本身。

(11)工程量计算规则如下:

①防水层、防护层(玻璃纤维和聚丙烯网状纤维混凝土除外)和伸缩缝的工程量按设计敷设面积计算。

②使用满堂式支架搭拆定额时,满堂支架的工程量按以下公式计算:

满堂支架空间体积=梁底至地面的平均高度×(梁的跨度 L_p-1.2m)×(桥面宽+1.5m)

③现浇梁支架堆载预压重量按设计梁重乘 1.2 系数计算。

(六)混凝土拌制、运输、蒸汽养护

(1)本章定额的单位“$10m^3$”是指构成实体的设计数量,不含损耗及扩孔等因素。与其他章节中定额单位为“$10m^3$”的非水上混凝土子目配套使用,应根据该子目所对应的设计实体体积,乘以消耗量体积与设计实体体积的换算系数。

(2)一般情况下,制梁及与制梁场有关的混凝土采用 $120m^3/h$ 的搅拌站拌制子目,否则采用 $60m^3/h$ 的搅拌站拌制子目。

三、本定额基价中采用的人工、材料、机械使用费计费标准

(1)人工费:执行《铁路工程基础建设工程设计概(预)算编制办法》(铁建设[2006]113 号)

综合工费标准,其中:Ⅰ类工为 20.35 元/工日,Ⅱ类工为 24.00 元/工日。

(2)材料费:执行《铁路工程建设材料基期价格(2005 年度)》(铁建设[2006]129 号)。

(3)机械使用费:执行《铁路工程施工机械台班费定额(2005 年度)》(铁建设[2006]129 号),其中柴油 3.67 元/kg,汽油 3.98 元/kg。

(4)水电单价:执行 113 号文,水 0.38 元/t,电 0.55 元/kW·h。

第五节 铁路隧道工程定额说明

一、综合说明

(1)本定额系对原《铁路隧道工程预算定额》(铁建设[2004]47 号)的修订,适用于使用小型机具钻爆法施工的新建和改(扩)建隧道工程。

(2)本定额按正常条件下,合理工期均衡组织组织施工编制,未考虑突泥、突水、帷幕注浆等影响。当路基、桥涵等专业定额用于洞内工程时,人工应乘以 1.257 的系数。

二、分章说明

1.正洞洞身

(1)本定额按隧道正洞洞身断面有效面积≤50m² 与≤90m² 分别编制。

洞身开挖定额,按围岩开挖、出哖运输分别编制。不分工程部位(即拱部、边墙、仰拱、底板、沟槽、洞室)均使用本定额。

洞身开挖定额石方爆破,按光面爆破编制,定额消耗中以考虑超挖及预留变形因素。

洞身开挖定额已含施工用水抽排,排水量按≤10m³/h 编制。当洞内涌水量超过 10m³/h 时,根据所采取治水措施另行分析计算排水费用。

洞身出砟运输定额,隧道断面有效面积≤50m² 时按有轨、无轨运输模式分别编制,使用是根据实际施工组织设计安排选用。隧道断面有效面积≤90m² 部分仅考虑无轨运输方式。

洞身出砟运输定额,按运距≤500m,运距每增 500m 编制,组合使用。有轨运输已含洞门外运距 200m,无轨运输含洞门外运距 500m。当洞外运输超过此运距时,超过部分,有轨运输应采用本定额有轨洞外增运子目;无轨运输应视具体情况采用本定额无轨倒运及(或)增运子目。

洞身出砟运输定额有轨运输子目,均按洞内坡度≤13‰编制,当洞内坡度>13‰时,电瓶车及充电机台班消耗量应乘以 1.5 系数。

明洞暗挖定额,未考虑出砟运输,使用时应采用相应断面出砟定额。明洞明挖及洞门土石方挖运,应采用路基定额相应子目。

(2)洞身衬砌定额,按模板和混凝土拌制、浇筑及运输分别编制。不分工程部位(即拱部、边墙、仰拱、底板、沟槽、洞室)均使用本定额。

洞身及明洞衬砌定额,混凝土子目按采用高性能混凝土编制,定额消耗中已考虑超挖回填因素;当设计采用的混凝土强度等级与本定额不符或采用特殊混凝土时,可以抽换。

衬砌沟槽模板定额,按双侧沟槽编制,如设计采用单侧沟槽,定额消耗量应乘以 0.7 的系数。

当设计采用的防水板、止水带、透水管材料规格与防排水定额中采用的规格不符时，可以抽换。

明洞衬砌定额，未考虑混凝土运输，使用时应采用桥涵定额相应子目。

(3)支护定额，按喷射混凝土、锚杆、钢筋网及格栅钢架、型钢钢架、超前支护分别编制。其中喷射混凝土定额消耗中已计入混凝土的回弹量；喷射合成纤维混凝土定额，合成纤维掺入量按 0.9kg/m^3 计入，当设计采用掺入量与本定额不符或采用其他纤维时，可以抽换。

(4)正洞内开挖、混凝土运输、通风、管线路等项目，均按正洞全隧长≤1000m、≤2000m、≤3000m、≤4000m 综合编制。

当隧长＞4000m 时：

①正洞开挖，以隧长≤4000m 定额为基础，与隧长＞4000m 增加定额叠加使用。

②混凝土运输，以隧长≤4000m 定额为基础，与隧长＞4000m 每增 1000m 定额叠加使用。

③通风、管线路，以隧长≤4000m 定额为基础，与隧长＞4000m 每增 1000m 定额叠加使用。

2. 洞门及附属工程

(1)本定额适用于各类型隧道洞门及明洞洞门。

(2)本定额洞门工程混凝土子目按高性能混凝土编制，当设计采用其他类型混凝土时，可以抽换。

(3)洞门土石方及加固工程，采用路基定额相应子目。

3. 辅助坑道

(1)平行导坑定额也适用于横洞、通风洞。

(2)斜井定额，适用于斜井长≤800m、斜角≤35°采用有轨运输的斜井工程。

(3)平行导坑的开挖、出砟运输、通风及管线路定额，按平行导坑单口掘进长度综合编制。已含平行导坑建成后，通过平行导坑进行正洞作业时，平行导坑内轨道及管线路摊销部分。当平导长度＞4000m 时，以平导长度≤4000m 为基础，与平导长度＞4000m 每增 1000m 定额叠加使用。

(4)斜井的开挖、出砟运输、通风及管线路定额，按斜井长≤800m 综合编制。已含斜井建成后，通过斜井进行正洞作业时，斜井内轨道及管线路摊销部分。

4. 道床

洞内无砟道床工程采用轨道工程相应定额。

5. 材料运输

(1)材料运输定额，适用于支护材料，衬砌工程中除模板和混凝土运输以外的钢筋、钢筋混凝土盖板、防水板、止水带、盲沟、透水管等材料的洞内运输。

(2)正洞材料运输定额按全隧长综合编制。当隧长＞1000m 时，与隧长每增 1000m 定额叠加使用。平导材料运输定额按平导长度综合编制。当平导长度＞1000m 时，与平导长度每增 1000m 定额叠加使用。斜井材料运输定额按斜井长度综合编制。

6. 隧长及平导长度

套用定额时,隧长及平导长度不足1000m部分,按1000m计。

7. 改(扩)建

(1)本定额系按封锁线路施工编制,封锁时间按每工作天给点两次、每次两小时计。如遇其他给点情况及断线改造,人工和机械台班应按表3-9中的系数调整。

系数调整表 表3-9

给点方案	每次封锁时间(h)					断线改造
	1	1.5	2	2.5	3	
每工作天给点两次	1.5	1.3	1	0.78	0.64	0.47
每工作天给点一次	2.5	2	1.75	1.37	1.12	

(2)洞身开挖与衬砌定额,按拱上、拱下综合编制,使用时不分工程部位均使用本定额:未含出砟、进料、管线路使用及照明用电等内容,使用时按相应定额计算。

(3)使用本定额,不得再计列行车干扰施工增加费。

8. 监控量测

(1)本定额仅编制隧道施工监控量测必测项目定额子目,定额中已含洞内外观察等工作内容。

(2)净空变化测量定额包括二次衬砌前、后净空变化测量监控全部工作内容。

9. 工程量计算规则

(1)本定额所指断面有效面积,系指隧道洞身衬砌后的轨顶面以上净空横断面面积。

(2)本定额所指隧长,系指隧道进出口(含与隧道相连的明洞)洞门端墙墙面之间的距离,以端墙面与内轨顶面的交线同线路中线的交点计算。双线轨道按下行线长度计算;位于车站上的隧道以正线长度计算。

出砟运输定额所指运距,系指隧道工程依据施工组织设计所划分的正洞独立施工段落中最大独头运输距离,当通过辅助坑道施工正洞时,应根据不同施工方向分别计算运距。

平行导坑定额所指平导长度,系指平行道坑单口掘进长度。

(3)正洞洞身、平导、斜井的开挖、出砟的工程数量,均按图示不含设计允许超挖、预留变形量的设计开挖断面数量计算,包含沟槽及各种附属洞室的开挖数量。

(4)正洞洞身、平导、斜井的衬砌混凝土拌制、浇筑及运输的工程数量,均按图示不含设计允许超挖回填、预留变形量的设计衬砌断面数量计算,包含沟槽及各种附属洞室衬砌数量。

(5)防水板、明洞防水层工程数量,按设计敷设面积计算。

(6)止水带、盲沟、透水软管工程数量,均按设计长度计算。

(7)拱顶压浆工程数量,设计时可按每延长米0.25m^3综合考虑。

(8)喷射混凝土的工程数量,可按喷射面积乘以设计厚度计算。喷射面积按设计外轮廓线计算。

(9)锚杆定额工程数量,均以100m作为计算单位。砂浆锚杆按每根长3m、直径22mm考虑,中空锚杆、自钻式锚杆按每根长3m考虑,当杆径变化时,可调整其钢筋及锚杆体规格。

(10)格栅钢架、型钢钢架工程数量,均按设计钢架及除螺栓、螺母以外的联接钢材重量计算。

(11)洞门砌筑及附属工程,均按设计工程数量计算。

(12)斜井的开挖、衬砌工程数量,均包含井身、井底车场,砟仓、水仓与配电室等的综合开挖、衬砌数量。

(13)材料运输,按正洞和辅助坑道分别计算,其材料重量的计算范围仅为第二章全部子目,第三章中第四节、第五节全部子目。

(14)监控量测工程数量,地表下沉和底板沉降、拱顶下沉子目按设计测点个数计算,净空变化按设计基线条数计算。

三、本定额基价中采用的人工、材料、机械台班单价计费标准

(1)人工费:执行《铁路基本建设工程设计概(预)算编制办法》(铁建设[2006]113 号)综合工费标准,25.82 元/工日。

(2)材料费:执行《铁路工程建设材料基期价格(2005 年度)》(铁建设[2006]129 号)。

(3)机械使用费:执行《铁路工程施工机械台班费用定额(2005 年度)》(铁建设[2006]129 号)机械台班单价,其中柴油 3.67 元/kg,汽油 3.98 元/kg。

(4)水电单价:执行 113 号文,水 0.38 元/t,电 0.55 元/kW·h。

第六节　轨道工程预算定额说明

一、综合说明

(1)本定额系对原《铁路轨道工程预算定额》(铁建设[2006]15 号)的修订,适用于铁路新建和改(扩)建的轨道工程。

(2)本额定如没有特殊说明,均考虑 100m 以内材料水平运输。

(3)本额定中线路设计长度均为单线线路长度。

(4)本额定中道口面板、线路及信号标志,线路防护栅栏的预制构件按工厂化集中预制考虑,未含生产场外的运输,场外运输应按相关标准另计。

二、分章说明

1. 铺轨

(1)本章包括无缝线路、机械铺轨、人工铺轨、标准轨轨料、弹性支承块式无砟道床人工铺轨、钢梁桥面人工铺轨、道岔尾部无枕地段铺轨共七节 319 个子目。

(2)本章机械铺轨、人工铺轨、铺设长钢轨未含钢轨、轨枕、扣配件和接头夹板等轨料,使用时应与相应标准的轨料定额配套使用。

(3)第一章铺轨定额中不包含合拢口锯轨、钢轨钻孔内容,应依据设计数量按第六章中钢轨钻孔、锯钢轨子目计算。

(4)新铺线路换铺法铺设长钢轨定额应与轨节拼装、辅设轨节及长钢轨运输定额配套使

用。倒用轨的回收运输费用已含在铺设定额中。

(5)铺设长钢轨定额,不含长轨焊接费用,实际发生时执行工地钢轨焊接相应定额。

(6)钢轨铺设定额如用于1km以上长大隧道内,人工和机械消耗量乘以1.25系数;如用于12‰以上长大坡度地段,定额中机车消耗量乘以2.0系数,人工和机械(除机车以外)消耗量乘以1.25系数。

(7)钢轨运输定额如用于12‰以上长大坡度地段,定额中机车消耗量乘以2.0系数。

(8)无缝线路轨料运输定额单枕法运输轨料为钢轨、轨枕及扣配件,换铺法运输轨料为钢轨及扣配件。

(9)无缝线路轨料运输的增运定额(GY-9、GY-11)系按新建设线路上运输编制,如轨料用于营业线铁路运输时,则应按运杂费计算。

(10)场内焊接长钢轨定额包含焊头落锤试验内容及费用,不含型式试验费用,不含焊轨基地建场费;本定额系按25m标准轨焊接工艺编制,如用于100m定尺轨焊接,人工和机械消耗量乘以1.8系数。

(11)工地钢轨焊接定额如用于道岔内钢轨焊接时,人工、机械消耗量乘以1.1系数,此定额包含焊头落锤试验内容及费用,不含型式试验费用。

(12)无缝线路接头定额系按场制胶结接头编制,包含接头钢轨数量,如接头钢轨轨型长度不同,可进行抽换。

(13)轨节拼装定额仅适用于机械铺轨。

(14)轨料定额中的钢轨,其工地搬运及操作损耗率,系按0.1%编制,仅适用于正线。当用于站线及新建枢纽编组站时,需采用站线增加钢轨损耗定额分别增列0.1%和0.2%的损耗。

(15)标准轨轨料定额包括因铺设短轨而引起接头增加所需接头夹板和螺栓的数量。

(16)为简化定额内容,对混凝土枕线路不同类型的扣配件按一根轨枕所需的含量整合,即将混凝土轨枕的扣配件整合成一个材料号,单位为组,每根钢轨一组。混凝土枕扣配件见表3-10。

混凝土枕扣配件表 表3-10

混凝土枕扣配件	组　成
50kg钢轨弹条Ⅰ型扣配件	包括A型弹条4个,平垫圈4个,螺旋道钉带螺帽4个,轨底衬垫50kg3×130×165塑料2个,轨距挡板(中间)50kg4个,挡板座50kg4个,绝缘缓冲垫板50kg2个
50kg钢轨弹条Ⅰ型调高扣配件	包括平垫圈4个,螺旋道钉带螺帽4个,弹条Ⅰ型调高扣件调高垫板2个,绝缘缓冲垫板50kg2个,弹条调高扣件轨距挡板50kg4个,弹条调高扣件挡板座50kg4个,D型弹条50kg4个
50kg钢轨弹片Ⅰ型调高扣配件	包括平垫圈4个,螺旋道钉带螺帽4个,橡胶垫板2个,衬垫2个,轨距挡板50kg4个,挡板座50kg4个,补强弹片4个,中间弹片4个
60kg钢轨弹条Ⅰ型扣配件	包括B型弹条4个,平垫圈4个,螺旋道钉带螺帽4个,绝缘缓冲橡胶垫板2个,轨距挡板60kg4个,挡板座60kg4个
60kg钢轨弹条Ⅱ型扣配件	包括平垫圈4个,螺旋道钉带螺帽4个,绝缘缓冲橡胶垫板2个,轨距挡板60kg4个,挡板座60kg4个,Ⅱ型弹条4个

续上表

混凝土枕扣配件	组　成
60kg钢轨弹条Ⅲ型扣配件	包括弹条Ⅲ型扣件4个，橡胶垫板2个，绝缘轨距块4个
60kg钢轨弹条Ⅰ型调高扣配件	包括A型弹条4个，平垫圈4个，螺旋道钉带螺帽4个，绝缘缓冲橡胶垫板2个，弹条Ⅰ型调高扣件调高垫板2个，弹条Ⅰ型调高扣件挡板座60kg4个，弹条Ⅰ型调高扣件轨距挡板60kg4个
60kg钢轨弹条Ⅰ型扣配件（无砟道床用）	包括B型弹条4个，轨距挡板60kg4个，挡板座60kg4个
60kg钢轨弹条Ⅱ型扣配件（无砟道床用）	包括轨距挡板60kg4个，挡板座60kg4个，Ⅱ型弹条4个

(17)铺设混凝土桥枕轨道，当线路每公里轨枕为1760根和1680根标准时，每座桥需分别增加1根和2根混凝土桥枕，采用“增加混凝土桥枕”的定额。

(18)道岔尾部无枕地段铺轨，系指道岔跟端至根岔枕中心距离已铺长岔枕地段的铺轨。长岔枕铺设的内容均在铺道岔定额中。

(19)正线应力放散及锁定定额系按放散锁定2次编制。

(20)工程量计算规则如下：

①铺轨的工程量按设计图示每股道的中心线长度(不含道岔长度)计算，道岔长度是指从基本轨前端至辙叉根端的距离，特殊道岔以设计图纸为准，铺轨工程量不扣除接头轨缝处长度。

②道岔尾部无枕地段铺轨，按道岔根端至末根岔枕的中心距离以km为单位计算。

③长轨压接焊作业线、长轨铺轨机安拆与调试定额，在一个铺轨基地仅按安拆一次计列。

④长钢轨焊接按焊接工艺划分，接头设计数量以1个接头、10个接头为单位计算。

⑤应力放散锁定定额，按放散锁定次数和长度，以“km”和“组·次”为单位计算。

2. 铺道岔

(1)本章包括机械铺道岔、人工铺道岔、道岔轨料、其他设施安装共四节399个子目。

(2)本章铺轨岔定额，未含道岔，岔枕轨料，使用时应与相应标准的轨料定额配套使用。

(3)铺道岔定额中道岔已包含扣件、非金属件(如橡胶垫板)等材料。

(4)铺道岔定额不包括扳道设备。当系非联锁道岔时，尚需与扳道器定额配套使用。扳道器定额包括转辙器闸座枕木及配件。

(5)铺道岔定额不含岔内焊接、转辙器安装、工电联调、应力放散和锁定等工作内容，以上内容应套用其他相应定额另计。

(6)铺道岔中岔区临时轨排铺拆，临时道岔铺拆及临时轨道、道岔养护定额，应根据施工组织设计确定的施工过渡方案选用；枕木垛定额在插入法铺设道岔时使用。

(7)道岔装卸及运输定额适用于施工组织设计的汽车运输方案，运输材料含道岔钢轨件、扣件、岔枕及转辙器等。

(8)工程量计算规则如下：

①铺道岔工程量按设计图示数量计算。

②铺道岔按道岔类型、岔枕、道床形式划分,以组为单位计算。

3. 铺道床

(1)本章包括粒料道床、沥青水泥砂浆固结道床共两节70个子目。

(2)轨道调整定额与正线铺面砟定额配套使用。当站线有开通速度要求时,应按设计开通速度套用正线铺砟与轨道调整相应子目。

(3)本章中粒料道床定额消耗量适用于石质、级配碎石、级配砾石基床和桥梁、隧道地段,当用于土质基床地段时,考虑粒料的压实陷入基床的因素,定额人工、材料、机械消耗量应乘以1.05的系数。

(4)本册定额道砟按一级道砟编制,如设计采用特级道砟或二级道砟,可对定额中的道砟进行抽换。

(5)对于开通速度<45km/h的正线,铺面砟宜采用站线铺面砟定额。

(6)正线铺面砟、站线铺面砟定额已含沉落整修内容,沉落整修定额仅供单一工程项目使用,二者不得同时使用。线路沉落整修定额中未含补砟数量,补砟数量按设计数量另计。道岔沉落整修定额已含补砟数量。

(7)强化基床定额,仅适用于铺设沥青道床地段的路基基床表层加固。其中过渡段定额为固结道床与碎石道床之间所设过渡段。

(8)工程量计算规则

①铺粒料道床底砟、线间石砟应按设计断面乘以设计长度以$1000m^3$为单位计算。

②铺粒料道床面砟应按设计断面乘以设计长度,并扣除轨枕所占道床体积以$1000m^3$为单位计算。

4. 轨道加强设备及护轮轨

(1)本章包括安装轨道加强设备、安装钢轨伸缩调节器、非桥梁地段铺设护轮轨共三节43个子目。

(2)铺设护轮轨定额,系按双侧编制,单侧时可折半使用。

(3)工程量计算规则如下:

①安装轨距杆按直径、设计数量以100根为单位计算。

②安装轨撑垫板、防爬器按轨型设计数量以1000个为单位计算。

③安装防爬支撑分木枕、混凝土枕按设计数量以1000个为单位计算。

④安装钢轨伸缩调节器分桥面、桥头引线以对为单位计算。

⑤安装护轮轨工程量,按设计长度以100双侧米计算。

5. 线路有关工程

(1)本章包括线路防护栅栏、平交道口、车挡及挡车器、线路及线号标志、轨道常备材料共五节175个子目。

(2)单线道口,采用混凝土、钢筋、道口卧轨定额子目组合使用;股道间道口,采用钢筋混凝土及道口栏目定额子目组合使用。

(3)本章线路及信号标志多数采用反光标志编制,实际使用时如采用非反光标志,可将定额中相应反光材料删除使用。

(4)线路标志中线路基桩无冻害时基础深为0.7m,如遇到冻害地段,应根据冻土层深度另外套用基础深增量定额。

(5)备料定额中轨料为验收后运营部门所使用。

(6)本章中道岔备料定额消耗量适用于备整组道岔,当所备材料为道岔基本轨、辙叉和尖轨(含配套扣配件)时,定额中道岔材料消耗量应乘以0.85系数。

(7)工程量计算规则如下:

①线路及信号标志按设计数量以100个为单位计算。

②车挡、挡车器按设计数量以处为单位计算。

③平交道口:

a.单线道口面板混凝土按设计数量以$10m^3$为单位计算。

b.单线道口面板钢筋按设计数量以t为单位计算。

c.单线道口面板道口卧轨按道口通行宽度以10m宽为单位计算。

d.股道间道口钢筋混凝土按设计数量以$10m^3$为单位计算。

e.股道间道口道口栏木按线路间道口面积$10m^2$为单位计算。道口面积计算公式为:

道口面积=道口宽度(道口铺面宽)×道口长度(相邻两股道枕木头之间距离)

④轨道常备材料中铺轨备料按铺轨设计数量以100km为单位计算。

⑤轨道常备材料中铺道岔备料按设计或有关规定计算出的实际备料数量以组为单位计算。

6.其他工程

(1)本章包括拆除工程、起落线路及道岔、拨移线路及道岔、更换钢轨道岔抽换轨枕及清筛道床共四节109个子目。

(2)起、落、拨、移线路、道岔定额、清筛道床定额和线路沉落整修定额均未含补充料,实际发生时可按设计确定的数量另计。

(3)抽换轨枕定额未含扣配件材料,使用时应按设计确定的旧料利用率另计补充材料的费用。

(4)道岔纵移横移定额根据移动方向及距离结合增项定额使用,该定额适用于既有线改造工程。该定额未含补充料,实际发生时可按设计确定的数量另计。如该定额用于必须封锁线路作业工程,定额中人工、机械消耗量乘以1.2的系数。

(5)工程量计算规则如下:

①拆除线路按设计数量以km为单位计算。

②拆除道岔按设计数量以组为单位计算。

③拆除防爬器按设计数量以1000个为单位计算。

④拆除轨距杆按设计数量以1000根为单位计算。

⑤拆除道岔转辙器按设计数量以10组为单位计算。

⑥拆除道口分单线、双线按设计数量以10m宽为单位计算。

⑦拆除车挡按设计数量以处为单位计算。

⑧拆除护轮轨按设计数量以100双侧米为单位计算。

⑨钢轨钻孔按设计数量以100孔为单位计算。

⑩锯钢轨按设计数量以10个锯口为单位计算。

⑪线路起落道按起落道高度及设计数量以km为单位计算。

⑫道岔起落道按起落道高度及设计数量以组为单位计算。

⑬拨移线路按设计数量以km为单位计算。

⑭拨移道岔按设计数量以组为单位计算。

⑮更换钢轨分钢轨类型及轨枕类型按设计数量以km为单位计算。

⑯道岔替换线路按道岔类型及设计数量以组为单位计算。

⑰抽换轨枕按轨枕类型及设计数量以100根为单位计算。

⑱清筛道床按设计数量以$1000m^3$为单位计算。

⑲道岔纵、横移按设计平移距离以组计算。

7.封锁线路作业工程

(1)本章包括大型机械清筛道床、拨接线路、换铺法铺设长钢轨、人力更换提速道岔、应力放散及锁定共五节25个子目。

(2)本章定额仅适用于营业线,其中清筛道床未含需补充的道砟,换铺长钢轨未含长钢轨、需更换的扣配件,仅含扣配件的操作损耗,更换提速道岔定额未含道岔及岔枕,以上材料按设计确定的材料类型和数量另计。

(3)大型机械清筛道床定额,如在无缝线路地段施工时,应与应力放散、锁定子目配套使用。当用于电气化营业线铁路时,人工和机械台班消耗量乘以1.08的调整系数。其中开通速度是指铁路正常运营时线路设计速度。

(4)本章拨接线路定额适用于封锁线路接轨工程,改建工程双线绕行地段施工中增加的多次接轨点拨接工程也可使用此定额。

(5)人力更换提速道岔定额中未包含道岔预铺平台的搭设和拆除内容,使用时按实际发生情况另计。

(6)本章中未包含的封锁线路施工定额子目,用于封锁线路施工时,其工机消耗量乘以1.8系数。

(7)工程量计算规则如下:

①大型机械清筛道床按清筛类型、开通速度及设计数量以km为单位计算。

②拨接线路按设计数量以处为单位计算。

③换铺无缝线路按设计数量以km为单位计算。

④人力更换提速道岔按道岔类型及设计数量以组为单位计算。

⑤应力放散及锁定定额,按放散锁定次数和长度,以"km"和"组·次"为单位计算。

三、本定额基价中采用的人工、材料、机械台班单价标准

(1)人工费:执行《铁路基本建设工程设计概(预)算编制办法》(铁建设[2006]113号)综合工费标准,24.00元/工日。

(2)材料费:执行《铁路工程建设材料基期价格(2005年度)》(铁建设[2006]129号)。

(3)机械使用费:执行《铁路工程施工机械台班费用定额(2005年度)》(铁建设[2006]129

号)。其中柴油 3.67 元/kg,汽油 3.98 元/kg。

(4)水电单价:执行 113 号文,水 0.38 元/t,电 0.55 元/kW·h。

第七节　站场工程预算定额说明

一、综合说明

(1)本定额系对原《铁路站场工程预算定额》(铁建设[2007]2 号)的修订,适用于新建及改建铁路站场和机务、车辆、机械工程有关内容(检查坑、轨道衡、机械走行轨基础等)。

(2)基础开挖未包括地下水位以下施工的排水费,发生时可采用基坑抽水定额另行计算。

(3)就地浇筑(钢筋)混凝土定额已含除钢筋以外的各类预埋件。

(4)当设计采用的混凝土和水泥砂浆强度等级与定额不符时,可按部颁配合比用料表抽换。

(5)脚手架费用已含在有关定额中,使用时不得另行增加。

(6)站场装饰和站台雨棚采用《铁路房屋工程预算定额》,站区绿化采用《铁路路基工程预算定额》。

(7)本定额的混凝土子目未含混凝土拌制、运输,混凝土拌制、运输应采用《铁路桥涵工程预算定额》相关子目另计。当根据规定采用商品混凝土时,按当地含运费的市场价格计算,不再另计混凝土拌制与运输的费用。

(8)本定额中的混凝土预制构件、钢筋制作是按工厂化生产考虑的,未含场外运输,场外运输按相关标准另计。

(9)工程量计算规则如下:

①数量按天然密实体积计算,填筑数量按压实后的体积计算。

②混凝土的体积,除另有说明外,按图示尺寸以实体体积计算,不扣除混凝土中钢筋、预埋件和预留压浆孔道所占的体积。采用《铁路桥涵工程预算定额》混凝土拌制子目时,应根据该子目所对应的设计实体体积,乘以消耗量体积与实体体积的换算系数。

③预制钢筋混凝土花格围墙,其体积按设计外形面积乘厚度计算,不扣除空花体积。

④钢筋的重量按钢筋设计长度(应含架立钢筋、定位钢筋和搭接钢筋)乘理论单位重量计算。不得将焊接料、绑扎料、接头套筒、垫块等材料计入工程数量。

⑤在同一基坑、沟槽内,不论开挖哪一深度均执行该基坑总深度定额。

二、分章说明

1. 基础开挖及填筑碾压

(1)基础开挖和回填夯实有关定额,其土石方工程已含 20m 以内的运距,当运距超过 20m 时,超过部分按相应的土石方运输定额另计。

(2)有水与无水的划分,应根据地质勘察资料以地下常水位为准,地下常水位以上为无水,以下为有水。

(3)在营业铁路上施工,需要对线路进行加固防护时可采用《铁路桥涵工程预算定额》有关子目。

(4)工程量计算规则如下：

①沟槽与基坑壁支护的工程量按开挖的设计数量计算。

②基坑抽水工程量按地下常水位以下部分的开挖数量计算。

③回填的工程量按设计的开挖数量扣除基础及管径500mm以上管道所占体积后的计算

2. 砌筑

(1)防水层定额未含水泥砂浆找平层，需要时可按相关定额另计。

(2)天桥楼梯抹面和天桥防滑坡道抹面已综合了金刚砂防滑条的内容。

(3)防水卷材的接缝、收头、找平层的嵌缝已含在定额内，不得另计。

(4)工程量计算规则如下：

①砌筑的工程量按设计尺寸以实体体积计算，勾缝、抹面的工程量按砌体表面勾缝、抹面的面积计算。

②伸缩缝的工程数量，定额单位为“10m”的，按其设计长度计算；定额单位为“$10m^2$”的，按其设计敷设面积计算。

③防潮层、防水层的工程量按设计敷设面积计算。

3. 预制构件安装、金属结构制作安装

(1)预制构件安装定额中的各种(钢筋)混凝土预制块，除站台铺面的连锁砌块外，均需按预制(钢筋)混凝土构件定额另计。

(2)预制构件安装定额中的其他小型构件，系指单件体积小于$0.1m^3$的构件。

(3)平过道预制钢筋混凝土板安装定额中已含垫层、铁件及护木。

(4)白铁皮水落管定额已考虑了铁皮咬接和搭接，不得另计。

(5)金属结构制作安装定额中的金属结构不含油漆。

(6)涂装定额中的油漆或涂料品种可依据设计要求抽换。

(7)工程量计算规则如下：

①预制构件安装工程量，除另有说明外，按构件实体体积计算。

②平过道钢筋混凝土预制板安装的工程量按预制板的顶面积计算。

③金属结构制作，按设计图的主材几何尺寸计算，不扣除孔眼、切肢、切边的重量；计算钢板重量时，均按矩形计算，多边形按长边计算。

④涂装的工程量按金属构件的成品重量计算。

4. 道路、硬化面及树(花)池

(1)定额中的压实厚度，当面层超过15cm、基层和垫层超过20cm，按设计要求需进行分层拌和、碾压时，平地机、拖拉机、拌和机及压路机的台班消耗量应加倍计算。

(2)泥结碎石、级配碎石和级配砾石面层定额中未含磨耗层和保护层，设计需要时，可按磨耗层及保护层定额另计。

(3)各类稳定土基层定额中的材料消耗系按一定配合比编制的，当设计配合比与定额标明的配合比不同时，有关材料可按下式进行换算：

$$C_i=[C_d+B_d\times(H-H_0)]\times L_i/L_d$$

式中：C_i——按设计配合比换算后的材料数量；

C_d——定额中基本压实厚度的材料数量；

B_d——定额中压实厚度每增减 1cm 的材料数量；

H_0——定额的基本压实厚度；

H——设计的压实厚度；

L_d——定额中标明的材料百分率；

L_i——设计配合比的材料百分率。

【例题 3-2】 石灰粉煤灰稳定碎石基层，定额标明的配合比为：石灰：粉煤灰：碎石＝5：15：80，基本压实厚度为 15cm；设计配合比为：石灰：粉煤灰：碎石＝4：11：85，设计压实厚度为 16cm。各种材料调整后的数量为：

生石灰　　[1598.70＋106.60×(16－15)]×4/5＝1364.24kg

粉煤灰　　[6.4＋0.43×(16－15)]×11/15＝5.009t

碎石　　[16.66＋1.11×(16－15)]×85/80＝18.88m^3

(4)工程量计算规则如下：

①各类路面、基层、填层的工程量按设计面积计算，不扣除各类井和 1m^2 及以下的构筑物所占的面积。

②人行道场地铺设工程量按设计面积计算。

5. 拆除

(1)拆除均不包括挖土方，挖土方按有关定额另计。

(2)拆除后的旧料如需运至指定地点回收利用，应另行计算运杂费和回收价。

(3)拆除工程定额中未考虑地下水因素，若发生则另行计算。

三、本定额基价中采用的人工、材料、机械使用费计费标准

(1)人工费：执行《铁路基本建设工程设计概(预)算编制办法》(铁建设[2006]113 号)Ⅰ类工综合工费标准，20.35 元/工日。

(2)材料费：执行《铁路工程建设材料基期价格(2005 年度)》(铁建设[2006]129 号)。

(3)机械使用费：执行《铁路工程施工机械台班费用定额(2005 年度)》(铁建设[2006]129 号)，其中，柴油 3.67 元/kg，汽油 3.98 元/kg。

(4)水电单价：执行 113 号文，水 0.38 元/t，电 0.55 元/kW·h。

第八节　高速铁路路基桥梁隧道无砟轨道工程

一、补充定额说明

(1)本定额是对现行《铁路工程预算定额》(铁建设[2010]223 号)的补充，与现行定额配套使用。除另有规定外，《铁路工程预算定额》(铁建设[2010]223 号)的使用说明也适用本定额。

(2)路基、桥梁工程中混凝土浇筑子目(CFG 桩除外)，应与《铁路桥涵工程预算定额》(铁建设[2010]223 号)中的混凝土拌制、运输子目配套使用。

二、路基工程说明

(1)CFG 桩桩身混合料自搅拌站至浇筑点的运输费用应采用混凝土运输子目另计。

(2)水泥土挤密桩定额、水泥土柱锤冲扩桩定额中材料配比系按水泥:土质量比为 15:85 编制。

(3)改良土拌制定额中未含填料及添加剂,其费川应根据设计要求另计。

(4)冲击碾压定额系按 20 遍编制,使用时根据设计采用的处理方案,按每增减 1 遍子目调整。

(5)填料破碎定额适用于根据规定路基填料最大粒径≤15cm 的填筑。

(6)工程量计算规则如下:

①各种桩基的工程量均按设计图示桩顶至桩底的长度计算。施工所需的预留等因素不得另计。

②冲击碾压工程量按设计面积计算。

③填料破碎工程量按设计图示路堤压实体积计算。

三、桥梁工程说明

(1)混凝土定额中未含混凝土的拌制与运输,应与《铁路桥涵工程预算定额》(铁建设[2010]223 号)中的混凝土拌制、运输定额配套使用。

(2)梁体预制混凝土定额未含蒸汽养护,蒸汽养护采用《铁路桥涵工程预算定额》(铁建设[2010]223 号)子目。

(3)梁体及桥面板钢筋定额中不含预埋钢配件,其费用应按预埋钢配件定额另计。

(4)移动支架安拆定额按路基上拼装和墩顶吊拼分别编制。路基上拼装适用于整座桥全部采用移动支架建造的情况。墩顶吊拼、桥下提升适用于局部梁跨采用移动支架施工,且梁段预制场设于桥下,运输适用于梁段预制场设于台后。

(5)900t 搬梁机分为轮胎式和轮轨式两种,适用于制梁场内搬梁、装车。2×450t 搬梁机适用于制梁边架梁和提梁桥上装车,定额中未含走行轨及地基处理费用,其费用可以根据现场情况按设计数量计列。

(6)支座安装定额适用于预制简支箱梁,定额中未含支座本身,其购置费用应按设计采用的品种、规格另计。

(7)钢—混凝土结合梁定额按路基上拼装和墩顶吊拼两种方法编制。

路基上拼装配合拖拉法适用情况:不可封闭的跨线、跨路施工,且全桥全部为钢—混凝土结合场所架梁跨距台后路基较近。

(8)梁面打磨及修补定额适用于铺设 CRTSII 型板式无砟轨道的梁面。

(9)箱梁引下式排水管道包含箱梁本身的排水管道和经汇水管顺桥墩引下的管道。

(10)桥梁综合接地连(焊)接定额,墩、梁连接子目包含连接钢件,其余子目仅包含焊接等内容。由于接地所需新增的钢筋仍分别采用相应的基础、墩台、梁体钢筋定额。墩、梁连接指梁上接地端子与墩顶接地端子之间的钢结构导电件的制安。

(11)移动模架现浇箱梁钢筋采用现浇箱梁钢筋定额。

(12)工程量计算规则如下:

①箱梁搬、运、架大型机械安拆调试数量按施工组织设计确定的次数计算。

②搬梁机场内搬梁数量,不论其搬运次数按设计预制梁孔数计算。

③轮轨式移梁台车场内移梁数量按设计移梁孔次数计算。从制梁台座起算,每一孔梁从一个台座移至另一个台座,每移动一次即为"1孔次"。

④箱梁架设应区分隧道口首末孔和其他孔,按设计架设孔数计算,变跨数量按设计不同梁跨变化次数计算。

⑤移动支架安拆数量按设计支架重量乘以安拆次数计算,移动模架安拆数量按设计模架(不含模板)的重量乘以安拆次数计算。

⑥移动支架(模架)纵向移位数量按施工组织设计确定的该移动支架(模架)施工的首孔中心点至末孔中心点的距离计算。

⑦梁面打磨及修补数量按设计图示防撞墙以内的梁面面积计算。

⑧钢—混凝土结合梁拖拉法施工工程量按质量与长度的乘积计算。

⑨梁端伸缩缝应区分材质和有砟轨道、无砟轨道,按设计伸缩缝长度计算。

⑩防震落梁设施按设计钢件重量计算。

⑪箱梁排水管道应区分有砟轨道、无砟轨道和排水方式,按设计梁长计算。

⑫梁内、墩身和基础中由于接地而额外增加的钢筋数量应计入相应部位的钢筋工程数量。设计采用的不锈钢接地端子及尾部压入的30cm钢筋作为整体考虑,其费用按设计数量乘以成品价格另计。

四、隧道工程说明

(1)本定额正洞部分适用于新建铁路断面有效面积(轨顶面以上净空横断面面积)$>90m^2$的隧道工程。

(2)洞身开挖、出砟工程。

①开挖工程不区分工程部位均使用本定额,含工作面钻爆全部工序。

②出砟定额按基本运距500m和每增运距500m叠加使用。当采用无轨斜井作为辅助出砟通道时,斜井内增运部分采用由斜井无轨出砟定额。

③正洞洞身通风、管线路,采用《铁路隧道工程预算定额》$\leqslant 90m^2$定额相关的子目,并乘以1.08的调整系数。

(3)洞身衬砌工程。

①衬砌工程按模板和混凝土拌制、浇筑及运输分别编制,其中混凝土拌制、浇筑工程区分拱墙、底板与仰拱、仰拱填充与沟槽身等不同部位分别套用本定额相应子目。

②隧道衬砌定额消耗中已综合考虑超挖回填因素。

③当设计采用的混凝土强度等级与本定额不符或采用特殊混凝土时,可以抽换。

(4)无轨斜井工程。

①无轨斜井开挖、出砟定额,适用于采用汽车运输的斜井、斜坡道工程。

②无轨斜井开挖、出砟、通风、管线路定额均系指斜井建井期间的定额消耗,不适用于通过无轨斜井施工的正洞洞身工程。

③无轨斜井衬砌按采用组合钢模板、集中拌制、浇筑、运输综合编制，不区分衬砌部位，也不考虑超挖回填因素。

(5)拆除中隔壁定额，系指采用中隔壁法、交叉中隔壁法、双侧壁导坑法等施工方法开挖时，对临时支护体的凿除和拆除，其中拆除网喷混凝土定额包含了拆除钢筋网、锚杆和联接钢筋的工作内容。

(6)拆除中隔壁定额中未包含拆除体的运输，其洞内运输费用按拆除物的重量采用《铁路隧道工程预算定额》正洞内材料运输定额计算。

(7)综合接地焊接定额，按不同围岩采用接地方式综合编制，定额中仅包含焊接、测试等工作内容所需人工、机械台班，未包含接地主体材料和接地端子。

(8)工程量计算规则如下：

①洞身、辅助坑道的开挖、出砟工程数量，均按设计图示不含设计允许超挖、预留变形量等的断面数量计算，包含所有附属洞室数量。

②出砟运距，正洞系指施工组织设计安排独头掘进工作面距洞口或者斜井底的最大距离，无轨斜井系指斜井实际长度。

③衬砌混凝土工程数量，均按设计图示不含设计允许超挖回填、预留变形量等的断面数量计算，包含洞身及所有工作洞室衬砌数量。混凝土运输运距与出砟运距计算方法一致。

④拆除中隔壁喷射混凝土工程数量，均按设计喷射混凝土体积计算，不扣除钢筋网、锚体杆等体积。

⑤钢结构临时支撑按倒用二次计算，整修费用不再另计。

⑥综合接地焊接工程数量，以设计引下接地的数量按“处”计算，由于接地而额外增加的钢构件数量计入洞内钢筋、锚杆等相应工程数量。接地端子的费用按其设计数量乘以成品价格另计。

五、无砟轨道工程说明

(1)本定额含 CRTSⅠ型板式、CRTSⅡ型板式、CRTSⅠ型双块式、CRTSⅡ双块式 4 种结构形式，共 130 个子目。

(2)本定额中高性能混凝土按碳化环境 60 年编制。

(3)底座道床板混凝土、钢筋定额子目适用于各种形式无砟轨道底座、道床板。道岔下及过渡段钢筋混凝土套用此定额时，定额中人工及机械消耗量乘以 2.0 的系数。摩擦板、端刺、端梁施工套用此定额时，定额中人工及机械消耗量乘以 1.5 的系数。

(4)现浇凸台定额可用于Ⅰ型轨道板的凸形挡台部分及双块式轨枕座下的凸台部分。

(5)板缝间混凝土钢筋、侧向挡块混凝土钢筋、剪力筋制安、齿槽预埋钢筋、轨道板砂浆封边、轨道板纵向连接、后浇带钢板连接安装定额适用于 CRTSⅡ型轨道板。

(6)CRTSⅠ型预应力轨道板预制系双向预应力板。

(7)CRTSⅠ型、CRTSⅡ型轨道板预制定额系统按标准板编制，如用于曲线板、补偿板及特殊板(如道岔板)，预制模板按 1 个项目摊销，并扣除模板回收残值。

(8)CRTSⅡ型轨道板预制定额如用于道岔板预制工程，定额中人工及机械消耗量乘以 1.15的系数。

(9)CRTSⅡ型轨道板打磨系按国产设备及材料编制。

(10)混凝土面层凿毛、冲洗、吹干定额适用于部分无砟轨道设计要求凿毛的工程。

(11)凸形挡台环氧树脂定额适用于 CRTSⅠ型无砟轨道工程。

(12)底座伸缩缝制作定额适用于预留道床变形缝工程。

(13)道砟胶结定额适用于过渡段设计确定道砟胶结的工程。

(14)钢轨铺设定额如用于 1km 以上长大隧道内,人工和机械消耗量乘以 1.25 的系数;如用于 12‰以上长大坡度地段,定额中机车消耗量乘以 2.0 的系数,人工和机械(除机车以外)消耗量乘以 1.25 的系数。

(15)钢轨运输定额如用于 12‰以上长大坡度地段,定额中机车消耗量乘以 2.0 系数。

(16)500m 长钢轨运输定额系按不通行营业火车的线路上运输编制,如在营业线铁路运输时,则应按运杂费计算。

(17)施工测量定额包括底座施工、凸台施工、道床板施工、铺板(枕)施工、铺轨施工中的全部测量工作内容。不包含 CPⅠ、CPⅡ、CPⅢ网测试及复测以及精调测量内容。CPⅠ、CPⅡ网测试费用包含在设计费中,CPⅠ、CPⅡ网复测及 CPⅢ网测试及复测费用按"客运专线 CPⅢ测试收费有关事项的通知"计算,精调测量费用按精调定额计算。

(18)铺设无砟轨道道岔定额不包括岔内外焊接,应力放散及锁定和岔下混凝土浇筑,两次转辙器安装调试及工电联调、钢筋绑扎等内容,未包含的内容应采用其他相应定额另计。

(19)道岔装卸及运输定额适用于施工组织设计确定为汽车运输的情况。

(20)工程量计算规则如下:

①铺轨工程量按设计图示每股道的中心线长度(不含道岔长度)以 km 计算。铺轨工程量不扣除接头轨缝处长度。道岔长度是指从基本轨前段至辙叉根端的距离。特殊道岔以设计图纸为准。

②轨料运输按设计图示铺轨长度以 km 计算。

③铺土工布、PE 膜(两布一膜)按 PE 膜设计图示铺设面积以 m^2 计算。

④混凝土道床按设计图示体积以 m^3 计算。

⑤钢筋的重量按钢筋设计长度(应含架立钢筋、定位钢筋和搭接钢筋)乘理论单位重量计算。不得将焊接料、绑扎料、接头套筒、垫块等材料计入工程数量。

⑥预制轨道板内的钢筋计算工程数量时,不含套管用低碳冷拔钢丝数量。

⑦底座钢筋绝缘处理的数量按设计绝缘卡子个数计算。

⑧制板、制枕的数量按设计数量另计入 1%的损耗。

⑨底座伸缩缝单位为处,是指事先预留的伸缩缝,单线每处。

⑩备料按设计数量计列。

第四章 铁路工程概预算编制实例

第一节 铁路工程概预算编制的步骤与方法

一、编制概(预)算小数点后位数取定

(一)人工、材料、机械台班单价

单价的单位为“元”,取2位小数,第3位4舍5入。

(二)定额(补充)单价分析

(1)单价和合价的单位为“元”,取2位小数,第3位4舍5入。

(2)单重和合重的单位为“t”,单重取6位小数,第7位4舍5入,合重取3位小数,第4位4舍5入。

(三)运杂费单价分析

(1)汽车运价率的单位为“元/t·km”,取3位小数,第4位4舍5入。

(2)火车运价率的单位及运价率按现行《铁路货物运价规则》执行。

(3)装卸费单价单位为“元”,取2位小数,第3位4舍5入。

(4)综合运价单位为“元/t”,取2位小数,第3位4舍5入。

(四)单项概(预)算

单价和合价的单位为“元”,单价取2位小数,第3位4舍5入,合价取整数。

(五)材料重量

材料单重和合重的单位为“t”,均取3位小数,第4位4舍5入。

(六)人工、材料、机械台班数量统计

按定额中的单位,均取2位小数,第3位4舍5入。

(七)综合概(预)算

概(预)算价值和指标的单位为“元”,概(预)算价值取整,指标取2位小数,第3位4舍5入。

(八)总概(预)算

(1)概(预)算价值和指标的单位为“万元”,均取2位小数,第3位4舍5入。

(2)费用比例的单位为“%”,取2位小数,应检算是否闭合。

(九)工程数量

(1)计量单位为“m^3”、“m^2”、“m”的取2位,第3位4舍5入。

(2)计量单位为“km”的,轨道工程取5位,第6位4舍5入;其他工程取3位,第4位4舍5入。

(3)计量单位为“t”的取3位,第4位4舍5入。

(4)计量单位为“个、处、组、座或其他可以明示的自然计量单位”取整。

二、单项概(预)算的编制

(一)建筑安装工程单项概(预)算编制步骤(以手工编制为例)

编制建筑安装工程单项概(预)算用“单项概(预)算表”,该表有二种,一种为“表甲”,用在单项概(预)算的第一页,上面有详细的表头栏目;另一种是“表乙”,它其实是“表甲”的续页。具体步骤如下:

(1)按照“综合概算章节表”规定的细目,将整个概预算划分成几个部分,把工程数量分别归入各个部分。

工程数量的单位应与定额规定的单位相一致,汇总工程数量应按规定的编制单元进行。

(2)逐一查找与工程项目相对应的定额,将其编号、工程项目或费用名称、单位、数量、单价填入表内,并计算合价。

如有的工程项目查不到相对应的定额,应当进行补充单价分析。补充单价分析应当在“补充单价分析表”中进行。

(3)编制“项目单价分析表”。在“项目单价分析表”中按定额将工程数量逐个统计,将相同的工天、材料、机械数量相加,完成所有工作项目各部分的各种资源总消耗量的计算,最后计算出项目单价。

(4)将各部分材料消耗量合并,汇总于“工料机消耗表”,从而完成项目所需主要劳材机的数量。

(5)分析材料运杂费单价。利用“主要材料(设备)平均运杂费单价分析表”,按照施工组织设计确定的运输方案,计算各种材料在各种运输方式下的运杂费单价,再根据统计的材料数量计算运杂费。

(6)计算价差。根据价差调整规定,计算人工费、材料费、施工机械使用费价差。

(7)根据编制办法的规定计算填料费、施工措施费、特殊施工增加费、间接费及税金。

(8)计算单项概(预)算价值。

(二)建筑安装工程单项概(预)算计算程序

铁路建筑安装工程单项概(预)算计算程序见表4-1。

建筑安装工程单项概(预)算计算程序 表4-1

序号	费用名称		计算式
1	基期人工费		按设计工程量和基期价格水平计列
2	基期材料费		
3	基期施工机械使用费		
4	定额直接工程费		(1)+(2)+(3)
5	运杂费		指需要单独计列的运杂费,按施工组织设计的材料供应方案及本办法的有关规定计算
6	价差	人工费价差	基期至编制期价差按有关规定计列
7		材料费价差	
8		施工机械使用费价差	
9		价差合计	(5)+(7)+(8)

续上表

序号	费用名称	计算式
10	填料费	按设计数量和购买价计算
11	直接工程费	(4)+(5)+(9)+(10)
12	施工措施费	[(1)+(3)]×费率
13	特殊施工增加费	(编制期人工费+编制期施工机械使用费)×费率或编制期人工费×费率
14	直接费	(11)+(12)+(13)
15	间接费	[(1)+(3)]×费率
16	税金	[(14)+(15)]×费率
17	单项概(预)算价值	(14)+(15)+(16)

注:表中直接费未含大型临时设施和过渡工程费,大型临时设施和过渡工程需单独编制单项概(预)算,其计算程序见相关规定。

(三)单项概(预)算报表

表 4-2 为某新建铁路的单项概算报表。

某新建铁路单项概算表　　表 4-2

建设名称	某某客专施工图分标概算		编号	某某客专_ZGS_01	
工程名称	区间路基土石方		工程总量	298789 断面方	
工程地点			概算价值	12490361 元	
所属章节	二章 2 节		概算指标	41.8 元/断面方	
单价编号	工作项目或费用名称	单位	数量	费用(元)	
				单价	合价
	区间路基土石方	断面方	298789	41.8	12490361
	Ⅰ.建筑工程费	施工方	293897	42.5	12490361
	一、土方	m^3	129521	16.91	2190461
	(一)挖土方	m^3	125549	17.19	2157661
	1.挖土方(运距≤1km)	m^3	125549	9.83	1233590
	(2)机械施工	m^3	125549	9.83	1233590
LY-19	≤2.0m^3 挖掘机装车,松土	100m^3	2.4	98.81	237
XGT1	土方行车干扰(挖、装)	100m^3	1.2	358.95024	431
LY-115	≤8t 自卸汽车运土,运距≤1km	100m^3	2.4	422.73	1015
LY-20	≤2.0m^3 挖掘机装车,普通土	100m^3	1127.24	114.24	128776
XGT1	土方行车干扰(挖、装)	100m^3	83.76	358.95024	30066
LY-115	≤8t 自卸汽车运土,运距≤1km	100m^3	1127.24	422.73	476518
LY-21	≤2.0m^3 挖掘机装车,硬土	100m^3	125.85	129.67	16319
XGT1	土方行车干扰(挖、装)	100m^3	62.92	358.95024	22585
LY-115	≤8t 自卸汽车运土,运距≤1km	100m^3	125.85	422.73	53201

续上表

单价编号	工作项目或费用名称	单位	数量	费用(元)	
				单价	合价
	人工费	元			5700
	机械使用费	元			670366
	一、定额直接工程费	元			676066
	人工价差	元	280.1	22.65	6337
	机械台班差	元			272944
	三、价差合计	元			279281
	直接工程费	元			955347
	五、施工措施费	%	676066	7.89	53342
	行车干扰施工增加费	元			53082
	六、特殊施工增加费	元			53082
	直接费	元			1061771
	七、间接费	%	676066	19.5	131833
	八、税金	%	1193604	3.35	39986
	九、单项预算价值	元			1233590
	2.增运土方(运距>1km 的部分)	m^3	121434	7.61	924071
LY-116	≤8t 自卸汽车运土,增运 1km	$100m^3$	70.75	112.7	7974
LY-116*2	≤8t 自卸汽车运土,增运 1km	$100m^3$	38.75	225.4	8734
LY-116*4	≤8t 自卸汽车运土,增运 1km	$100m^3$	825.88	450.8	372307
LY-116*6	≤8t 自卸汽车运土,增运 1km	$100m^3$	2.4	676.2	1623
LY-116*6	≤8t 自卸汽车运土,增运 1km	$100m^3$	121.53	676.2	82179
LY-116*6	≤8t 自卸汽车运土,增运 1km	$100m^3$	76.85	676.2	51966
LY-116*8	≤8t 自卸汽车运土,增运 1km	$100m^3$	68.9	901.6	62120
LY-116*8	≤8t 自卸汽车运土,增运 1km	$100m^3$	9.28	901.6	8367
	机械使用费	元			595270
	一、定额直接工程费	元			595270
	机械台班差	元			215749
	三、价差合计	元			215749
	直接工程费	元			811019
	五、施工措施费	%	595270	4.16	24763
	直接费	元			835782
	七、间接费	%	595270	9.8	58336
	八、税金	%	894118	3.35	29953
	九、单项预算价值	元			924071
	(二)利用土填方	m^3	3972	8.26	32800

续上表

单价编号	工作项目或费用名称	单位	数量	费用(元)	
				单价	合价
	2.机械施工	m^3	3972	8.26	32800
LY-439	基床底层填筑压实(设计速度>160km/h)	$100m^3$	26.32	444.08	11689
LY-438	基床以下填筑压实(设计速度>160km/h)	$100m^3$	13.4	393.21	5268
	人工费	元			517
	材料费	元			857
	机械使用费	元			15583
	一、定额直接工程费	元			16957
	人工价差	元	25.41	22.65	576
	机械台班差	元			9794
	三、价差合计	元			10370
	直接工程费	元			27327
	五、施工措施费	%	16100	7.89	1270
	直接费	元			28597
	七、间接费	%	16100	19.5	3140
	八、税金	%	31737	3.35	1063
	九、单项预算价值	元			32800

三、综合概(预)算的编制

综合概(预)算是概(预)算文件的基本文件,所有的工程项目、数量、概算费用都要在综合概(预)算表中反映出来。

综合概(预)算是在单项概(预)算的基础上编制的,它依据《铁路基本建设工程设计概算编制办法》规定的“综合概(预)算章节表”的顺序和章节汇编,是编制总概(预)算表的基础。“综合概(预)算章节表”中的章节顺序及工程名称不应改动,没有费用的章节其章别、节号应保留,作为空项处理。工程细目可根据实际情况增减,其序号按增减后的序号连号填写。表 4-3 为某新建铁路的综合概算表。

四、总概(预)算的编制

总概(预)算具有归类汇总性质,它必须在综合概(预)算完成后才能编制。当综合概(预)算完成后,按照四部分十六章的费用规划方法,填写在“总概算表”中。沿表的横向根据综合概(预)算不同费用性质分别填写建筑工程、安装工程、设备工器具、其他费四项费用,然后计算“合计”、“技术经济指标”和“费用比重”。“技术经济指标”指单位工程量(正线公里)所含某章的费用值,即等于各对应“合计”值与工程总量的比值;“费用比重”指各章费用占概算总额的百分比,即等于各对应“合计”值与概算总额之比。沿表纵向计算“四部分合计”,并填入对应概算总额栏中。

最后,填写总概(预)算表的表头,并请相关责任人在表尾签字,总概算表编制即告结束。表 4-4 为某新建铁路的总概算表。

表 4-3

某新建铁路综合概算表

建设名称		某某客运专线	工 程 总 量	247.556 正线公里	编 号	某某客专_ZGS_01
编制范围			概算总额	12857816326 元	技术经济指标	51939021.18 元/正线公里
章别	节号	工程及费用名称	单位	数量	概算价值(元)	指标(元)
		第一部:分静态投资	正线公里	247.556	12488011846	50445199.66
一		拆迁及征地费用	正线公里	247.556	640708866	2588137.09
		其中:Ⅰ.建筑工程费	正线公里	247.556	56804844	229462.6
		Ⅳ.其他费	正线公里	247.556	583904022	2358674.49
	1	拆迁及征地费用	正线公里	247.556	640708866	2588137.09
		其中:Ⅰ.建筑工程费	正线公里	247.556	56804844	229462.6
二		路基	正线公里/路基公里	247.556/129.695	1865335780	7535005.33/14382480.28
		其中:Ⅰ.建筑工程费	正线公里/路基公里	247.556/129.695	1865335780	7535005.33/14382480.28
	2	区间路基土石方	断面方	10624522	348534485	32.8
		其中:Ⅰ.建筑工程费	断面方	10624522	348534485	32.8
		Ⅰ.建筑工程费	断面方	10624522	348534485	32.8
		一、土方	m^3	129521	16.91	2190461
		(一)挖土方	m^3	125549	17.19	2157661
		1.挖土方(运距≤1km)	m^3	125549	9.83	1233590
		(2)机械施工	m^3	125549	9.83	1233590
		2.增运土方(运距>1km 的部分)	m^3	121434	7.61	924071
		(二)利用土填方	m^3	3972	8.26	32800
		2.机械施工	m^3	3972	8.26	32800
		第二部分:动态投资	正线公里	247.556		

续上表

章别	节号	工程及费用名称	单位	数量	概算价值(元)	指标(元)
十三	31	工程造价增涨预留费	正线公里	247.556		
十四	32	建设期投资贷款利息	正线公里	247.556		
		第三部分:机车车辆购置费	正线公里	247.556	350000000	1413821.52
十五	33	机车车辆购置费	元		350000000	
		第四部分:铺底流动资金	正线公里	247.556	19804480	80000
十六	34	铺底流动资金	正线公里	247.556	19804480	80000
		51939021.18	51939021.18	51939021.18	51939021.18	51939021.18

某新建铁路的总概算表

表 4-4

工程总量	247.556 正线公里					技术经济指标	5193.9 万元/正线公里	
章别	费 用 类 别	概算价值(万元)					技术经济指标(万元)	费用比例(%)
		Ⅰ 建筑工程费	Ⅱ安装工程费	Ⅲ 设备购置费	Ⅳ 其他费	合计		
	第一部分:静态投资					1248801.18	5044.52	97.13
一	拆迁及征地费用	5680.48			58390.4	64070.89	258.81	4.98
二	路基	186533.58				186533.58	753.5	14.51
三	桥涵	207744.63				207744.63	839.18	16.16
四	隧道及明洞(××座)	308936.85	7.11	5632.55		314576.51	1270.73	24.46
五	轨道	77428.9				77428.9	312.77	6.02
六	通信、信号及信息	8303.11	3203.57	25534.26		37040.93	149.63	2.88
七	电力及电力牵引供电	23202.87	708.47	17706.04		41617.39	168.11	3.24

续上表

工程总量	247.556 正线公里				技术经济指标		5193.9 万元/正线公里	
章别	费 用 类 别	概算价值(万元)					技术经济指标(万元)	费用比例(%)
		Ⅰ 建筑工程费	Ⅱ安装工程费	Ⅲ 设备购置费	Ⅳ 其他费	合计		
八	房屋	48569.4	2930.5	6820.94		58320.84	235.59	4.54
九	其他运营生产设备及建筑物	38394.18	85.31	10465.79		48945.27	197.71	3.81
十	大型临时设施和过渡工程	18646.91				18646.91	75.32	1.45
十一	其他费				80347.95	80347.95	324.56	6.25
	以上各章合计	923440.91	6934.96	66159.58	138738.35	1135273.8	4585.93	88.3
十二	基本预备费					113527.38	458.59	8.83
	以上总计					1248801.18	5044.52	97.13
	第二部分:动态投资							
十三	工程造价增涨预留费							
十四	建设期投资贷款利息							
	第三部分:机车车辆购置费					35000	141.38	2.72
十五	机车车辆购置费					35000		2.72
	第四部分:铺底流动资金					1980.45	8	0.15
十六	铺底流动资金					1980.45	8	0.15
	概(预)算总额					1285781.63	5193.9	100

第二节　铁路工程预算编制实例

一、基础数据

1. 编制范围

某新建铁路工程×××标段:DK000＋000～DK010＋000 站前及相关工程,Ⅰ级单线铁路(设计速度≤160km/h),全长 10 正线公里。

2. 工程量

鉴于篇幅原因,仅摘抄部分数据见表 4-5。

某新建铁路工程数量表　　表 4-5

章别	节号	工程及费用名称	单　位	数　量
一		拆迁及征地费用	正线公里	10
	1	拆迁及征地费用	正线公里	10
		Ⅳ.其他费	正线公里	10
		一、土地征用及拆迁补偿费	正线公里	10
		(二)拆迁补偿费	元	
		4.电力线路	元	
		5.通信线路路外	元	
		……		
二		路基	正线公里	10
	2	区间路基土石方	施工方	180571
		一、土方	m^3	180571
		(一)挖土方	m^3	166535
		1.挖土方(运距≤1km)	m^3	166535
		(2)机械施工	m^3	166535
		2.增运土方(运距>1km 的部分)*	m^3	333070
		(二)利用土填方	m^3	14036
		2.机械施工	m^3	14036
		……		
三		桥涵	正线公里	10
	6	大桥	延长米/座	574.11/2
		甲、新建		
		一、复杂大桥	延长米/座	574.11/2

续上表

章别	节号	工程及费用名称	单　位	数　量
		(二)多线大桥	延长米/座	574.11/2
		Ⅰ.建筑工程费	延长米/座	574.11/2
		1.基础	圬工方	13778.2
		(1)明挖	圬工方	261.4
		①混凝土	圬工方	261.4
		②钢筋	t	6.374
		(2)承台	圬工方	7194
		①混凝土	圬工方	7194
		②钢筋	t	235.777
		③混凝土冷却管	t	0.529
		(5)钻孔桩	m	9079.72
		①陆上	m	9079.72
		2.墩台	圬工方	12033.8481
		(1)混凝土	圬工方	12033.8481
		(2)钢筋	t	419.203
		……		
四		隧道及明洞	正线公里	10
	10	隧道	延长米/座	6821.87/15
		甲、新建	延长米/座	6821.87/15
		五、$L \leqslant 1$km 的隧道	延长米/座	6821.87/15
		(一)双线隧道	延长米/座	6821.87/15
		Ⅰ.建筑工程费	延长米/座	6821.87/15
		1.正洞	延长米	6184.87
		(3)Ⅲ级围岩	延长米	3308
		①开挖	m^3	399815.03
		A.开挖	m^3	399815.03
		B.洞外运砟	m^3	399815.03
		②衬砌	圬工方	85171.66
		A.模筑混凝土	圬工方	85171.66
		B.钢筋	t	261.860584
		③支护	延长米	3308
		A.喷射混凝土	圬工方	10395.26

续上表

章别	节号	工程及费用名称	单　位	数　量
		C.钢筋网	t	82.36893
		F.锚杆	m	78957
		G.钢支撑	t	9.48596
		④拱顶压浆	延长米	3308
		……		
十一		其他费	正线公里	10
	29	其他费用	正线公里	10
		Ⅳ.其他费	正线公里	10
		八、安全生产费		

注：* 处增运土方在实际施工图中需按土方调配图详细计算，在这里仅按 2km 计算。

二、编制依据

(一)一般规定

(1)铁总办函[2013]×××号文《关于某新建铁路初步设计的批复》。

(2)铁建设[2006]113 号文《铁路基本建设工程设计概(预)算编制办法》(以下简称《概算编制办法》)。

(3)铁建设[2008]11 号文《铁路基本建设工程投资预估算、估算设计概预算费税取值规定》(以下简称《费税取值规定》)。

(4)招标文件提供的图纸、工程量清单及甲供材料清单。

(5)招标单位提供的答疑书。

(6)本标段的施工组织方案。

(二)定额

(1)路基工程:铁建设[2010]223 号文发布的《铁路路基工程预算定额》。

(2)桥涵工程:铁建设[2010]223 号文发布的《铁路桥涵工程预算定额》。

(3)隧道工程:铁建设[2010]223 号文发布的《铁路隧道工程预算定额》。

以上不足部分参照现行概、预算定额及其他相关定额、图纸或有关资料分析补充。

(三)综合工费标准

根据《费税取值规定》,基期综合工费标准见表 4-6。

基期综合工费标准(单位:元/工日)　　表 4-6

综合工费类别	工 程 类 别	综合工费标准
Ⅰ类工	路基、小桥涵、房屋、给排水、站场(不含旅客地道、天桥、雨棚)等的建筑工程,取弃土(石)场处理,临时工程	20.35
Ⅱ类工	特大桥、大桥、中桥(含旅客地道、天桥、雨棚),轨道,机务、车辆、动车工务等的建筑工程	24.00
Ⅲ类工	隧道、通信、信号、电力、电力牵引供电工程、设备安装工程	25.82
Ⅳ类工	计算机设备安装调试	43.08

(四)材料价格

基期材料价格采用原铁道部铁建设[2006]129号文发布的《铁路工程建设材料预算价格(2005年度)》。

(五)机械台班单价

基期施工机械使用费:以铁建设[2006]129号文发布的《铁路工程施工机械台班费用定额(2005年度)》和《铁路工程建设材料预算价格》中的油燃料价格为计算依据。

(六)水、电单价

基期工程用水单价:根据《费税取值规定》规定,按0.38元/t计算。

基期工程用电单价:根据《费税取值规定》规定,按0.55元/kW·h计算。

(七)运输及装卸费单价

水泥、木材、钢材等按《概预算编制办法》表中所列的20类材料按施工组织确定的材料供应计划和投资预算确定的运输及装卸费单价,采用分项统计材料重量进行计算,其他材料运杂费和采购保管费包含在材料基期价格内。

1.运输单价

(1)火车运价

①营业线火车运价:根据发改价格[2013]261号文《国家发展改革委、铁道部关于调整铁路货物运输价格的通知》的有关规定计算。计算公式如下:

$$营业线火车运价(元/t)=K_1\times(基价1+基价2\times运价里程)+附加费运价$$

其中:附加费运价$=K_2\times$(电气化附加费率×电气化里程+铁路建设基金费率×运价里程+新路新价均摊运价率×运价里程)。

②工程列车:工程列车运价按营业线火车运价(不包含铁路建设基金、电气化附加费、限速加成等)的1.4倍计算,计算公式如下:

$$工程列车运价(元/t)=1.4\times K_2\times(基价1+基价2\times运价里程)$$

对500m长钢轨和32m新型T梁,运价按铁建设[2009]149号"关于发布《铁路铺架工程补充定额》及相关费用标准的通知"的有关规定计算。

(2)汽车运价

汽车综合运价率按0.6元/t·km计算。

(3)人力、架子车、轨道平车等的运输单价

按《铁路工程基本定额》分析确定。

2.各种装卸单价

(1)火车、汽车装卸费单价

按《费税取值规定》表中所列装卸费单价计算,见表4-7。

火车、汽车装卸费单价(单位:元/t) 表4-7

一般材料	钢轨、道岔、接触网支柱	其他1t以上的构件
3.4	12.5	8.4

注:其中装占60%,卸占40%。

(2)其他运输方式的装卸费单价

人力、架子车、轨道平车等的装卸费单价按铁建设[2003]34 号文发布的《铁路工程基本定额》分析计算。

3. 其他有关运输费用

调车费：里程按往返合计总千米计，单价按 0.1 元/t・km 计算。

4. 采购及保管费

采购及保管费率按《费税取值规定》表中的费率计算。

三、各项工程静态投资预算及费用的编制

(一)征地拆迁

通讯线路、电力线路拆迁根据不同类型、不同等级的拆迁线路调查分析确定。

(二)正式工程

路基、桥涵、轨道、隧道工程主要采用相应的预算定额编制。

1. 价差

基期为 2005 年度价格水平；编制期为 2012 年 4 季度价格水平(该编制期价格由原铁道部经济规划研究院按季度定期发布)。

(1)人工价差

根据《概算编制办法》规定，计列铁建设[2010]196 号文发布的“铁路基本建设工程设计概预算综合工费标准”与《概预算编制办法》表 3 中综合工费标准的人工费价差(见表 4-8)。

铁建设[2010]196 号文综合工费标准及价差(单位：元/工日)　　表 4-8

序号	综合工费类别	工 程 类 别	综合工资标准		
			基期 113 号文	编制期 196 号	差价
1	Ⅰ-1 类工	路基(不含路基基床表层及过渡段的级配碎石和砂砾石)，小桥涵，一般生产房屋及附属、给排水、站场(不含旅客地道、天桥、雨棚)等建筑工程，取弃土(石)场处理，临时工程	20.35	43.00	22.65
2	Ⅰ-2 类工	路基基床表层及过渡段的级配碎石、砂砾石	20.35	44.00	23.65
3	Ⅱ-1 类工	特大、大、中桥(不含箱梁的预制、运输、架设、现浇，桥面系)、机务、车辆、动车、工务等建筑工程	24.00	45.00	21.00
4		通信、信号、信息、电力、电力牵引供电建筑工程	25.82	45.00	19.18
5	Ⅱ-2 类工	箱梁(预制、运输、架设、现浇)、钢梁、钢管拱架设、桥面系、粒料道床、旅客地道、天桥、雨棚	24.00	47.00	23.00
6		站房(含站房综合楼)	20.35	47.00	26.65

续上表

序号	综合工费类别	工 程 类 别	综合工资标准		
			基期 113号文	编制期 196号	差价
7	Ⅲ-1类工	隧道，设备安装工程（不含通信、信号、信息、电力、电力牵引供电的设备安装工程）	25.82	46.00	20.18
8	Ⅲ-2类工	通信、信号、信息、电力、电力牵引供电的设备安装工程	25.82	50.00	24.18
9		轨道（不含粒料道床）	24.00	50.00	26.00
10	Ⅳ类工	计算机设备安装调试	43.08	67.00	23.92

(2)材料费价差

①主要材料费差价：

主要材料基期价格采用铁建设[2006]129号文发布的《铁路工程建设材料基期价格(2005年度)》，编制期价格除当地材料按调查价格计列外，其他主要材料参照原铁道部发布《铁路工程建设2012年4季度主要材料价格信息》的价格计列差价，主要材料差价见表4-9。

主要材料价差表(单位:元)　　表4-9

序　号	材 料 名 称	单位	基期价	某　省	
				编制期价	差价
1	普通水泥32.5	t	260	322	62
2	普通水泥42.5	t	310	385	75
3	中粗砂	m^3	16.51	70.4	53.89
4	碎石	m^3	26	48.3	22.3
5	片石	m^3	15	38.5	23.5
6	道砟	m^3	26	60	34
7	生石灰	t	80	265	185
8	标准砖	千块	150	315	165

②其他材料差价：

辅助材料价格参照铁建设函[2008]105号《关于发布铁路工程建设2007年度辅助材料价差系数的通知》调整。

(3)机械使用费价差

按定额统计的机械台班消耗量，乘以编制期施工机械台班单价（按编制期综合工费、油燃料价格、水电单价计算，并根据财综[2008]84号文规定扣除公路养路费）与基期施工机械台班单价的差额计算。

其中燃油价差根据《概算编制办法》的规定，基期价格采用铁建设[2006]129号文发布的《铁路工程建设材料基期价格(2005年度)》，编制期价格采用《铁路工程建设2012年4季度主要材料价格信息》中的价格，编制期与基期燃油价格差按价差处理。编制期与基期价差见表4-10。

燃油料价差表(单位:元/kg)　　表 4-10

序　号	材料名称	基期价	某省	
			编制期价	差价
1	汽油	3.98	9.609	5.629
2	柴油	3.67	8.757	5.087

(4)工程用水、电差价

工程用水、电差价:沿线考虑使用地表水及地下水,不考虑水价差;施工用电暂按利用地方电源与自发电相结合方式。工程用电价价差见表 4-11。

电价价差表(单价:元/kW·h)　　表 4-11

序号	材料名称	129 号文	某省	
			编制期价	编制期价
1	电	0.55	0.92	0.37

2.施工措施费

以各类工程的基期人工费和基期施工机械使用费之和为计算基数,根据《概预算编制办法》中施工措施费地区划分,按《费税取值规定》"投资概算、设计概预算施工措施费率"表中 1 区所规定的施工措施费费率计列。

3.特殊施工增加费

按受行车干扰范围内的工程项目的工程数量,以其定额工天和机械台班量,乘以行车干扰施工定额增加幅度计算(行车干扰施工定额增加幅度除接触网工程为 0.40%外,其余均为 0.31%)。

4.间接费

以基期人工费和基期施工机械使用费为计算基数,根据不同工程类别,按《费税取值规定》所规定的间接费费率计算。

5.税金

以建筑安装工程费(不含税金)为计算基数,按《费税取值规定》所规定的税金税率 3.35%计列。

6.设备购置费

(1)设备原价格

根据《概算编制办法》规定,采用铁建函[1998]14 号文公布的《铁路工程建设设备预算价格》作为基期设备原价。编制期设备原价根据调查资料确定。编制期与基期设备原价的差额按价差处理,直接列入设备购置费中。缺项部分按现行出厂价格进行补充。

(2)设备运杂费

根据《概算编制办法》规定,以基期设备原价为计算基数,按《费税取值规定》所规定的设备运杂费费率 6.1%计列。

(三)大型临时设施和过渡工程费

1. 大临设施工程

按本次编制范围内"初设批复"确定的施工组织设计方案和费用计列。

2. 过渡工程

过渡工程费按专业设计资料分析计列。

(四)安全生产费

根据铁建设[2012]245 号《铁道部关于铁路工程设计概算执行企业安全生产费提取和使用管理办法有关问题的通知》,安全生产费费率按 2.0%计列。

(五)其他费用

建设项目管理费、建设项目前期工作费、配合辅助工程费、联合试运转及工程动态检测费、生产准备费等其他费用暂不计列。

四、基本预备费

基本预备费按照初设站前批复费用计列,本例暂不计列。

五、动态投资、机车车辆(动车)购置费、铺底流动资金

暂不计列。

六、附表

附表一:总预算表,见表 4-12;附表二:综合预算表,见表 4-13;附表三:单项概算,见表4-14。

附表一:总预算表 表 4-12

建设名称	某新建铁路					编　　号	×××标_ZGS_01	
编制范围						概算总额	13155.22 万元	
工程总量						技术经济指标		
章别	费用类别	概算价值(万元)					技术经济指标(万元)	费用比例(%)
		Ⅰ 建筑工程费	Ⅱ 安装工程费	Ⅲ 设备购置费	Ⅳ 其他费	合计		
	第一部分:静态投资					13155.22	1315.52	100
一	拆迁及征地费用				521.5	521.5	52.15	3.96
二	路基	165.22				165.22	16.52	1.26
三	桥涵	2825.3				2825.3	282.53	21.48
四	隧道及明洞	9395.48				9395.48	939.55	71.42
十一	其他费				247.72	247.72	6.45	1.88
	以上各章合计	12386			769.22	13155.22		100
	以上总计					13155.22		100
	第二部分:动态投资							

续上表

章别	费用类别	概算价值(万元)					技术经济指标(万元)	费用比例(%)
		Ⅰ建筑工程费	Ⅱ安装工程费	Ⅲ设备购置费	Ⅳ其他费	合计		
十三	工程造价增涨预留费							
十四	建设期投资贷款利息							
	第三部分:机车车辆购置费							
十五	机车车辆购置费							
	第四部分:铺底流动资金							
十六	铺底流动资金							
	概(预)算总额					13155.22		100

附表二:综合预算表　　表 4-13

建设名称		某新建铁路	工程总量	正线公里	编号	×××_ZHGS_01
编制范围			概算总额	131552248 元	技术经济指标	元/正线公里
章别	节号	工程及费用名称	单位	数量	概算价值(元)	指标(元)
		第一部分:静态投资	正线公里	10	131552248	13155224.8
一		拆迁及征地费用	正线公里	10	5215000	521500
		其中:Ⅳ.其他费	正线公里	10	5215000	521500
	1	拆迁及征地费用	正线公里	10	5215000	521500
		其中:Ⅳ.其他费	正线公里	10	5215000	521500
		Ⅳ.其他费	正线公里	10	5215000	521500
		一、土地征用及拆迁补偿费	正线公里	10	5215000	521500
		(二)拆迁补偿费	元		5215000	
		4.电力线路	元		3663000	
二		路基	正线公里	10	1652181	165218.1
		其中:Ⅰ.建筑工程费	正线公里	10	1652181	165218.1
	2	区间路基土石方	断面方	180571	1652181	9.15
		其中:Ⅰ.建筑工程费	断面方	180571	1652181	9.15
		Ⅰ.建筑工程费	断面方	180571	1652181	9.15
		一、土方	m^3	180571	1652181	9.15
		(一)挖土方	m^3	166535	1552981	9.33
		(二)利用土填方	m^3	14036	99200	7.07
三		桥涵	正线公里	10	28253025	2825302.5
		其中:Ⅰ.建筑工程费	正线公里	10	28253025	2825302.5
	6	大桥(2 座)	延长米/座	574.11/2	28253025	49211.87/14126512.5

续上表

章别	节号	工程及费用名称	单位	数量	概算价值(元)	指标(元)
		其中：Ⅰ.建筑工程费	延长米/座	574.11/2	28253025	49211.87/14126512.5
		甲、新建(2座)	延长米/座	574.11/2	28253025	49211.87/14126512.5
		一、复杂大桥(2座)	延长米/座	574.11/2	28253025	49211.87/14126512.5
		(二)多线大桥(2座)	延长米/座	574.11/2	28253025	49211.87/14126512.5
		Ⅰ.建筑工程费(0座)	延长米/座	574.11/2	28253025	49211.87/14126512.5
		1.基础	圬工方	12966.9	20433186	1575.8
		(1)明挖	圬工方	261.4	321270	1229.04
		①混凝土	圬工方	261.4	292981	1120.81
		②钢筋	t	6.374	28289	4438.19
		(2)承台	圬工方	6382.7	4796779	751.53
		①混凝土	圬工方	6382.7	3747844	587.19
		②钢筋	t	235.777	1046389	4438.05
		③混凝土冷却管	t	0.529	2546	4812.85
		(5)钻孔桩	圬工方	6322.8	15315137	2422.21
		①陆上	圬工方	6322.8	15315137	2422.21
		2.墩台	圬工方	12033.85	7819839	649.82
		(1)混凝土	圬工方	12033.85	5711307	474.6
		(2)钢筋	t	419.203	2108532	5029.86
四		隧道及明洞	正线公里	10/0	93954841	9395484.1
		其中：Ⅰ.建筑工程费	正线公里	10/0	93954841	9395484.1
	10	隧道	延长米	6821.87	93954841	13772.59
		其中：Ⅰ.建筑工程费	延长米	6821.87	93954841	13772.59
		甲、新建	延长米	6821.87	93954841	13772.59
		五、L≤1km的隧道	延长米/座	6821.87/15	93954841	13772.59/6263656.07
		(一)双线隧道	延长米/座	6821.87/15	93954841	13772.59/6263656.07
		Ⅰ.建筑工程费	延长米	6821.87	93954841	13772.59
		1.正洞	延长米	3308	93954841	28402.31
		(3)Ⅲ级围岩	延长米	3308	93954841	28402.31
		①开挖	m^3	399815.03	38371436	95.97
		②衬砌	圬工方	85171.66	43492020	510.64
		A.模筑混凝土	圬工方	85171.66	42237788	495.91
		B.钢筋	t	261.861	1254232	4789.69
		③支护	延长米	3308	11742304	3549.67
		A.喷射混凝土	圬工方	10395.26	7719794	742.63
		C.钢筋网	t	82.369	432867	5255.22

续上表

章别	节号	工程及费用名称	单位	数量	概算价值(元)	指标(元)
		F. 锚杆	m	78957	3530620	44.72
		G. 钢支撑	t	9.486	59023	6222.12
		④拱顶压浆	延长米	3308	349081	105.53
十一		其他费	正线公里	10	2477201	247720.1
		其中：Ⅳ. 其他费	正线公里	10	2477201	247720.1
	29	其他费用	正线公里	10	2477201	247720.1
		其中：Ⅳ. 其他费	正线公里	10	2477201	247720.1
		Ⅳ. 其他费	元		2477201	
		八、安全生产费	元		2477201	
		以上各章合计	正线公里		131552248	
		其中：Ⅰ. 建筑工程费	正线公里		123860047	
		Ⅳ. 其他费	正线公里		7692201	
		以上总计	正线公里		131552248	
		第二部分：动态投资	正线公里			
十三	31	工程造价增涨预留费	正线公里			
十四	32	建设期投资贷款利息	正线公里			
		第三部分：机车车辆购置费	正线公里			
十五	33	机车车辆购置费	元			
		第四部分：铺底流动资金	正线公里			
十六	34	铺底流动资金	正线公里			
		概(预)算总额	正线公里		131552248	

附表三：单项概算

表 4-14

建设名称	某新建铁路		编号	×××标_ZGS_01-001	
工程名称	拆迁及征地费用		工程总量	10 正线公里	
工程地点			概算价值	5215000 元	
所属章节	一章 1 节		概算指标	521500 元/正线公里	
单价编号	工作项目或费用名称	单位	数量	费用(元)	
				单价	合价
	拆迁及征地费用	正线公里	10	521500	5215000
	Ⅳ. 其他费	正线公里	10	521500	5215000
	一、土地征用及拆迁补偿费	正线公里	10	521500	5215000
	(二)拆迁补偿费	元			5215000
	4. 电力线路	元			3663000
SH	10kV 交叉跨越	处	13	190000	2470000
SH	10kV 变电台	台	2	56000	112000

续上表

单价编号	工作项目或费用名称	单位	数量	费用(元)	
				单价	合价
SH	220V/380V 交叉跨越	处	23	47000	1081000
	九、单项预算价值	元			3663000
	5.通信线路路外	元			1552000
SH	50 对及以下电缆过轨迁改	处	27	19000	513000
SH	100 对电缆过轨迁改	处	10	27000	270000
SH	200 对电缆过轨迁改	处	1	31000	31000
SH	500 对电缆过轨迁改	处	1	46000	46000
SH	电视电缆过轨迁改	处	10	14000	140000
SH	架空 12 芯及以下光缆过轨迁改	处	10	29000	290000
SH	架空 24 芯及以下光缆过轨迁改	处	5	32000	160000
SH	地埋 24 芯及以下光缆迁改	km	2	51000	102000
	九、单项预算价值	元			1552000

建设名称	某新建铁路	编号	×××标_ZGS_01-002
工程名称	区间路基土石方	工程总量	180571 断面方
工程地点		概算价值	1652181 元
所属章节	二章 2 节	概算指标	9.15 元/断面方

单价编号	工作项目或费用名称	单位	数量	费用(元)	
				单价	合价
	区间路基土石方	断面方	180571	9.15	1652181
	Ⅰ.建筑工程费	断面方	180571	9.15	1652181
	一、土方	m^3	180571	9.15	1652181
	(一)挖土方	m^3	166535	9.33	1552981
LY-24＊1.115	≤2.5m^3 挖掘机装车,硬土	100m^3	126.86	132.48	16806
LY-123＊1.115	≤20t 自卸汽车车运土,运距≤1km	100m^3	126.86	444.07	56335
LY-23＊1.156	≤2.5m^3 挖掘机装车,普通土	100m^3	0.43	119.61	52
LY-123＊1.156	≤20t 自卸汽车车运土,运距≤1km	100m^3	0.43	460.39	198
LY-24＊1.115	≤2.5m^3 挖掘机装车,硬土	100m^3	12.99	132.48	1721
LY-123＊1.115	≤20t 自卸汽车车运土,运距≤1km	100m^3	12.99	444.07	5768
LY-24＊1.115	≤2.5m^3 挖掘机装车,硬土	100m^3	0.08	132.48	10
LY-123＊1.115	≤20t 自卸汽车车运土,运距≤1km	100m^3	0.08	444.07	36
LY-22	≤2.5m^3 挖掘机装车,松土	100m^3	52.49	91.06	4780
LY-123	≤20t 自卸汽车车运土,运距≤1km	100m^3	52.49	398.27	20905
LY-23	≤2.5m^3 挖掘机装车,普通土	100m^3	675.47	103.47	69891
LY-123	≤20t 自卸汽车车运土,运距≤1km	100m^3	675.47	398.27	269019

续上表

单价编号	工作项目或费用名称	单位	数量	费用(元)	
				单价	合价
LY-24	≤2.5m^3挖掘机装车,硬土	100m^3	390.12	118.81	46350
LY-123	≤20t 自卸汽车车运土,运距≤1km	100m^3	390.12	398.27	155373
LY-24	≤2.5m^3挖掘机装车,硬土	100m^3	406.91	118.81	48345
LY-123	≤20t 自卸汽车车运土,运距≤1km	100m^3	406.91	398.27	162060
LY-124 * 0	≤20t 自卸汽车车运土,增运 1km	100m^3	25.78		
LY-124 * 1	≤20t 自卸汽车车运土,增运 1km	100m^3	26.71	95.88	2561
LY-124 * 0	≤20t 自卸汽车车运土,增运 1km	100m^3	80.78		
LY-124 * 1	≤20t 自卸汽车车运土,增运 1km	100m^3	306.44	95.88	29381
LY-124 * 2	≤20t 自卸汽车车运土,增运 1km	100m^3	5.24	191.76	1005
LY-124 * 3	≤20t 自卸汽车车运土,增运 1km	100m^3	101.99	287.64	29336
LY-124 * 4	≤20t 自卸汽车车运土,增运 1km	100m^3	181.02	383.51	69423
LY-124 * 0	≤20t 自卸汽车车运土,增运 1km	100m^3	143.36		
LY-124 * 1	≤20t 自卸汽车车运土,增运 1km	100m^3	229.99	95.88	22051
LY-124 * 2	≤20t 自卸汽车车运土,增运 1km	100m^3	2.04	191.76	391
LY-124 * 3	≤20t 自卸汽车车运土,增运 1km	100m^3	1.25	287.64	360
LY-124 * 4	≤20t 自卸汽车车运土,增运 1km	100m^3	13.48	383.51	5170
LY-124 * 0	≤20t 自卸汽车车运土,增运 1km	100m^3	26.7		
LY-124 * 1	≤20t 自卸汽车车运土,增运 1km	100m^3	98.44	95.88	9438
LY-124 * 3	≤20t 自卸汽车车运土,增运 1km	100m^3	208.61	287.64	60005
LY-124 * 4	≤20t 自卸汽车车运土,增运 1km	100m^3	73.16	383.51	28058
	人工费	元			6524
	机械使用费	元			1108304
	一、定额直接工程费	元			1114828
	人工价差	元	320.59	22.65	7266
	机械台班差	元			225810
	三、价差合计	元			233076
	直接工程费	元			1347904
	五、施工措施费	%	1114828	4.13	46042
	直接费	元			1393946
	七、间接费	%	1114828	9.75	108696
	八、税金	%	1502642	3.35	50339
	九、单项预算价值	元			1552981
	(二)利用土填方	m^3	14036	7.07	99200
LY-438	基床以下填筑压实(设计速度>160km/h)	100m^3	126.86	393.21	49883

续上表

单价编号	工作项目或费用名称	单位	数量	费用(元)	
				单价	合价
LY-438	基床以下填筑压实(设计速度>160km/h)	$100m^3$	13.5	393.21	5308
	人工费	元			1828
	材料费	元			3029
	机械使用费	元			50334
	一、定额直接工程费	元			55191
	人工价差	元	89.83	22.65	2035
	机械台班差	元			31519
	三、价差合计	元			33554
	直接工程费	元			88745
	五、施工措施费	%	52162	4.13	2154
	直接费	元			90899
	七、间接费	%	52162	9.75	5086
	八、税金	%	95985	3.35	3215
	九、单项预算价值	元			99200
建设名称	某新建铁路		编号	×××标_ZGS_01-003	
工程名称	大桥		工程总量	574.11 延长米	
工程地点			概算价值	28253025 元	
所属章节	三章 6 节		概算指标	49211.87 元/延长米	
单价编号	工作项目或费用名称	单位	数量	费用(元)	
				单价	合价
	大桥	延长米/座	574.11/2	49211.87/14126512.5	28253025
	甲、新建	延长米/座	574.11/2	49211.87/14126512.5	28253025
	一、复杂大桥	延长米/座	574.11/2	49211.87/14126512.5	28253025
	(二)多线大桥	延长米/座	574.11/2	49211.87/14126512.5	28253025
	Ⅰ.建筑工程费	延长米/座	574.11/2	49211.87/14126512.5	28253025
	1.基础	圬工方	12966.9	1575.8	20433186
	(1)明挖	圬工方	261.4	1229.04	321270
	①混凝土	圬工方	261.4	1120.81	292981
QY-17	人力挖土方卷扬机提升,基坑深≤9m,无水	$10m^3$	73.91	119.99	8869

续上表

单价编号	工作项目或费用名称	单位	数量	费用(元)	
				单价	合价
QY-19	人力挖土方卷扬机提升,基坑深>9m,无水	10m³	71.9	136.76	9833
QY-23	机械钻眼开挖石方卷扬机提升,基坑深≤6m,无水	10m³	16.91	264.63	4475
QY-25	机械钻眼开挖石方卷扬机提升,基坑深≤9m,无水	10m³	10.28	281.63	2894
QY-27	机械钻眼开挖石方卷扬机提升,基坑深>9m,无水	10m³	99.03	302.52	29959
QY-24	机械钻眼开挖石方卷扬机提升,基坑深≤6m,有水	10m³	17.63	319.35	5630
QY-26	机械钻眼开挖石方卷扬机提升,基坑深≤9m,有水	10m³	21.38	298.67	6386
QY-28	机械钻眼开挖石方卷扬机提升,基坑深>9m,有水	10m³	17.25	321.24	5541
QY-46	基坑抽水,抽静水	10m³	39.01	5.27	206
QY-43	基坑抽水,弱水流≤15m³/h	10m³ 湿土	17.25	72.64	1253
QY-47	基坑回填,原土	10m³	271.1	67.21	18221
LY-373	夯填,碎石	10m³	4.2	376.39	1581
QY-320	墩台基础混凝土,泵送	10m³	26.14	317.3	8294
QY-1087＊1.02参	混凝土拌制,搅拌站≤60m³/h,C35化学侵蚀环境泵送高性能混凝土,[HT-5057,HT-5403]	10m³	26.14	1805.97	47208
QY-1122＊1.02	混凝土搅拌运输车,容量≤6m³ 装卸	10m³	26.14	148.61	3884
QY-1123＊1.02＊4	混凝土搅拌运输车,容量≤6m³,运1km	10m³	26.14	100.34	2623
	人工费	元			71891
	材料费	元			50828
	机械使用费	元			34138
	一、定额直接工程费	元			156857
	运杂费(按材料重量计算)	t	692.65	13.095	9070
	二、运杂费	元			9070
	人工价差	元	2995.46	21	62908
	调查价差	元			17426
	系数价差	元	12429	0.198	2461

续上表

单价编号	工作项目或费用名称	单位	数量	费用(元)	
				单价	合价
	抽料调差	元			175
	机械台班差	元			16944
	三、价差合计	元			99914
	直接工程费	元			265841
	五、施工措施费	%	106029	4.74	5026
	直接费	元			270867
	七、间接费	%	106029	11.9	12617
	八、税金	%	283484	3.35	9497
	九、单项预算价值	元			292981
	②钢筋	t	6.374	4438.19	28289
QY-326 参	墩台基础,钢筋,[/1910102,1910102,1029.768]	t	6.374	3615.07	23043
	人工费	元			1022
	材料费	元			21675
	机械使用费	元			346
	一、定额直接工程费	元			23043
	运杂费(按材料重量计算)	t	6.57	14.014	92
	二、运杂费	元			92
	人工价差	元	42.58	21	894
	调查价差	元			2862
	系数价差	元	212	0.198	42
	机械台班差	元			211
	三、价差合计	元			4009
	直接工程费	元			27144
	五、施工措施费	%	1368	4.74	65
	直接费	元			27209
	七、间接费	%	1368	11.9	163
	八、税金	%	27372	3.35	917
	九、单项预算价值	元			28289
	(2)承台	圬工方	6382.7	751.53	4796779
	①混凝土	圬工方	6382.7	587.19	3747844
QY-1	机械挖土,方基坑深≤6m,无水	$10m^3$	358.77	33.06	11860
QY-1	机械挖土方,基坑深≤6m,无水	$10m^3$	605.49	33.06	20018
QY-17	人力挖土方卷扬机提升,基坑深≤9m,无水	$10m^3$	1427.16	119.99	171245

续上表

单价编号	工作项目或费用名称	单位	数量	费用(元)	
				单价	合价
QY-19	人力挖土方卷扬机提升,基坑深>9m,无水	$10m^3$	892.87	136.76	122109
QY-2	机械挖土方,基坑深≤6m,有水	$10m^3$	167.97	33.55	5635
QY-2	机械挖土方,基坑深≤6m,有水	$10m^3$	170.87	33.55	5733
QY-23	机械钻眼开挖石方卷扬机提升,基坑深≤6m,无水	$10m^3$	4.49	264.63	1188
QY-27	机械钻眼开挖石方卷扬机提升,基坑深>9m,无水	$10m^3$	247.76	302.52	74952
QY-22	机械钻眼开挖石方卷扬机提升,基坑深≤3m,有水	$10m^3$	36.15	299.5	10827
QY-24	机械钻眼开挖石方卷扬机提升,基坑深≤6m,有水	$10m^3$	30.11	319.35	9616
QY-46	基坑抽水,抽静水	$10m^3$	198.89	5.27	1048
QY-43	基坑抽水,弱水流≤$15m^3/h$	$10m^3$ 湿土	237.26	72.64	17234
QY-47	基坑回填,原土	$10m^3$	658.61	67.21	44265
LY-373	夯填,碎石	$10m^3$	58.24	376.39	21921
QY-50	基坑回填,混凝土	$10m^3$	81.13	151.59	12299
QY-1080 * 1.02 参	混凝土拌制,搅拌站≤$60m^3/h$,C20,[HT-6063,HT-67]	$10m^3$	81.13	1287.19	104430
QY-1122 * 1.02	混凝土搅拌运输车,容量≤$6m^3$,装卸	$10m^3$	81.13	148.61	12057
QY-1123 * 1.02 * 4	混凝土搅拌运输车,容量≤$6m^3$,运 1km	$10m^3$	81.13	100.34	8141
QY-322	陆上承台混凝土,泵送	$10m^3$	638.27	327.3	208905
QY-1087 * 1.02 参	混凝土拌制,搅拌站≤$60m^3/h$,C35 化学侵蚀环境泵送高性能混凝土,[HT-5057,HT-5403]	$10m^3$	638.27	1805.97	1152697
QY-1122 * 1.02	混凝土搅拌运输车,容量≤$6m^3$ 装卸	$10m^3$	638.27	148.61	94854
QY-1123 * 1.02 * 4	混凝土搅拌运输车,容量≤$6m^3$ 运 1km	$10m^3$	638.27	100.34	64044
	人工费	元			479131
	材料费	元			1212941
	机械使用费	元			483006
	一、定额直接工程费	元			2175078
	运杂费(按材料重量计算)	t	18068.37	13.131	237255
	二、运杂费	元			237255
	人工价差	元	19963.79	21	419235

续上表

单价编号	工作项目或费用名称	单位	数量	费用(元)	
				单价	合价
	调查价差	元			466675
	系数价差	元	195485	0.198	38706
	抽料调差	元			－20378
	机械台班差	元			149691
	三、价差合计	元			1053929
	直接工程费	元			3466262
	五、施工措施费	%	962137	4.74	45605
	直接费	元			3511867
	七、间接费	%	962137	11.9	114494
	八、税金	%	3626361	3.35	121483
	九、单项预算价值	元			3747844
	②钢筋	t	235.777	4438.05	1046389
QY-327 参	陆上承台，钢筋，[/1910102，1910102，1029.768]	t	235.777	3615.07	852350
	人工费	元			37800
	材料费	元			801769
	机械使用费	元			12781
	一、定额直接工程费	元			852350
	运杂费(按材料重量计算)	t	242.85	13.939	3385
	二、运杂费	元			3385
	人工价差	元	1575	21	33075
	调查价差	元			105859
	系数价差	元	7828	0.198	1550
	机械台班差	元			7835
	三、价差合计	元			148319
	直接工程费	元			1004054
	五、施工措施费	%	50581	4.74	2398
	直接费	元			1006452
	七、间接费	%	50581	11.9	6019
	八、税金	%	1012471	3.35	33918
	九、单项预算价值	元			1046389
	③混凝土冷却管	t	0.529	4812.85	2546
QY－329	墩台基础，冷却管制安	t	0.529	4381.09	2318
	人工费	元			70

续上表

单价编号	工作项目或费用名称	单位	数量	费用(元)	
				单价	合价
	材料费	元			2237
	机械使用费	元			11
	一、定额直接工程费	元			2318
	运杂费(按材料重量计算)	t	0.96	13.485	13
	二、运杂费	元			13
	人工价差	元	2.92	21	61
	调查价差	元			53
	系数价差	元	19	0.198	4
	三、价差合计	元			118
	直接工程费	元			2449
	五、施工措施费	%	81	4.74	4
	直接费	元			2453
	七、间接费	%	81	11.9	10
	八、税金	%	2463	3.35	83
	九、单项预算价值	元			2546
	(5)钻孔桩	圬工方	6322.8	2422.21	15315137
	①陆上	圬工方	6322.8	2422.21	15315137
QY-100	陆上钻机钻孔,桩径≤1.0m,土	10m	337.822	2716.66	917747
QY-106	陆上钻机钻孔,桩径≤1.0m,砂砾石	10m	318.203	5340.85	1699475
QY-112	陆上钻机钻孔,桩径≤1.0m,软石	10m	47.212	9992.43	471763
QY-130	陆上钻机钻孔,桩径≤1.0m,坚石	10m	79.548	26888.32	2138912
QY-100参	陆上钻机钻孔,桩径≤1.0m,土,[GF1.05/JF1.05]	10m	2.651	2842.14	7535
QY-106参	陆上钻机钻孔,桩径≤1.0m,砂砾石,[GF1.08/JF1.08]	10m	49.28	5748.58	283290
QY-130参	陆上钻机钻孔,桩径≤1.0m,坚石,[GF1.1/JF1.1]	10m	5.976	29470.96	176119
QY-100参	陆上钻机钻孔,桩径≤1.0m,土,[GF1.025/JF1.025]	10m	2.006	2779.4	5576
QY-106参	陆上钻机钻孔,桩径≤1.0m,砂砾石,[GF1.464/JF1.464]	10m	30.68	7705.63	236409
QY-130参	陆上钻机钻孔,桩径≤1.0m,坚石,[GF1.21/JF1.21]	10m	16.244	32311.89	524875
QY-175	陆上钻孔浇筑水下混凝土,土质地层,泵送	$10m^3$	209.7	277.25	58140

续上表

单价编号	工作项目或费用名称	单位	数量	费用(元)	
				单价	合价
QY-1087＊1.122参	混凝土拌制，搅拌站≤$60m^3/h$，C35化学侵蚀环境水下高性能混凝土，[HT-5057，HT-7112]	$10m^3$	209.7	2100.23	440418
QY-1122＊1.122	混凝土搅拌运输车，容量≤$6m^3$，装卸	$10m^3$	209.7	163.46	34277
QY-1123＊1.122＊4	混凝土搅拌运输车，容量≤$6m^3$，运1km	$10m^3$	209.7	110.38	23147
QY-177	陆上钻孔浇筑水下混凝土，其他地层，泵送	$10m^3$	402.27	281.81	113364
QY-1087＊1.183参	混凝土拌制，搅拌站≤$60m^3/h$，C35化学侵蚀环境水下高性能混凝土，[HT-5057，HT-7112]	$10m^3$	402.27	2214.39	890782
QY-1122＊1.183	混凝土搅拌运输车，容量≤$6m^3$，装卸	$10m^3$	402.27	172.35	69331
QY-1123＊1.183＊4	混凝土搅拌运输车，容量≤$6m^3$，运1km	$10m^3$	402.27	116.38	46816
QY-186参	钻孔桩钢筋笼制安，陆上，[/1910101，1910101，129. 92/1910102，1910102，899.798]	t	353.774	3810	1347879
QY-194	钻孔桩钢护筒陆上钢护筒，埋深＞1.5m	t	186.808	1029.51	192321
QY-101	陆上钻机钻孔，桩径≤1.25m，土	10m	10.656	3145.77	33521
QY-107	陆上钻机钻孔，桩径≤1.25m，砂砾石	10m	6.51	6364.85	41436
QY-131	陆上钻机钻孔，桩径≤1.25m，坚石	10m	1.184	34383.59	40711
QY-175	陆上钻孔浇筑水下混凝土，土质地层，泵送	$10m^3$	14.55	277.25	4035
QY-1087＊1.122参	混凝土拌制，搅拌站≤$60m^3/h$，C35化学侵蚀环境水下高性能混凝土，[HT-5057，HT-7112]	$10m^3$	14.55	2100.23	30558
QY-1122＊1.122	混凝土搅拌运输车，容量≤$6m^3$，装卸	$10m^3$	14.55	163.46	2378
QY-1123＊1.122＊4	混凝土搅拌运输车，容量≤$6m^3$，运1km	$10m^3$	14.55	110.38	1606
QY-177	陆上钻孔浇筑水下混凝土，其他地层，泵送	$10m^3$	5.76	281.81	1624
QY-1087＊1.183参	混凝土拌制，搅拌站≤$60m^3/h$，C35化学侵蚀环境水下高性能混凝土，[HT-5057，HT-7112]	$10m^3$	5.76	2214.39	12755
QY-1122＊1.183	混凝土搅拌运输车，容量≤$6m^3$，装卸	$10m^3$	5.76	172.35	993
QY-1123＊1.183＊4	混凝土搅拌运输车，容量≤$6m^3$，运1km	$10m^3$	5.76	116.38	670

续上表

单价编号	工作项目或费用名称	单位	数量	费用(元)	
				单价	合价
QY-186 参	钻孔桩钢筋笼制安,陆上,[/1910101,1910101,129.92/1910102,1910102,899.798]	t	11.769	3810	44840
QY-194	钻孔桩钢护筒陆上钢护筒,埋深>1.5m	t	8.144	1029.51	8385
QY-180	钻孔桩泥浆外运,1km 以内	$10m^3$	721.22	13.95	10061
QY-181 * 4	钻孔桩泥浆外运,增运 1km	$10m^3$	721.22	10.97	7912
QY-182	钻孔桩钻渣外运,土质,1km 以内	$10m^3$	282.06	87.64	24719
QY-183 * 4	钻孔桩钻渣外运,土质,增运 1km	$10m^3$	282.06	68.95	19448
QY-184	钻孔桩钻渣外运,石质,1km 以内	$10m^3$	439.17	119.65	52547
QY-185 * 4	钻孔桩钻渣外运,石质,增运 1km	$10m^3$	439.17	89.23	39187
	人工费	元			646045
	材料费	元			3000508
	机械使用费	元			6409009
	一、定额直接工程费	元			10055562
	运杂费(按材料重量计算)	t	18513.46	13.265	245581
	二、运杂费	元			245581
	人工价差	元	26918.54	21	565283
	调查价差	元			637007
	系数价差	元	567135	0.198	112293
	抽料调差	元			−27142
	机械台班差	元			2056165
	三、价差合计	元			3343606
	直接工程费	元			13644749
	五、施工措施费	%	7055054	4.74	334410
	直接费	元			13979159
	七、间接费	%	7055054	11.9	839551
	八、税金	%	14818710	3.35	496427
	九、单项预算价值	元			15315137
	2. 墩台	圬工方	12033.85	649.82	7819839
	(1)混凝土	圬工方	12033.85	474.6	5711307
QY-338	陆上空心桥墩墩身混凝土,墩高≤30m	$10m^3$	126.68	1308.84	165804
QY-1087 * 1.02 参	混凝土拌制,搅拌站≤$60m^3/h$,C35 碳化环境泵送高性能混凝土,[HT-5057,HT-5105]	$10m^3$	126.68	1928.01	244240

续上表

单价编号	工作项目或费用名称	单位	数量	费用(元)	
				单价	合价
QY-1122 * 1.02	混凝土搅拌运输车,容量≤$6m^3$,装卸	$10m^3$	126.68	148.61	18826
QY-1123 * 1.02 * 4	混凝土搅拌运输车,容量≤$6m^3$,运1km	$10m^3$	126.68	100.34	12711
QY-422	托盘及台顶混凝土,泵送	$10m^3$	1.92	1192.85	2290
QY-1087 * 1.02参	混凝土拌制,搅拌站≤$60m^3/h$,C35碳化环境泵送高性能混凝土,[HT-5057,HT-5105]	$10m^3$	1.92	1928.01	3701
QY-1122 * 1.02	混凝土搅拌运输车,容量≤$6m^3$,装卸	$10m^3$	1.92	148.61	285
QY-1123 * 1.02 * 4	混凝土搅拌运输车,容量≤$6m^3$,运1km	$10m^3$	1.92	100.34	193
QY-396	陆上顶帽混凝土,墩高≤30m	$10m^3$	8.9	1188.28	10575
QY-1087 * 1.02参	混凝土拌制,搅拌站≤$60m^3/h$,C35碳化环境泵送高性能混凝土,[HT-5057,HT-5105]	$10m^3$	8.9	1928.01	17159
QY-1122 * 1.02	混凝土搅拌运输车,容量≤$6m^3$,装卸	$10m^3$	8.9	148.61	1323
QY-1123 * 1.02 * 4	混凝土搅拌运输车,容量≤$6m^3$,运1km	$10m^3$	8.9	100.34	893
QY-396	陆上顶帽混凝土,墩高≤30m	$10m^3$	1.68	1188.28	1996
QY-1088 * 1.02参	混凝土拌制,搅拌站≤$60m^3/h$,C40碳化环境泵送高性能混凝土,[HT-5061,HT-5109]	$10m^3$	1.68	2064.11	3467
QY-1122 * 1.02	混凝土搅拌运输车,容量≤$6m^3$,装卸	$10m^3$	1.68	148.61	250
QY-1123 * 1.02 * 4	混凝土搅拌运输车,容量≤$6m^3$,运1km	$10m^3$	1.68	100.34	169
QY-332	陆上实体墩台身混凝土,泵送	$10m^3$	51.76	833.98	43168
QY-1087 * 1.02参	混凝土拌制,搅拌站≤$60m^3/h$,C35碳化环境泵送高性能混凝土,[HT-5057,HT-5107]	$10m^3$	51.76	1833.58	94907
QY-1122 * 1.02	混凝土搅拌运输车,容量≤$6m^3$,装卸	$10m^3$	51.76	148.61	7692
QY-1123 * 1.02 * 4	混凝土搅拌运输车,容量≤$6m^3$,运1km	$10m^3$	51.76	100.34	5194
QY-332	陆上实体墩台身混凝土,泵送	$10m^3$	885.91	833.98	738831
QY-1087 * 1.02参	混凝土拌制,搅拌站≤$60m^3/h$,C35碳化环境泵送高性能混凝土,[HT-5057,HT-5107]	$10m^3$	885.91	1833.58	1624387
QY-1122 * 1.02	混凝土搅拌运输车,容量≤$6m^3$,装卸	$10m^3$	885.91	148.61	131655
QY-1123 * 1.02 * 4	混凝土搅拌运输车,容量≤$6m^3$,运1km	$10m^3$	885.91	100.34	88892
QY-422	托盘及台顶混凝土,泵送	$10m^3$	68.83	1192.85	82103

续上表

单价编号	工作项目或费用名称	单位	数量	费用(元)	
				单价	合价
QY-1087*1.02参	混凝土拌制,搅拌站≤$60m^3/h$,C35碳化环境泵送高性能混凝土,[HT-5057,HT-5105]	$10m^3$	68.83	1928.01	132704
QY-1122*1.02	混凝土搅拌运输车,容量≤$6m^3$,装卸	$10m^3$	68.83	148.61	10229
QY-1123*1.02*4	混凝土搅拌运输车,容量≤$6m^3$,运1km	$10m^3$	68.83	100.34	6906
QY—396	陆上顶帽混凝土,墩高≤30m	$10m^3$	49.23	1188.28	58499
QY-1087*1.02参	混凝土拌制,搅拌站≤$60m^3/h$,C35碳化环境泵送高性能混凝土,[HT-5057,HT-5105]	$10m^3$	49.23	1928.01	94915
QY-1122*1.02	混凝土搅拌运输车,容量≤$6m^3$,装卸	$10m^3$	49.23	148.61	7316
QY-1123*1.02*4	混凝土搅拌运输车,容量≤$6m^3$,运1km	$10m^3$	49.23	100.34	4940
QY-396	陆上顶帽混凝土,墩高≤30m	$10m^3$	5.88	1188.28	6987
QY-1087*1.02参	混凝土拌制,搅拌站≤$60m^3/h$,C35碳化环境泵送高性能混凝土,[HT-5057,HT-5105]	$10m^3$	5.88	1928.01	11337
QY-1122*1.02	混凝土搅拌运输车,容量≤$6m^3$,装卸	$10m^3$	5.88	148.61	874
QY-1123*1.02*4	混凝土搅拌运输车,容量≤$6m^3$,运1km	$10m^3$	5.88	100.34	590
QY-396	陆上顶帽混凝土,墩高≤30m	$10m^3$	1.11	1188.28	1319
QY-1088*1.02参	混凝土拌制,搅拌站≤$60m^3/h$,C40碳化环境泵送高性能混凝土,[HT-5061,HT-5109]	$10m^3$	1.11	2064.11	2291
QY-1122*1.02	混凝土搅拌运输车,容量≤$6m^3$,装卸	$10m^3$	1.11	148.61	165
QY-1123*1.02*4	混凝土搅拌运输车,容量≤$6m^3$,运1km	$10m^3$	1.11	100.34	111
PY-321	铺给水聚氯乙烯管(橡胶圈接口)公称直径110	10m	23.142	256.4	5933
QY-931	氯化聚乙烯卷材及聚氨酯防水涂料	$10m^2$	37.31	413.8	15439
QY-931	氯化聚乙烯卷材及聚氨酯防水涂料	$10m^2$	40.13	413.8	16606
QY-938	防护层聚丙烯网状纤维混凝土C40	m^3	14.8481	519.6	7716
QY-1122*1.02	混凝土搅拌运输车,容量≤$6m^3$,装卸	$10m^3$	1.48481	148.61	221
QY-1123*1.02*4	混凝土搅拌运输车,容量≤$6m^3$,运1km	$10m^3$	1.48481	100.34	149
	人工费	元			392976
	材料费	元			2575042
	机械使用费	元			717940
	一、定额直接工程费	元			3685958

续上表

单价编号	工作项目或费用名称	单位	数量	费用(元)	
				单价	合价
	运杂费(按材料重量计算)	t	28615.14	13.2	377720
	二、运杂费	元			377720
	人工价差	元	16374	21	343846
	调查价差	元			778356
	系数价差	元	411619	0.198	81501
	抽料调差	元			−71348
	机械台班差	元			145291
	三、价差合计	元			1277646
	直接工程费	元			5341324
	五、施工措施费	%	1110916	4.74	52657
	直接费	元			5393981
	七、间接费	%	1110916	11.9	132199
	八、税金	%	5526180	3.35	185127
	九、单项预算价值	元			5711307
	(2)钢筋	t	419.203	5029.86	2108532
QY-358 参	陆上空心桥墩墩身,钢筋,墩高≤30m,[/1900012,1900012,250.214/1910102,1910102,779.555]	t	2.993	4108.13	12296
QY-358 参	陆上空心桥墩墩身,钢筋,墩高≤30m,[/1900012,1900012,250.214/1910102,1910102,779.555]	t	125.6	4108.13	515982
QY-423 参	托盘及台顶钢筋,[/1910102,1910102,1029.768]	t	1.009	3998.48	4034
QY-423 参	托盘及台顶钢筋,[/1910102,1910102,1029.768]	t	4.424	3998.48	17689
QY-411 参	陆上顶帽,钢筋,墩高≤30m,[/1900012,1900012,1029.768]	t	1.245	4060.94	5056
QY-411 参	陆上顶帽,钢筋,墩高≤30m,[/1900012,1900012,1029.768]	t	15.918	4060.94	64642
QY-411 参	陆上顶帽,钢筋,墩高≤30m,[/1900012,1900012,1029.768]	t	0.252	4060.94	1023
QY-411 参	陆上顶帽,钢筋,墩高≤30m,[/1900012,1900012,1029.768]	t	3.514	4060.94	14270
QY-336 参	陆上实体墩台身钢筋,[/1900005,1900005,257.556/1910102,1910102,772.327]	t	80.073	3771.87	302024

续上表

单价编号	工作项目或费用名称	单位	数量	费用(元)	
				单价	合价
QY-336参	陆上实体墩台身钢筋,[/1900005,1900005,257.556/1910102,1910102,772.327]	t	100.526	3771.87	379171
QY-423参	托盘及台顶钢筋,[/1910102,1910102,1029.768]	t	8.958	3998.48	35819
QY-423参	托盘及台顶钢筋,[/1910102,1910102,1029.768]	t	23.09	3998.48	92325
QY-411参	陆上顶帽,钢筋,墩高≤30m,[/1900012,1900012,1029.768]	t	2.894	4060.94	11752
QY-411参	陆上顶帽,钢筋,墩高≤30m,[/1900012,1900012,1029.768]	t	34.718	4060.94	140987
QY-411参	陆上顶帽,钢筋,墩高≤30m,[/1900012,1900012,1029.768]	t	0.528	4060.94	2145
QY-411参	陆上顶帽,钢筋,墩高≤30m,[/1900012,1900012,1029.768]	t	13.461	4060.94	54664
	人工费	元			121776
	材料费	元			1447660
	机械使用费	元			84443
	一、定额直接工程费	元			1653879
	运杂费(按材料重量计算)	t	431.78	13.942	6023
	二、运杂费	元			6023
	人工价差	元	5074	21	106555
	调查价差	元			191015
	系数价差	元	27721	0.198	5489
	机械台班差	元			42910
	三、价差合计	元			345969
	直接工程费	元			2005871
	五、施工措施费	%	206219	4.74	9775
	直接费	元			2015646
	七、间接费	%	206219	11.9	24540
	八、税金	%	2040186	3.35	68346
	九、单项预算价值	元			2108532

续上表

建设名称	某新建铁路		编号	×××标_ZGS_01－004	
工程名称	隧道		工程总量	6821.87 延长米	
工程地点			概算价值	93954841 元	
所属章节	四章 10 节		概算指标	13772.59 元/延长米	
单价编号	工作项目或费用名称	单位	数量	费用(元)	
				单价	合价
	隧道	延长米	6821.87	13772.59	93954841
	甲、新建	延长米	6821.87	13772.59	93954841
	五、$L\leqslant1$km 的隧道	延长米/座	6821.87/15	13772.59/ 6263656.07	93954841
	(一)双线隧道	延长米/座	6821.87/0	13772.59/0	93954841
	Ⅰ.建筑工程费	延长米	6821.87	13772.59	93954841
	1.正洞	延长米	3308	28402.31	93954841
	(3)Ⅲ级围岩	延长米	3308	28402.31	93954841
	①开挖	立方米	399815.03	95.97	38371436
SY-238	通风,有效断面≤90m^2,隧长≤1000m	延长米	3308	381.15	1260844
SY-248	管线路,有效断面≤90m^2,隧长≤1000m	延长米	3308	348.7	1153500
SY-33	隧道洞身开挖,有效断面≤90m^2,隧长≤1000mⅢ级围岩	10m^3	33407.001	313.72	10480445
SY-87	隧道洞身出砟,有效断面≤90m^2,无轨运输,运距≤500m,Ⅲ级围岩	10m^3	33407.001	116.35	3886905
SY-33	隧道洞身开挖,有效断面≤90m^2,隧长≤1000m,Ⅲ级围岩	10m^3	6574.502	313.72	2062552
SY-87	隧道洞身出砟,有效断面≤90m^2,无轨运输,运距≤500m,Ⅲ级围岩	10m^3	6574.502	116.35	764943
SY-501	监控量,测拱顶下沉	个测点	111	211.98	23530
SY-502	监控量,测净空变化	条基线	222	426.83	94756
SY-121	洞外运砟,无轨倒运,运距每增1000m,Ⅲ级围岩	10m^3	33407.001	18.57	620368
SY-121	洞外运砟,无轨倒运,运距每增1000m,Ⅲ级围岩	10m^3	6574.502	18.57	122089
	人工费	元			4609312
	材料费	元			6525080
	机械使用费	元			9335540
	一、定额直接工程费	元			20469932
	运杂费(按材料重量计算)	t	6.08	13.973	85

续上表

单价编号	工作项目或费用名称	单位	数量	费用(元)	
				单价	合价
	二、运杂费	元			85
	人工价差	元	226501.82	22.65	5130497
	调查价差	元			3648
	系数价差	元	6261182	0.254	1590340
	抽料调差	元			2222572
	电价差	元	352566.64	0.37	130450
	机械台班差	元			4714468
	三、价差合计	元			13791975
	直接工程费	元			34261992
	五、施工措施费	%	13944852	5.75	801829
	直接费	元			35063821
	七、间接费	%	13944852	14.8	2063838
	八、税金	%	37127659	3.35	1243777
	九、单项预算价值	元			38371436
	②衬砌	圬工方	85171.66	510.64	43492020
	A. 模筑混凝土	圬工方	85171.66	495.91	42237788
SY-149	定型钢台模，断面有效面积≤$90m^2$	延长米	3308	371.58	1229187
SY-150	沟槽模板，双侧	延长米	3308	66.07	218560
SY-160参	洞身混凝土拌制，有效断面≤$90m^2$，C30，Ⅲ级围岩，C30碳化环境泵送高性能混凝土，[HT-5052，HT-5102]	$10m^3$	2117.341	2223.89	4708733
SY-164	洞身混凝土浇筑，有效断面≤$90m^2$，C30，Ⅲ级围岩	$10m^3$	2117.341	132.94	281480
SY-188	洞身混凝土运输，有效断面≤$90m^2$，隧长≤1000m，Ⅲ级围岩	$10m^3$	2117.341	332.62	704270
QY-1123*1.224*4	混凝土搅拌运输车，容量≤$6m^3$，运1km	$10m^3$	2117.341	120.65	255457
SY-160参	洞身混凝土拌制，有效断面≤$90m^2$，C30，Ⅲ级围岩，C35化学侵蚀环境泵送高性能混凝土，[HT-5052，HT-5402]	$10m^3$	1424.041	2261.88	3221010
SY-164	洞身混凝土浇筑，有效断面≤$90m^2$，C30，Ⅲ级围岩	$10m^3$	1424.041	132.94	189312
SY-188	洞身混凝土运输，有效断面≤$90m^2$，隧长≤1000m，Ⅲ级围岩	$10m^3$	1424.041	332.62	473664
QY-1123*1.224*4	混凝土搅拌运输车，容量≤$6m^3$，运1km	$10m^3$	1424.041	120.65	171811

续上表

单价编号	工作项目或费用名称	单位	数量	费用(元)	
				单价	合价
SY-160参	洞身混凝土拌制,有效断面≤$90m^2$,C30,Ⅲ级围岩,C40化学侵蚀环境泵送高性能混凝土,[HT-5052,HT-5442]	$10m^3$	225.2	2510.78	565427
SY-164	洞身混凝土浇筑,有效断面≤$90m^2$,C30,Ⅲ级围岩	$10m^3$	225.2	132.94	29939
SY-188	洞身混凝土运输,有效断面≤$90m^2$,隧长≤1000m,Ⅲ级围岩	$10m^3$	225.2	332.62	74906
QY-1123*1.224*4	混凝土搅拌运输车,容量≤$6m^3$,运1km	$10m^3$	225.2	120.65	27170
SY-160参	洞身混凝土拌制,有效断面≤$90m^2$,C30,Ⅲ级围岩,C30碳化环境泵送高性能混凝土,[HT-5052,HT-5102]	$10m^3$	628.482	2223.89	1397675
SY-164	洞身混凝土浇筑,有效断面≤$90m^2$,C30,Ⅲ级围岩	$10m^3$	628.482	132.94	83551
SY-188	洞身混凝土运输,有效断面≤$90m^2$,隧长≤1000m,Ⅲ级围岩	$10m^3$	628.482	332.62	209046
QY-1123*1.224*4	混凝土搅拌运输车,容量≤$6m^3$,运1km	$10m^3$	628.482	120.65	75826
SY-160参	洞身混凝土拌制,有效断面≤$90m^2$,C30,Ⅲ级围岩,C35化学侵蚀环境泵送高性能混凝土,[HT-5052,HT-5402]	$10m^3$	453.79	2261.88	1026419
SY-164	洞身混凝土浇筑,有效断面≤$90m^2$,C30,Ⅲ级围岩	$10m^3$	453.79	132.94	60326
SY-188	洞身混凝土运输,有效断面≤$90m^2$,隧长≤1000m,Ⅲ级围岩	$10m^3$	453.79	332.62	150939
QY-1123*1.224*4	混凝土搅拌运输车,容量≤$6m^3$,运1km	$10m^3$	453.79	120.65	54750
SY-160参	洞身混凝土拌制,有效断面≤$90m^2$,C30,Ⅲ级围岩,C40化学侵蚀环境泵送高性能混凝土,[HT-5052,HT-5442]	$10m^3$	71.8	2510.78	180274
SY-164	洞身混凝土浇筑,有效断面≤$90m^2$,C30,Ⅲ级围岩	$10m^3$	71.8	132.94	9545
SY-188	洞身混凝土运输,有效断面≤$90m^2$,隧长≤1000m,Ⅲ级围岩	$10m^3$	71.8	332.62	23882
QY-1123*1.224*4	混凝土搅拌运输车,容量≤$6m^3$,运1km	$10m^3$	71.8	120.65	8663

续上表

单价编号	工作项目或费用名称	单位	数量	费用(元)	
				单价	合价
SY-160 参	洞身混凝土拌制，有效断面≤$90m^2$，C30，Ⅲ级围岩，C30 碳化环境泵送高性能混凝土，[HT-5052，HT-5102]	$10m^3$	2.364	2223.89	5258
SY-164	洞身混凝土浇筑，有效断面≤$90m^2$，C30，Ⅲ级围岩	$10m^3$	2.364	132.94	314
SY-188	洞身混凝土运输，有效断面≤$90m^2$，隧长≤1000m，Ⅲ级围岩	$10m^3$	2.364	332.62	786
QY-1123＊1.224＊4	混凝土搅拌运输车，容量≤$6m^3$，运 1km	$10m^3$	2.364	120.65	285
SY-160 参	洞身混凝土拌制，有效断面≤$90m^2$，C30，Ⅲ级围岩，C35 化学侵蚀环境泵送高性能混凝土，[HT-5052，HT-5402]	$10m^3$	1.773	2261.88	4010
SY-164	洞身混凝土浇筑，有效断面≤$90m^2$，C30，Ⅲ级围岩	$10m^3$	1.773	132.94	236
SY-188	洞身混凝土运输，有效断面≤$90m^2$，隧长≤1000m，Ⅲ级围岩	$10m^3$	1.773	332.62	590
QY-1123＊1.224＊4	混凝土搅拌运输车，容量≤$6m^3$，运 1km	$10m^3$	1.773	120.65	214
SY-160 参	洞身混凝土拌制，有效断面≤$90m^2$，C30，Ⅲ级围岩，C20，[HT-5052，HT-621]	$10m^3$	2701.271	1760.49	4755560
SY-164	洞身混凝土浇筑，有效断面≤$90m^2$，C30，Ⅲ级围岩	$10m^3$	2701.271	132.94	359107
SY-188	洞身混凝土运输，有效断面≤$90m^2$，隧长≤1000m，Ⅲ级围岩	$10m^3$	2701.271	332.62	898496
QY-1123＊1.224＊4	混凝土搅拌运输车，容量≤$6m^3$，运 1km	$10m^3$	2701.271	120.65	325908
SY-160 参	洞身混凝土拌制，有效断面≤$90m^2$，C30，Ⅲ级围岩，C30 碳化环境泵送高性能混凝土，[HT-5052，HT-5102]	$10m^3$	579.144	2223.89	1287953
SY-164	洞身混凝土浇筑，有效断面≤$90m^2$，C30，Ⅲ级围岩	$10m^3$	579.144	132.94	76991
SY-188	洞身混凝土运输，有效断面≤$90m^2$，隧长≤1000m，Ⅲ级围岩	$10m^3$	579.144	332.62	192635
QY-1123＊1.224＊4	混凝土搅拌运输车，容量≤$6m^3$，运 1km	$10m^3$	579.144	120.65	69874

续上表

单价编号	工作项目或费用名称	单位	数量	费用(元)	
				单价	合价
SY-209 参	水沟、电缆槽盖板,预制,钢筋混凝土,C30,C35 碳化环境泵送高性能混凝土,[/1900005,1900005,0/HT-5050,HT-5104]	$10m^3$	44.012	2720.25	119723
SY-210	水沟、电缆槽盖板,安装	$10m^3$	44.012	218.27	9606
QY-1123*1.224*4	混凝土搅拌运输车,容量≤$6m^3$,运 1km	$10m^3$	44.012	120.65	5310
SY-160 参	洞身混凝土拌制,有效断面≤$90m^2$,C30,Ⅲ级围岩,C30 碳化环境泵送高性能混凝土,[HT-5052,HT-5102]	$10m^3$	228.252	2223.89	507607
SY-164	洞身混凝土浇筑,有效断面≤$90m^2$,C30,Ⅲ级围岩	$10m^3$	228.252	132.94	30344
SY-188	洞身混凝土运输,有效断面≤$90m^2$,隧长≤1000m,Ⅲ级围岩	$10m^3$	228.252	332.62	75921
QY-1123*1.224*4	混凝土搅拌运输车,容量≤$6m^3$,运 1km	$10m^3$	228.252	120.65	27539
SY-209 参	水沟、电缆槽盖板,预制,钢筋混凝土,C30,C35 碳化环境泵送高性能混凝土,[/1900005,1900005,0/HT-5050,HT-5104]	$10m^3$	13.232	2720.25	35994
SY-210	水沟、电缆槽盖板,安装	$10m^3$	13.232	218.27	2888
QY-1123*1.224*4	混凝土搅拌运输车,容量≤$6m^3$,运 1km	$10m^3$	13.232	120.65	1596
LY-371 参	夯填,砂,[GF1.257]	$10m^3$	111.075	322.42	35812
SY-211	分离式防水板	$10m^2$	8709.233857	316.88	2759783
SY-219 参	透水软管,[/3413050,3413050,0]	10m	790.612	19.92	15749
3372263*1.0763	高密度聚乙烯管(HDPE),De110	m	7906.12	64.58	510577
SY-219 参	透水软管,[/3413050,3413050,0]	10m	116.98	19.92	2330
3372019*1.0763	聚氯乙烯给水管(UPVC),0.6MPa,D110	m	1169.8	23.52	27514
3355017*1.02	聚氯乙烯硬管件,DN100	个	1323.2	14.47	19147
400004016	排水板(隧道)	m	10631.9	11	116951
SH	预制无砂混凝土块(包括安装)	$10m^3$	26.464	2344.77	62052
3623011*1.02	半圆头铆钉,$\phi6\times40$	百个	529.28	4.13	2186
3391032*1.02	橡胶条	m	6616	7.11	47040
SY-219 参	透水软管,[/3413050,3413050,0]	10m	120.788	19.92	2406
3372019*1.0763	聚氯乙烯给水管(UPVC),0.6MPa,D110	m	1207.88	23.52	28409
3355017*1.02	聚氯乙烯硬管件,DN100	个	231.56	14.47	3351
SY-218	中埋式橡胶止水带	10m	1554.748	205.49	319485
SY-218	背贴式橡胶止水带	10m	1088.24381	205.49	223623

续上表

单价编号	工作项目或费用名称	单位	数量	费用(元)	
				单价	合价
SY-218	中埋式橡胶止水带	10m	661.6	205.49	135953
SY-218 参	橡胶止水带,[/3391029,3391029,0]	10m	661.6	44.15	29210
400004014	遇水膨胀止水条,30×20	m	6616	38	251408
SY-218	中埋式橡胶止水带	10m	26.464	205.49	5438
SY-427	材料运输,正洞无轨,隧长≤1000m	10t	381.792	51.34	19602
	人工费	元			1196708
	材料费	元			20991964
	机械使用费	元			6593869
	一、定额直接工程费	元			28782541
	运杂费(按材料重量计算)	t	242725.47	13.923	3379468
	二、运杂费	元			3379468
	人工价差	元	46348.1	20.18	935360
	调查价差	元			4778831
	系数价差	元	2594520	0.254	659008
	抽料调差	元			−785321
	电价差	元	40258.36	0.37	14896
	机械台班差	元			1442900
	三、价差合计	元			7045674
	直接工程费	元			39207683
	五、施工措施费	%	7790577	5.75	447958
	直接费	元			39655641
	七、间接费	%	7790577	14.8	1153005
	八、税金	%	40808646	3.35	1367090
	九、单项预算价值	元			42237788
	B.钢筋	t	261.861	4789.69	1254232
SY-208 参	洞身钢筋,正洞,[/1900005,1900005,109.357/1900012,1900012,176.929/1910103,1910103,743.53]	t	62.852	3782.94	237765
SY-208 参	洞身钢筋,正洞,[/1900005,1900005,109.357/1900012,1900012,176.929/1910103,1910103,743.53]	t	34.541	3782.94	130667
SY-208 参	洞身钢筋,正洞,[/1900005,1900005,109.357/1900012,1900012,176.929/1910103,1910103,743.53]	t	164.467	3782.94	622169

续上表

单价编号	工作项目或费用名称	单位	数量	费用(元)	
				单价	合价
SY-427	材料运输,正洞无轨,隧长≤1000m	10t	27.207	51.34	1397
	人工费	元			72750
	材料费	元			894650
	机械使用费	元			24598
	一、定额直接工程费	元			991998
	运杂费(按材料重量计算)	t	269.72	13.937	3759
	二、运杂费	元			3759
	人工价差	元	2817.58	20.18	56857
	调查价差	元			122860
	系数价差	元	12807	0.254	3253
	机械台班差	元			14844
	三、价差合计	元			197814
	直接工程费	元			1193571
	五、施工措施费	%	97348	5.75	5598
	直接费	元			1199169
	七、间接费	%	97348	14.8	14408
	八、税金	%	1213577	3.35	40655
	九、单项预算价值	元			1254232
	③支护	延长米	3308	3549.67	11742304
	A.喷射混凝土	圬工方	10395.26	742.63	7719794
SY-131	喷射混凝土,C25	$10m^3$	3.934	4189.61	16482
SY-131	喷射混凝土,C25	$10m^3$	1035.592	4189.61	4338727
SY-427	材料运输,正洞无轨,隧长≤1000m	10t	2912.128	51.34	149509
	人工费	元			876690
	材料费	元			2864154
	机械使用费	元			763874
	一、定额直接工程费	元			4504718
	运杂费(按材料重量计算)	t	28823.98	13.45	387682
	二、运杂费	元			387682
	人工价差	元	33953.91	20.18	685160
	调查价差	元			1021823
	系数价差	元	707719	0.254	179761
	机械台班差	元			353285
	三、价差合计	元			2240029

续上表

单价编号	工作项目或费用名称	单位	数量	费用(元)	
				单价	合价
	直接工程费	元			7132429
	五、施工措施费	%	1640564	5.75	94332
	直接费	元			7226761
	七、间接费	%	1640564	14.8	242803
	八、税金	%	7469564	3.35	250230
	九、单项预算价值	元			7719794
	C. 钢筋网	t	82.369	5255.22	432867
SY-137	钢筋网	t	82.36893	4027.7	331758
SY-427	材料运输，正洞无轨，隧长≤1000m	10t	8.558	51.34	439
	人工费	元			40366
	材料费	元			284849
	机械使用费	元			6982
	一、定额直接工程费	元			332197
	运杂费(按材料重量计算)	t	84.84	13.944	1183
	二、运杂费	元			1183
	人工价差	元	1563.36	20.18	31548
	调查价差	元			38772
	系数价差	元	4029	0.254	1023
	机械台班差	元			4382
	三、价差合计	元			75725
	直接工程费	元			409105
	五、施工措施费	%	47348	5.75	2723
	直接费	元			411828
	七、间接费	%	47348	14.8	7008
	八、税金	%	418836	3.35	14031
	九、单项预算价值	元			432867
	F. 锚杆	m	78957	44.72	3530620
SY-135	中空锚杆	100m	789.57	3072.79	2426182
SY-427	材料运输，正洞无轨，隧长≤1000m	10t	57.007	51.34	2927
	人工费	元			269381
	材料费	元			1837353
	机械使用费	元			322375
	一、定额直接工程费	元			2429109
	运杂费(按材料重量计算)	t	373.47	14.189	5299

续上表

单价编号	工作项目或费用名称	单位	数量	费用(元)	
				单价	合价
	二、运杂费	元			5299
	人工价差	元	10433.04	20.18	210544
	调查价差	元			24642
	系数价差	元	1798917	0.254	456925
	机械台班差	元			168053
	三、价差合计	元			860164
	直接工程费	元			3294572
	五、施工措施费	%	591756	5.75	34026
	直接费	元			3328598
	七、间接费	%	591756	14.8	87580
	八、税金	%	3416178	3.35	114442
	九、单项预算价值	元			3530620
	G.钢支撑	t	9.486	6222.12	59023
SY-139	型钢钢架	t	8.62836	4423.76	38170
SY-143参	超前小导管,[2200100,2200100,0]	100m	2.56	1073.52	2748
2200001*1.03	无缝钢管,D(20~49)×(3.5~4)	kg	857.6	5.87	5034
SY-427	材料运输,正洞无轨,隧长≤1000m	10t	1.009	51.34	52
	人工费	元			5829
	材料费	元			38122
	机械使用费	元			2053
	一、定额直接工程费	元			46004
	运杂费(按材料重量计算)	t	9.8	13.984	137
	二、运杂费	元			137
	人工价差	元	225.76	20.18	4556
	调查价差	元			2796
	系数价差	元	3080	0.254	782
	机械台班差	元			1215
	三、价差合计	元			9349
	直接工程费	元			55490
	五、施工措施费	%	7882	5.75	453
	直接费	元			55943
	七、间接费	%	7882	14.8	1167
	八、税金	%	57110	3.35	1913
	九、单项预算价值	元			59023

续上表

单价编号	工作项目或费用名称	单位	数量	费用(元)	
				单价	合价
	④拱顶压浆	延长米	3308	105.53	349081
2240003＊1.03	镀锌焊接钢管,DN20×2.75	m	148.86	7.46	1110
3372011＊1.03	聚氯乙烯给水管(UPVC),D20	m	3308	3.38	11181
SY—213	拱顶压浆,Ⅰ～Ⅲ级围岩,预留孔压浆	$10m^3$	82.7	2507.95	207407
SY—427	材料运输,正洞无轨,隧长≤1000m	10t	93.241	51.34	4787
	人工费	元			37378
	材料费	元			170242
	机械使用费	元			16865
	一、定额直接工程费	元			224485
	运杂费(按材料重量计算)	t	932.41	14.134	13178
	二、运杂费	元			13178
	人工价差	元	1447.64	20.18	29212
	调查价差	元			50289
	系数价差	元	1030	0.254	262
	机械台班差	元			9193
	三、价差合计	元			88956
	直接工程费	元			326619
	五、施工措施费	%	54243	5.75	3119
	直接费	元			329738
	七、间接费	%	54243	14.8	8028
	八、税金	%	337766	3.35	11315
	九、单项预算价值	元			349081

建设名称	某新建铁路		编号	×××标_ZGS_01—005	
工程名称	其他费用		工程总量	10正线公里	
工程地点			概算价值	2477201元	
所属章节	十一章29节		概算指标	247720.1元/正线公里	
单价编号	工作项目或费用名称	单位	数量	费用(元)	
				单价	合价
	其他费用	正线公里	10	247720.1	2477201
	Ⅳ.其他费	元	10	247720.1	2477201
	八、安全生产费	元	1	2477201	2477201

第五章　铁路工程工程量清单计价

2007年5月原铁道部发布《铁路工程工程量清单计价指南》(以下简称《07指南》),明确规定今后铁路基本建设大中型项目计价都应采用该指南。该指南是铁路基本建设大中型项目实行工程量清单计价的基础,是招投标双方进行工程量清单计价应遵循的基本准则。该指南以单价承包方式为基础编制。当用于施工总价承包或工程总承包时,应根据指南相关部分进行修改,并在招标文件中明示。

该指南包括总则、工程量清单编制、工程量清单计价、工程量清单及其计价格式、工程量清单计算规则五部分。

第一节　工程量清单编制

一、一般规定

1. 工程量清单

(1)工程量清单是施工招标文件的组成部分,是依据本指南编制的拟建工程明细清单。工程量清单按统一格式编制。对最低一级或新出现的清单项目,在编制工程量清单时,可根据该建设项目的特点按子目划分特征编列或自行补充、字母划分特征为“综合”的,即为最低一级的清单子目,表示其下不得再设置细目。

(2)工程量清单是发包人编制标底或参考价的依据,也是投标人编制投标报价的依据。工程量清单一半由具有编制招标文件能力的招标人或受其委托具有相应资质的中介机构编制。

(3)工程量清单是签订工程合同、支付工程款、调整工程量和办理工程结算的基础。

(4)工程量清单由11章29节组成,详见“工程量清单投标报价汇总表”。

2. 编码

费用类别和新建、改建以英文字母编码:建筑工程费——J,安装工程费——A,其他费——Q,新建——X,改建——G。其余编码采用2位阿拉伯数字为1组,前4位分别表示章号、节号,如第一章第1节为0101,第三章第5节为0305,依次类推。后面各组按主从属关系顺序编排。

3. 名称

名称包括了各章节名称和费用名称,子目划分特征为“综合”的子目名称一般是指形成工程实体的名称。

4. 计量单位

(1)计量单位一般采用以下基本单位：

①以体积计算的子目——m^3。

②以面积计算的子目——m^2。

③以长度计算的子目——m、km。

④以重量计算的子目——t。

⑤以自然计量单位计算的子目——个、处、孔、组、座或其他可以明示的自然计量单位。

⑥没有具体数量的子目——元。

(2)工程数量小数点后有效位数应按以下规定取定：

①计量单位为“m^3”、“m^2”、“m”的取 2 位，第 3 位四舍五入。

②计量单位为“km”的，轨道工程取 5 位，第 6 位 4 舍 5 入；其他工程取 3 位，第 4 位四舍五入。

③计量单位为“t”的取 3 位，第 4 位四舍五入。

④计量单位为“个、处、孔、组、座或其他可以明示的自然计量单位”和“元”的取整，小数点后第 1 位四舍五入。

5. 子目划分特征

子目划分特征是指对清单子目的不同类型、结构、材质、规格等影响综合单价的特征的描述，是设置最低一级清单子目的依据。子目划分特征为“综合”的子目，即为编制工程量清单填写工程数量(计量单位为“元”的子目除外)的清单子目，也是投标报价和合同签订后工程实施中计量与支付的清单子目。

6. 工程量计算规则

(1)工程量计算规则是对清单子目工程量的计算规定和对相关清单子目的计量界面的划分。在工程实施过程中，计量与支付必须严格执行工程量计算规则。

①子目划分特征为“综合”的是最低一级的清单子目，与其相关的工程内容属子细目，不单独计量，费用计入该清单子目。

②作为清单子目的土方和石方，除区间路基土石方和站场土石方外，仅指单独挖填土石方的子目和无须砌筑的各种沟渠等的土石方。如改河、改沟、改渠、平交道土石方，刷坡、滑坡减载土石方，挡沙堤、截沙沟土方，为防风固沙工程预先进行处理的场地平整土石方。与砌筑等工程有关的土石方挖填属于子细目，不单独计量。

③路桥分界：不设置路堤与桥台过渡段时，桥台后缺口填筑属桥梁范围，设置路堤与桥台过渡段时，台后过渡段属路基范围。

④室内外界线划分如下：

a. 给水管道：以入户水表井或交汇井为界，无入户水表井或交汇井而直接入户的，以建筑物外墙皮为界。水表井或交汇井的费用计入第九章第 21 节的给水管道。

b. 排水管道：以出户第一个排水检查井或化粪池为界。检查井的费用计入第九章第 21 节的排水管道，化粪池在第九章第 21 节的排水建筑物下单列清单子目。

c. 热网管道、工艺管道：以建筑物外墙皮为界。

d. 电力、照明线路：以入户配电箱为界。配电箱的费用计入房屋。

(2)除另有规定及说明外，清单子目工程量均以设计图示的工程实体净值计算。施工中的各种损耗和因施工工艺需要所增加的工程量，应由投标人在投标报价时考虑，计入综合单价，不单独计量。计量支付仅以设计图示实体净值为准。

①计算钢筋(预应力)混凝土的体积时，不扣除钢筋、预埋件和预应力筋张拉孔道所占的体积。

②普通钢筋的重量按设计图示长度乘理论单位重量计算，不含搭接和焊接、绑扎料、接头套筒、垫块等材料的重量。

③预应力钢筋(钢丝、钢绞线)的重量按设计图示结构物内的长度乘理论单位重量计算，不含结构物以外张拉所需的部分和锚具、管道、锚板及联结钢板、压浆、封锚、捆扎、焊接材料等的重量。

④钢结构的重量按设计图示尺寸计算，不含搭接、焊接材料、下脚料、缠包料和垫衬物、涂装料等的重量。

⑤各种桩基如以体积计量时，其体积按设计图示桩顶(混凝土桩为承台底)至桩底的长度乘以设计桩径断面积计算，不得将扩孔(扩散)因素或护壁圬工计入工程数量。如需试桩，按设计文件的要求计入工程数量。

⑥以面积计量时，除另有规定外，其面积按设计图示尺寸计算，不扣除在 $1m^2$ 及以下固定物(如检查井等)的面积。

⑦以长度计量时，除另有规定外，按设计图示中心线的长度计算，不扣除接头、检查井等所占的长度。

(3)在新建铁路工程项目中，与路基、桥梁、隧道等工程同步施工的电缆沟、槽及光(电)缆防护、接触网滑道，应在路基、桥梁、隧道等工程的清单子目中计量时，五电部分不得重复计列。对既有线改造项目，应根据工程实际情况计列。

(4)清单格式中第八章以外的地基处理仅指清单各章节室外工程的地基处理，所有室内工程的地基处理应在清单格式第八章房屋相应的清单子目中计量。

7. 工程(工作)内容

工程(工作)内容是指完成该清单子目可能发生的具体工程(工作)。除工程量清单计量规则列出的内容外，均包括场地平整、原地面挖台阶、原地面碾压，工程定位复测，测量、放样，工程点交、场地清理，材料(含成品、半成品、周转性材料)和各种填料的采备保管、运输装卸，小型临时设施，按照规范和施工质量验收标准的要求，对建筑安装的设备、材料、构件和建筑物进行检验、试验、检测、观测、防寒、保温设施，防雨、防潮设施，照明设施，文明施工(施工标识、防尘、防噪声、施工场地围栏等)和环境保护、水土保持、防风防沙、卫生防疫措施，已完工程及设备保护措施、竣工文件编制等内容。

《07 指南》所列工程内容仅供投标人参考，投标人在投标报价时，应按照现行国家和铁道部的产品标准、设计规范和施工规范(指南)、施工质量验收标准、安全操作规程、设计图纸、招标文件、补遗文件等要求完成的全部内容来考虑。

8. 常用工程内容的表示方法

(1)土方挖填：包括围堰或挡水埝填筑及拆除，挖、运、卸，弃方整理，除排水，分层填筑，洒水、改良、压实，修整。

(2)石方挖填：包括围堰或挡水埝填筑及拆除，爆破、挖、运、卸、整理，除排水，分层填筑，塞紧空隙、压(夯)量，运石及修石，码砌边坡，修整。

(3)基坑(工作坑、检查井孔)挖填：包括筑岛、围堰及拆除(第三章桥梁工程除外)、土石挖、运弃，弃方整理，坑(孔)壁支护及需要时拆除，降排水、修坡、修底、垫层，回填(包括原土回填和外运填料或土方回填)、压实。

(4)桩(井)孔开挖：包括桩(井)孔土石挖、运、弃、弃方整理，孔壁支护及需要时拆除，通风，降排水，堵孔。

(5)沟槽(管沟、排水沟、光、电缆沟)挖填：包括筑岛、围堰及拆除，土方挖运，弃、弃方整理沟壁支护及需要时拆除，降排水，修坡、修底、地基一般处理(含换填、垫层铺设)回填(包括原土回填和外运填料回填)，压实，标志埋设。

(6)砌体(包括干砌和浆砌)砌筑或铺砌：包括砂浆配料、拌料、石料或砌块送修、挂线，填塞、抹面、养护。

(7)混凝土浇筑：包括配料(含各种外加剂)、拌制、浇筑、振捣、养护。

(8)钢筋及预埋件制安：包括调直、除筋，切割、钻孔、弯曲、捆绑、堆放、连接、绑扎，安放，定位、检查、校正。

(9)模板制安拆：包括制作、挂线放样、模板及配件安装，校正、涂刷脱模剂，拆除、整修、涂油、堆放。

(10)圬工砌筑：包括脚手架搭拆，模板制安拆、钢筋及预埋件制安，混凝土浇筑。

(11)钢筋混凝土预制构件制安：包括脚手架搭拆、钢筋及预埋件制、模板制安拆、混凝土浇筑、安砌(装)、勾缝、抹面、养护。

(12)金属构件制安：包括放样、除锈、切割、钻孔、煨制、堆放、安装、连接、检查、校正、涂装。

(13)管道铺(架)设：包括管道基础浇筑，支(吊)架、支墩制安，管道、管件制安，阀门、计量表安装，接口处理，防腐、保温处理，管道试验。

(14)设备安装、调试(含属设备范围的各种架、柜)：包括开箱检验，支架、配管、配件制安，打孔洞，插件、插板安装，线槽、线管敷设安装，配线敷设，电气安装(单列清单子目的除外)，相应软件的安装调试，单机测试和系统调试(不包括由建设单位负责的联合试运转)。

(15)接地体制安：包括挖填沟、坑，接地极(体)、地网、地线等制安，加降阻剂，设标志，防腐处理。接地连接完成后进行接地电阻测试。

二、暂列金额

工程量清单投标报价汇总表中的暂列金额反映在签订协议中是尚未确定或不可预见的金额。内容包括：

(1)变更设计增加的费用(含由于变更设计所引起的废弃工程)。

(2)工程保险投保范围以外的工程由于自然灾害或意外事故造成的物质损失及由此产生的有关费用。

(3)由于发包人的原因致使停工、工效降低造成承包人的损失而需增加的费用。

(4)由于调整工期造成承包人采取相应措施而需增加的费用。

(5)由于政策性调整而需增加的费用。

(6)以计日工方式支付的费用。

(7)合同约定在工程实施过程中需增加的其他费用。

暂列金额的费率或额度由招标人在招标文件中明确。

三、计日工

计日工指完成招标人提出的工程量暂估的零星工作所需的费用,计日工表由招标人根据拟建工程的具体情况,详细列出人工、材料、施工机械的名称、规格型号、计量单位和相应数量,并随工程量清单发至投标人。

四、激励约束考核费

指为确保铁路工程建设质量、建设安全、建设工期和投资控制,建立激励约束考核机制,根据有关规定计列的激励考核费用。

五、甲供材料费

指用地支付购买甲供材料的费用。甲供材料是指在工程招标文件和合同中约定,由原铁道部或建设单位招标采购供应的材料。

六、设备费

指构成固定资产标准的和虽低于固定资产标准,但属于设计明确列入设备清单的一切需要安装与不需要安装的生产、动力、弱电、起重、运输等设备(包括备品备件)的购置费。设备费由设备原价和设备自生产厂家或来源地运至安装地点所发生的运输费、装卸费、手续费、采购及保管费等组成。

设备分为甲供设备、甲控设备和自购设备3类。甲供设备是指在工程招标文件和合同中约定,由原铁道部或建设单位招标采购供应的设备;甲控设备是指在工程招标文件和合同中约定,在建设单位监督下工程承包单位采购的设备;自购设备是指在工程招标文件和合同中约定,由工程承包单位自行采购的设备。

第二节　工程量清单计价

一、工程量清单计价规定

(1)实行工程量清单计价招标投标的铁路建设工程,除招标文件另有规定外,其招标标底、投标报价的编制,合同价款的确定与调整,工程结算应按《铁路工程工程量清单计价指南》(土建部分)(以下称本指南)执行。

(2)工程量清单计价应包括按招标文件规定,完成工程量清单所列子目的全部费用。

(3)工程量清单应采用综合单价计价。

(4)工程量清单子目的综合单价,应根据本指南规定的综合单价组成,按设计文件或参照本指南中工程量清单计量规则的“工程(工作)内容”确定。

(5)招标工程若设标底,标底应根据招标文件中的工程量清单和有关要求、施工现场实际情况、合理的施工组织与方法以及按照原铁道部发布的有关工程造价计价标准进行编制。

(6)投标报价应依据招标文件中的工程量清单和有关要求,根据施工现场实际情况拟定的施工方案或施工组织设计,结合投标人的施工、管理水平及市场价格信息填报。

(7)工程量清单中所列工程数量是估算的或设计的预计数量,仅作为投标的共同基础,不能作为最终结算与支付的依据。实际支付,应根据合同约定的计量方式,按本指南的工程量计算规则,以实际完成的工程量,按工程量清单的综合单价计量支付;计量单位为“元”的清单子目可根据具体情况以工程进度按比例支付或一次性支付。

(8)合同中综合单价因工程量变化或设计标准变更需调整时,除合同另有约定外,应按照下列办法确定。

①发包人提供的工程量清单漏项,或设计变更引起新的工程量清单子目,其相应综合单价的确定方法为:

a.合同中已有适用于变更工程的价格,按合同已有的价格变更合同价款。

b.同中只有类似于变更工程的价格,可以参照类似价格变更合同价款。

c.合同中没有适用或类似于变更工程的价格,由一方提出适当的变更价格,经双方协商确认后执行。

②由于工程量清单的工程数量有误或设计变更引起的工程量增减,属合同约定幅度以内的,应执行原有的综合单价;属合同约定幅度以外的,其增加部分的工程量或减少后剩余部分的工程量的综合单价由一方提出,经双方协商确认后,作为结算的依据。

③当施工合同签订后,由于发包人的原因,要求承包人按不同于招标时明确的设计标准进行施工或对其清单子目的实质性内容进行调整或在招标时部分清单子目的技术标准、技术条件尚未明确,即使所涉及的该部分清单子目的工程数量未发生改变,其综合单价亦应由一方提出调整,经双方协商确认后,按调整后的综合单价作为结算的依据。

(9)由于工程量和设计标准的变更,且实际发生了除本指南规定以外的费用损失,承包人可提出索赔要求,经双方协商确认后,由发包人给予补偿。

二、工程量清单的综合单价和合价

1.综合单价

综合单价是指完成最低一级的清单子目计量单位全部具体工程(工作)内容所需的费用。综合单价应包括但不限于以下八项费用:

(1)人工费:指直接从事建筑安装工程施工的生产工人开支的各项费用。包括基本工资、津贴和补贴、生产工人辅助工资、职工福利费、生产工人劳动保护费。

(2)材料费:指购买施工过程中耗用的构成工程实体的原材料、辅助材料、构配件、零件、半成品、成品所支出的费用和不构成工程实体的周转材料的摊销费。包括材料原价、运杂费、采购及保管费。投标报价时,材料费均按运至工地的价格计算。材料分为甲供材料、甲控材料和自购材料3类。甲供材料是指在工程招标文件和合同中约定,由原铁道部或建设单位招标采购供应的材料;甲控材料是指在工程招标文件和合同中约定,在建设单位监督下工程承包单位采购的材料；自购材料是指在工程招标文件和合同中约定，由工程承包单位自行采购的材料。

(3)施工机械使用费：包括折旧费、大修理费、经常修理费、安装拆卸费、人工费、燃料动力费、其他费用。

(4)填料费：指购买不作为材料对待的土方、石方、渗水料、矿物料等填筑用料所支出的费用。

(5)措施费：包括施工措施费和特殊施工增加费。

①施工措施费。包括：

a. 冬雨季施工增加费。

b. 夜间施工增加费。

c. 小型临时设施费。

d. 工具、用具及仪器、仪表使用费。

e. 检验试验费。

f. 工程定位复测、工程点交、场地清理费。

g. 文明施工及施工环境保护费。

h. 已完工程及设备保护费。

②特殊施工增加费：风沙地区施工增加费、海拔2000m以上的高原地区施工增加费、原始森林地区施工增加费、在营业铁路上施工的降效费用。

(6)间接费：包括施工企业管理费、规费和利润。

(7)税金：包括营业税、城市维护建设税和教育附加费等。

(8)一般风险费用：指投标人在计算综合单价时应考虑的招标文件中明示或暗示的风险、责任、义务或有经验的投标人都可以及应该预见的费用。包括招标文件明确应由投标人考虑的一定幅度范围内的物价上涨风险，工程量增加或减少对综合单价的影响风险，采用新技术、新工艺、新材料的风险以及招标文件中明示或暗示的风险、责任、义务或有经验的投标人都可以及应该预见的其他风险费用。

2. 合价

$$合价=工程数量\times综合单价$$

最低一级计量单位为“元”的清单子目，由投标人根据设计要求和工程的具体情况综合报价，费用包干。

第三节　工程量清单及其计价格式

一、工程量清单格式

工程量清单的编制应依据《07指南》，按统一格式编制。

1. 工程量清单统一格式组成

工程量清单格式应由以下具体内容组成：

(1)封面。

(2)填表须知。

(3)总说明。

(4)工程量清单表。

(5)计日工表。

(6)甲供材料数量及价格表。

(7)甲控材料表。

(8)设备清单表。

(9)补充工程量清单计量规则表。

2. 工程量清单格式的填写规定

(1)工程量清单格式应由招标人填写,随招标文件发至投标人。

(2)填表须知除本指南内容外,招标人可根据具体情况进行补充。

(3)《07 指南》工程量清单以外的清单子目应按本指南的规定编制补充工程量清单计量规则表,并随工程量清单发给投标人。

(4)总说明按下列内容填写:

①工程概况:包括建设规模、工程特征、计划工期、施工现场实际情况、交通运输情况、自然地理条件、环境保护和安全施工要求等。

②工程招标和分包范围。

③工程量清单编制依据。

④工程质量、材料、施工等的特殊要求。

⑤其他需说明的问题。

(5)甲供材料数量及价格表由招标人根据拟建工程的具体情况,详细列出甲供材料名称及规格、交货地点、计量单位、数量、单价等。

(6)甲控材料表由招标人根据拟建工程的具体情况,详细列出甲控材料名称及规格、技术条件等。

(7)甲供设备数量及价格表应由招标人根据拟建工程的具体情况,详细列出甲供设备名称及规格型号、交货地点、计量单位、数量、单价等。

(8)甲控设备数量表由招标人根据拟建工程的具体情况,详细列出甲控设备名称及规格型号、技术条件和计量单位、数量等。

(9)自购设备数量表由招标人根据拟建工程的具体情况,详细列出自购设备名称及规格型号、技术条件和计量单位、数量等。

(10)甲供材料、甲供设备的单价应为交货地点的价格。

二、工程量清单计价格式

1. 铁路工程工程量清单计价统一格式组成

(1)封面。

(2)投标报价总额。

(3)工程量清单报价汇总表。

(4)工程量清单报价表。

(5)工程量清单综合单价分析表。

(6)计时工计算表。

(7)甲供材料费计算表。

(8)甲控材料价格表。

(9)主要自购材料价格表。

(10)设备费计算表。

2.工程量清单计价格式的填写规定

(1)工程量清单计价格式应由投标人填写。

(2)封面应按规定内容填写、签字、盖章。

(3)投标报价总额应按工程量清单投标报价汇总表中的"投标报价总额"填写。

(4)工程量清单投标报价汇总表各章节的金额应与工程量清单计价表中各章节的金额一致。

(5)工程量清单计价表中的综合单价应与工程量清单子目综合单价分析表中的综合单价一致。

(6)工程量清单计价表和工程量清单子目综合单价分析表中的编码、名称、计量单位、工程数量应与招标人提供的工程量清单一致。

(7)工程量清单子目综合单价分析表应由投标人根据自身的施工和管理水平按综合单价组成分项自主填写,但间接费中的规费和税金应按国家有关规定计算。

(8)暂列金额按招标文件规定的费率或额度计算。

(9)工程量清单投标报价汇总表中的"包含在暂列金额中的计日工"金额应与计日工费用汇总表中的"计日工费用总额"一致。

(10)计日工费用计算表中的人工、材料、施工机械名称、计量单位和相应数量应与招标人提供的计日工表一致,工程竣工后按实际完成的数量结算费用。

(11)工程清单投标报价汇总表中的"设备费"金额应与设备费汇总表中的"设备费总额"一致。

(12)甲供材料费计算表中的材料编码、材料名称及规格、交货地点和计量单位、数量、单价等应与招标人提供的甲供材料数量及价格表一致。

(13)甲控材料价格表中的材料编码、材料名称及规格、技术条件等应与招标人提供的甲控材料表一致。所填写的单价应与工程量清单计价中采用的相应材料的单价一致,其单价为材料到达工地的价格。

(14)自购材料价格表应包括详细的材料编码、材料名称及规格和计量单位、单价。所填写的单价应与工程量清单计价中采用的相应材料的单价一致,其单价为材料到达工地的价格。

(15)设备费计算表:

①甲供设备费计算表中的设备、编码、设备名称及规格型号、交货地点和计量单位、数量、单价等应与招标人提供的甲供设备数量及价格表一致。

②甲控设备费计算表中的设备编码、设备名称及规格型号、技术条件和计量单位、数量应与招标人提供的甲控设备数量表一致,单价由投标人自主填报。其单价为设备到达安装地点

的价格，并应含物价上涨风险。

③自购设备费计算表中的设备编码、设备名称及规格型号、技术条件和计量单位、数量应与招标人提供的自购设备数量表一致，单价由投标人自主填报。其单价为设备到达安装地点的价格，并应含物价上涨风险。

第四节　工程量清单计价实例

为满足铁路建设项目施工总价承包招标需要，相关部门根据国家发改委等九部委令第56号《标准施工招标文件》编写了《铁路建设项目总价承包标准施工招标文件补充文本》(以下简称《补充文本》)。招标人根据经审核合格的施工图及施工图预算中的工程数量提出工程量清单，投标人按照施工图纸与工程量清单进行报价，报价中包含一定额度的总承包风险费，除根据合同约定可调费用外，合同总价保持不变。

下面关于工程量清单部分摘抄如下，并将第四章实例的数据填入表格内，组成完整的已标价工程量清单。

一、工程量清单说明

(1)工程量清单中所列工程量是依据招标文件第七章“技术标准和要求”中《铁路工程工程量清单计价指南》、第六章“图纸”和第四章“合同条款及格式”约定方式计算的数量。

(2)工程量清单应与投标人须知、通用合同条款、专用合同条款、技术标准和要求及图纸等文件同时阅读与理解。

(3)招标人提供的工程量清单中所列工程量是投标人报价的参考，不作为最终结算与支付的依据。

(4)在评标过程中，评标委员会对投标人已标价工程量清单中有计算和汇总方面的算术错误，按照第三章“评标办法”约定的原则进行算术性校核和修正。

(5)实际计量应按第七章“技术标准和要求”中工程量计算规则、第四章“合同条款及格式”约定的方式和经审核的施工图计算，并经监理工程师确认，形成已完合格工程数量。

(6)特殊说明：

①安全生产费。安全生产费是指为加强铁路建设工程安全生产管理，建立安全生产投入长效机制，改善铁路工程施工作业条件，减少施工伤亡事故的发生，切实保障铁路工程安全生产所需的费用。

②考核费。考核费是指为确保铁路工程施工安全、工程质量、建设工期、投资控制、环境保护和维护稳定，建立考核机制引起的相关费用。

(7)中标后，合同所列工程量的变动，丝毫不会使合同条款无效或降低，也不免除承包人按要求的标准进行施工和缺陷修复的责任。

二、投标报价说明

(1)投标报价应包括按照招标文件的要求实施完成本标段全部工程，以及修复任何缺陷

(含保修期)所需的全部费用。

(2)投标人填写工程量清单时应按照招标人提供的工程量清单及第七章“技术标准和要求”中《铁路工程工程量清单计价指南》的规则填写。

工程量清单计价表中的每一项目须填入单价或价格,且只允许有一个报价。投标人没有填入单价或价格的项目,其费用应视为已分摊在工程量清单的有关项目的单价或价格中。

(3)符合合同条款规定的全部费用应已被计入已标价的工程量清单所列各项目中。除非合同另有约定,工程量清单中有标价的单价与价格,均已包括了所需人工费、材料费、施工机械使用费、填料费、措施费、间接费、税金和一般风险费用。

(4)投标人报价中应对涉及工程质量的主要直接费的降低进行说明,工人工资、社会保障等不得低于国家或工程所在地规定的标准。

(5)承包人必须完成工程量清单中未填入单价或价格的工程项目,但不能得到另外的结算和支付。

(6)对作业方法和材料的一般要求或说明,不得重复或将摘要写入工程量清单内。给工程量清单各支付项标价前,须参阅合同文件的有关部分。

(7)本项目实行总价承包,合同签订后任何一方不得擅自调整合同价格,符合合同约定的情形时方可调整。

(8)总承包风险费是指由总承包单位为支付风险费用计列的金额,风险费用包括的内容在合同中约定。总承包风险费由投标人根据建设项目的具体情况自主填报,费用包干,一律不调整。

(9)与本标段工程相关保险由承包人办理,保险费计入总承包风险费,不再单独报价。开工前向发包人提供保险手续复印件。

(10)承包人应根据铁路总公司(原铁道部)有关规定的支出范围,在投标文件中明确具体使用项目以及费用。安全生产费应按规定报价,不得删减,列入标外管理,规范使用,确保需要。

(11)甲供材料设备费不纳入公布的最高投标限价和签约合同价格。

三、工程量清单

招标人在招标文件中提供表 5-1～表 5-4;投标人在投标文件中填报表 5-5～表 5-12,并共同形成已标价工程量清单。

工 程 量 清 单 表

表 5-1

标段:×××				
清单　第 01 章　拆迁及征地费用				
编　　码	节号	名　　称	计 量 单 位	工 程 数 量
0101	1	拆迁及征地费用	正线公里	10
0101-04		Ⅳ.其他费	正线公里	10

续上表

0101-04-01		一、土地征用及拆迁补偿费	正线公里	10
0101-04-01-02		(二)拆迁补偿费	元	
0101-04-01-02-04		4.电力线路	元	
0101-04-01-02-05		5.通信线路路外	元	
清单 第02章 路基				
编 码	节号	名 称	计 量 单 位	工 程 数 量
0202	2	区间路基土石方	断面方	180571
0202-01		Ⅰ.建筑工程费	断面方	180571
0202-01-01		一、土方	m^3	180571
0202-01-01-01		(一)挖土方	m^3	166535
0202-01-01-02		(二)利用土填方	m^3	14036

清单 第03章 桥涵				
编 码	节号	名 称	计 量 单 位	工 程 数 量
0306	6	大桥	延长米	574.11
0306-01		甲、新建	延长米	574.11
0306-01-01		一、复杂大桥	延长米	574.11
0306-01-01-01		(二)多线大桥	延长米	574.11
0306-01-01-01-04		Ⅰ.建筑工程费	延长米	574.11
0306-01-01-01-04-01		1.基础	圬工方	12966.9
0306-01-01-01-04-01-01		(1)明挖	圬工方	261.4
0306-01-01-01-04-01-01-01		①混凝土	圬工方	261.4
0306-01-01-01-04-01-01-02		②钢筋	t	6.374
0306-01-01-01-04-01-02		(2)承台	圬工方	6382.7
0306-01-01-01-04-01-02-01		①混凝土	圬工方	6382.7
0306-01-01-01-04-01-02-02		②钢筋	t	235.777
0306-01-01-01-04-01-02-03		③混凝土冷却管	t	0.529
0306-01-01-01-04-01-05		(5)钻孔桩	圬工方	6322.8
0306-01-01-01-04-01-05-01		①陆上	圬工方	6322.8
0306-01-01-01-04-02		2.墩台	圬工方	12033.85
0306-01-01-01-04-02-01		(1)混凝土	圬工方	12033.85
0306-01-01-01-04-02-02		(2)钢筋	t	419.203

续上表

清单　第 04 章　隧道及明洞				
编　　码	节号	名　　称	计 量 单 位	工 程 数 量
0410	10	隧道	延长米	6821.87
0410-01		甲、新建	延长米	6821.87
0410-01-05		五、$L\leqslant 1\mathrm{km}$ 的隧道	延长米	6821.87
0410-01-05-01		(一)双线隧道	延长米	6821.87
0410-01-05-01-01		Ⅰ.建筑工程费	延长米	6821.87
0410-01-05-01-01-01		1.正洞	延长米	3308
0410-01-05-01-01-01-03		(3)Ⅲ级围岩	延长米	3308
0410-01-05-01-01-01-03-01		①开挖	立方米	399815.03
0410-01-05-01-01-01-03-02		②衬砌	圬工方	85171.66
0410-01-05-01-01-01-03-02-01		A.模筑混凝土	圬工方	85171.66
0410-01-05-01-01-01-03-02-02		B.钢筋	t	261.861
0410-01-05-01-01-01-03-03		③支护	延长米	3308
0410-01-05-01-01-01-03-03-01		A.喷射混凝土	圬工方	10395.26
0410-01-05-01-01-01-03-03-03		C.钢筋网	t	82.369
0410-01-05-01-01-01-03-03-06		F.锚杆	m	78957
0410-01-05-01-01-01-03-03-07		G.钢支撑	t	9.486
0410-01-05-01-01-01-03-04		④拱顶压浆	延长米	3308
清单　第 11 章　其他费				
编　　码	节号	名　　称	计 量 单 位	工 程 数 量
1129	29	其他费用	正线公里	10
1129-04		Ⅳ.其他费	元	
1129-04-08		八、安全生产费	元	

甲供材料数量及价格表　　表 5-2

标段:×××					第 1 页共 1 页	
序号	材料编码	材料名称及规格	交货地点	计量单位	数量	单价(元)
1	3341030	EVA 防水板 $\delta=1.5/400\mathrm{g/m^2}$	工地料库	$\mathrm{m^2}$	93275.895	16.38
2	3391029	橡胶止水带 15×300	工地料库	m	35852.15	14.99

甲供设备数量及价格表

表 5-3

标段:×××					第 1 页共 1 页	
序号	设备编码	设备名称及规格型号	交货地点	计量单位	数量	单价(元)

自购设备数量表

表 5-4

标段:×××				第 1 页共 1 页	
序号	设 备 编 码	设备名称及规格型号	技 术 条 件	计 量 单 位	数 量

工程量清单投标报价汇总表

表 5-5

标段:×××			
章 号	节 号	名 称	金额(元)
第一章	1	拆迁工程	5215000
第二章		路基	1653007
	2	区间路基土石方	1653007
	3	站场土石方	
	4	路基附属工程	
第三章		桥涵	28253009
	5	特大桥	
	6	大桥	28253009
	7	中桥	
	8	小桥	
	9	涵洞	
第四章		隧道及明洞	93953731
	10	隧道	93953731
	11	明洞	
第五章		轨道	
	12	正线	
	13	站线	
	14	线路有关工程	

续上表

章　号	节　号	名　称	金额(元)
第六章		通信、信号及信息	
	15	通信	
	16	信号	
	17	信息	
第七章		电力及电力牵引供电	
	18	电力	
	19	电力牵引供电	
第八章	20	房屋	
第九章		其他运营生产设备及建筑物	
	21	给排水	
	22	机务	
	23	车辆	
	24	动车	
	25	站场	
	26	工务	
	27	其他建筑及设备	
第十章	28	大型临时设施和过渡工程	
第十一章	29	其他费	
第一章～第十一章清单合计 A			129074747
设备费 B			
总承包风险费 C			1936121
安全生产费 D			2477201
投标报价总额(A+B+C+D)			133488069

注:总承包风险费为自主报价,一般不超过业主公布的费用,取费范围为 0～2.5%之间,一般取 1.5%,本例取 1.5%,一般取费基数为 A+B。

工程量清单计价表

表 5-6

标段:×××						
清单　第 01 章　拆迁及征地费用						
编　码	节号	名　称	计量单位	工程数量	金额(元)	
					综合单价	合　价
0101	1	拆迁及征地费用	正线公里	10	521500	5215000
0101-04		Ⅳ.其他费	正线公里	10	521500	5215000
0101-04-01		一、土地征用及拆迁补偿费	正线公里	10	521500	5215000

续上表

清单　第01章　拆迁及征地费用						
编　码	节号	名　称	计量单位	工程数量	金额(元)	
					综合单价	合　价
0101-04-01-02		(二)拆迁补偿费	元			5215000
0101-04-01-02-04		4.电力线路	元			3663000
0101-04-01-02-05		5.通信线路路外	元			1552000

第01章合计 5215000 元

清单　第02章　路基						
编　码	节号	名　称	计量单位	工程数量	金额(元)	
					综合单价	合　价
0202	2	区间路基土石方	断面方	180571	9.15	1653007
0202-01		Ⅰ.建筑工程费	断面方	180571	9.15	1653007
0202-01-01		一、土方	m^3	180571	9.15	1653007
0202-01-01-01		(一)挖土方	m^3	166535	9.33	1553772
0202-01-01-02		(二)利用土填方	m^3	14036	7.07	99235

第02章合计 1653007 元

清单　第03章　桥涵						
编　码	节号	名　称	计量单位	工程数量	金额(元)	
					综合单价	合　价
0306	6	大桥	延长米	574.11	49211.84	28253009
0306 01		甲、新建	延长米	574.11	49211.84	28253009
0306-01-01		一、复杂大桥	延长米	574.11	49211.84	28253009
0306-01-01-01		(二)多线大桥	延长米	574.11	49211.84	28253009
0306-01-01-01-04		Ⅰ.建筑工程费	延长米	574.11	49211.84	28253009
0306-01-01-01-04-01		1.基础	圬工方	12966.9	1575.8	20433212
0306-01-01-01-04-01-01		(1)明挖	圬工方	261.4	1229.03	321269
0306-01-01-01-04-01-01-01		①混凝土	圬工方	261.4	1120.81	292980
0306-01-01-01-04-01-01-02		②钢筋	t	6.374	4438.19	28289
0306-01-01-01-04-01-02		(2)承台	圬工方	6382.7	751.53	4796794
0306-01-01-01-04-01-02-01		①混凝土	圬工方	6382.7	587.19	3747858
0306-01-01-01-04-01-02-02		②钢筋	t	235.777	4438.05	1046390
0306-01-01-01-04-01-02-03		③混凝土冷却管	t	0.529	4812.85	2546
0306-01-01-01-04-01-05		(5)钻孔桩	圬工方	6322.8	2422.21	15315149
0306-01-01-01-04-01-05-01		①陆上	圬工方	6322.8	2422.21	15315149
0306-01-01-01-04-02		2.墩台	圬工方	12033.85	649.82	7819797

续上表

清单　第03章　桥涵						
编　码	节号	名　称	计量单位	工程数量	金额(元)	
					综合单价	合　价
0306-01-01-01-04-02-01		(1)混凝土	圬工方	12033.85	474.6	5711265
0306-01-01-01-04-02-02		(2)钢筋	t	419.203	5029.86	2108532
第03章合计 28253009 元						

清单　第04章　隧道及明洞						
编　码	节号	名　称	计量单位	工程数量	金额(元)	
					综合单价	合　价
0410	10	隧道	延长米	6821.87	13772.43	93953731
0410-01		甲、新建	延长米	6821.87	13772.43	93953731
0410-01-05		五、$L \leqslant 1$km 的隧道	延长米	6821.87	13772.43	93953731
0410-01-05-01		(一)双线隧道	延长米	6821.87	13772.43	93953731
0410-01-05-01-01		Ⅰ.建筑工程费	延长米	6821.87	13772.43	93953731
0410-01-05-01-01-01		1.正洞	延长米	3308	28401.97	93953731
0410-01-05-01-01-01-03		(3)Ⅲ级围岩	延长米	3308	28401.97	93953731
0410-01-05-01-01-01-03-01		①开挖	立方米	399815.03	95.97	38370248
0410-01-05-01-01-01-03-02		②衬砌	圬工方	85171.66	510.64	43491711
0410-01-05-01-01-01-03-02-01		A.模筑混凝土	圬工方	85171.66	495.91	42237478
0410-01-05-01-01-01-03-02-02		B.钢筋	t	261.861	4789.69	1254233
0410-01-05-01-01-01-03-03		③支护	延长米	3308	3549.78	11742679
0410-01-05-01-01-01-03-03-01		A.喷射混凝土	圬工方	10395.26	742.63	7719832
0410-01-05-01-01-01-03-03-03		C.钢筋网	t	82.369	5255.22	432867
0410-01-05-01-01-01-03-03-06		F.锚杆	m	78957	44.72	3530957
0410-01-05-01-01-01-03-03-07		G.钢支撑	t	9.486	6222.12	59023
0410-01-05-01-01-01-03-04		④拱顶压浆	延长米	3308	105.53	349093
第04章合计 93953731 元						

清单　第11章　其他费						
编　码	节号	名　称	计量单位	工程数量	金额(元)	
					综合单价	合　价
1129	29	其他费用	正线公里	10	247720.1	2477201
1129-04		Ⅳ.其他费	元	10	247720.1	2477201
1129-04-08		八、安全生产费	元	1	2477201	2477201
第11章合计 2477201 元						

表 5-7

工程量清单子目综合单价分析表

标段：×××

编码	节号	名称	计量单位	综合单价组成(元)							综合单价(元)
清单　第01章　拆迁及征地费用											
				人工费	材料费	机械使用费	填料费	措施费	间接费	税金	
0101	1	拆迁及征地费用	正线公里								
0101-04		Ⅳ.其他费	正线公里								
0101-04-01		一、土地征用及拆迁补偿费	正线公里								
0101-04-01-02		(二)拆迁补偿费	元								
0101-04-01-02-04		4.电力线路	元								3663000
0101-04-01-02-05		5.通信线路路外	元								1552000
清单　第02章　路基											
编码	节号	名称	计量单位	综合单价组成(元)							综合单价(元)
				人工费	材料费	机械使用费	填料费	措施费	间接费	税金	
0202	2	区间路基土石方	断面方								
0202-01		Ⅰ.建筑工程费	断面方								
0202-01-01		一、土方	m^3								
0202-01-01-01		(一)挖土方	m^3	0.09		8.01		0.28	0.65	0.3	9.33
0202-01-01-02		(二)利用土填方	m^3	0.28	0.22	5.83		0.15	0.36	0.23	7.07
清单　第03章　桥涵											
编码	节号	名称	计量单位	综合单价组成(元)							综合单价(元)
				人工费	材料费	机械使用费	填料费	措施费	间接费	税金	
0306	6	大桥	延长米/座								
0306-01		甲、新建	延长米/座								
0306-01-01		一、复杂大桥	延长米/座								

续上表

清单　第03章　桥涵											
编码	节号	名称	计量单位	综合单价组成(元)							综合单价(元)
				人工费	材料费	机械使用费	填料费	措施费	间接费	税金	
0306-01-01-01		(二)多线大桥	延长米/座								
0306-01-01-01-04		Ⅰ.建筑工程费	延长米/座								
0306-01-01-01-04-01		1.基础	圬工方								
0306-01-01-01-04-01-01		(1)明挖	圬工方								
0306-01-01-01-04-01-01-01		①混凝土	圬工方	515.68	305.89	195.41		19.23	48.27	36.33	1120.81
0306-01-01-01-04-01-01-02		②钢筋	t	300.6	3870.57	87.39		10.2	25.57	143.86	4438.19
0306-01-01-01-04-01-02		(2)承台	圬工方								
0306-01-01-01-04-01-02-01		①混凝土	圬工方	140.75	303.19	99.13		7.15	17.94	19.03	587.19
0306-01-01-01-04-01-02-02		②钢筋	t	300.6	3870.45	87.44		10.17	25.53	143.86	4438.05
0306-01-01-01-04-01-02-03		③混凝土冷却管	t	247.64	4361.06	20.79		7.56	18.9	156.9	4812.85
0306-01-01-01-04-01-05		(5)钻孔桩	圬工方								
0306-01-01-01-04-01-05-01		①陆上	圬工方	191.58	627.61	1338.83		52.89	132.78	78.52	2422.21
0306-01-01-01-04-02		2.墩台	圬工方								
0306-01-01-01-04-02-01		(1)混凝土	圬工方	61.23	310.9	71.73		4.38	10.98	15.38	474.6
0306-01-01-01-04-02-02		(2)钢筋	t	544.68	3936.48	303.8		23.32	58.54	163.04	5029.86

清单　第04章　隧道及明洞											
编码	节号	名称	计量单位	综合单价组成(元)							综合单价(元)
				人工费	材料费	机械使用费	填料费	措施费	间接费	税金	
0410	10	隧道	延长米								
0410-01		甲、新建	延长米								

续上表

清单 第 04 章 隧道及明洞											
编码	节号	名称	计量单位	综合单价组成(元)							综合单价(元)
				人工费	材料费	机械使用费	填料费	措施费	间接费	税金	
0410-01-05		五、$L \leqslant 1$km 的隧道	延长米/座								
0410-01-05-01		(一)双线隧道	延长米								
0410-01-05-01-01		Ⅰ.建筑工程费	延长米								
0410-01-05-01-01-01		1. 正洞	延长米								
0410-01-05-01-01-01-03		(3)Ⅲ级围岩	延长米								
0410-01-05-01-01-01-03-01		①开挖	m^3	24.36	26.19	35.14		2.01	5.16	3.11	95.97
0410-01-05-01-01-01-03-02		②衬砌	圬工方								
0410-01-05-01-01-01-03-02-01		A. 模筑混凝土	圬工方	25.03	340.94	94.36		5.26	13.54	16.05	495.91
0410-01-05-01-01-01-03-02-02		B. 钢筋	t	494.95	3912.47	150.62		21.38	55.02	155.25	4789.69
0410-01-05-01-01-01-03-03		③支护	延长米								
0410-01-05-01-01-01-03-03-01		A. 喷射混凝土	圬工方	150.25	428.41	107.47		9.07	23.36	24.07	742.63
0410-01-05-01-01-01-03-03-03		C. 钢筋网	t	873.07	3955.7	137.97		33.06	85.08	170.34	5255.22
0410-01-05-01-01-01-03-03-06		F. 锚杆	m	6.08	29.44	6.21		0.43	1.11	1.45	44.72
0410-01-05-01-01-01-03-03-07		G. 钢支撑	t	1094.77	4410.39	344.51		47.76	123.02	201.67	6222.12
0410-01-05-01-01-01-03-04		④拱顶压浆	延长米	20.13	70.73	7.88		0.94	2.43	3.42	105.53

清单 第 11 章 其他费											
编码	节号	名称	计量单位	综合单价组成(元)							综合单价(元)
				人工费	材料费	机械使用费	填料费	措施费	间接费	税金	
1129	29	其他费用	正线公里								
1129-04		Ⅳ. 其他费	元								
1129-04-08		八、安全生产费	元								2477201

甲供材料费计算表

表 5-8

标段：×××						第 1 页共 1 页	
序号	材料编码	名称及规格	交货地点	计量单位	数量	金额(元)	
						单价	合价
1	3341030	EVA 防水板 δ=1.5/400g/m^2	工地料库	m^2	93275.895	16.38	1527859
2	3391029	橡胶止水带 15×300	工地料库	m	35852.15	14.99	537424

主要自购材料价格表

表 5-9

标段：×××		第 1 页共 1 页		
序号	材料编码	材料名称及规格	计量单位	单价(元)
1	1010002	普通水泥 32.5 级	kg	0.322
2	1010003	普通水泥 42.5 级	kg	0.385
3	1210020	矿渣粉(高性能混凝土)	kg	0.2
4	1240011	碎石 16 以内	m^3	48.3
5	1240022	碎石 16 以内(高性能混凝土)	m^3	48.3
6	1240023	碎石 25 以内(高性能混凝土)	m^3	48.3
7	1240025	碎石 40 以内(高性能混凝土)	m^3	48.3
8	1260022	中粗砂	m^3	70.4
9	1260024	中粗砂(高性能混凝土)	m^3	70.4
10	1260132	粉煤灰(高性能混凝土)	kg	0.2
11	1900005	圆钢 Q235-Aϕ6～9	kg	3.767
12	1910102	螺纹钢 ϕ10～18	kg	3.706
		……		

甲供设备费计算表

表 5-10

标段：×××						第 1 页共 1 页	
序号	设备编码	设备名称及规格型号	交货地点	计量单位	数量	金额(元)	
						单价	合价

自购设备费计算表

表 5-11

标段：×××						第 1 页共 1 页	
序号	设备编码	设备名称及规格型号	技术条件	计量单位	数量	金额(元)	
						单价	合价
自购设备费合计＿＿＿＿＿＿＿＿元							

设备费汇总表

表 5-12

标段:×××	第 1 页共 1 页
名　称	金额(元)
1. 甲供设备费合计	
2. 自购设备费合计	
3. 甲供设备自交货地点至安装地点的运杂费	
设备费总额__________元 (结转"工程量清单投标报价汇总表")	

第六章　公路工程概预算的编制

第一节　公路工程概预算概述

一、基本概念

公路工程概、预算是指在执行基本建设程序的过程中，根据公路工程各个阶段的设计内容和国家发布的定额、编制办法及各项取费标准，预先计算和确定工程全部建设费用的经济文件。公路工程概、预算的编制是公路工程造价管理的重要环节，是国家对公路基本建设实行科学化管理和监督的重要手段。

为了适应公路交通建设发展的需要，合理确定和有效控制工程造价，提高公路建设项目工程造价的编制质量，中华人民共和国交通部根据建设部、财政部发布的《建筑安装工程费用项目组成》(建标[2003]206 号)的规定，并结合公路行业的特点，于 2007 年制订了《公路工程基本建设项目概算预算编制办法》(JTG B06—2007)(简称《编制办法》)，自 2008 年 1 月 1 日起施行。

二、公路工程概预算的编制依据

公路工程概、预算的编制是一项十分细致的工作，应全面了解工程所在地的建设条件，掌握各种基础资料，正确引用相关定额、取费标准、材料及设备价格。编制时严格执行国家的方针、政策和有关规定，符合公路设计和施工技术规范。公路工程概、预算编制的主要依据如下。

1. 法令性文件

法令性文件是指编制概、预算时所必须遵循的国家、交通运输部和地方主管部门颁布的有关法令性文件或规定，如交通运输部颁发的《公路工程基本建设项目设计文件编制办法》、《公路工程基本建设项目投资估算编制办法》、《公路工程基本建设项目概算预算编制办法》、《交通基本建设项目竣工决算报告编制办法》及工程所在地省级交通主管部门发布的补充计价依据等。

2. 设计资料

设计概算应根据批准的建设项目可行性研究报告、初步设计文件编制，修正概算应根据初步设计文件、技术设计文件编制，施工图预算则应根据施工图设计文件编制。

概、预算编制人员应正确理解设计意图，熟悉设计图纸资料和文字说明，了解工程结构特点，核对主要工程数量。由于设计图纸上的工程数量往往不能满足概预算编制的要求，因此还需进行必要的计算或补充，并对设计文件中提出的施工方案做进一步完善。

3. 概预算定额、取费标准、材料或设备预算价格等资料

概、预算文件应根据现行的《公路工程估算指标》、《公路工程概算定额》、《公路工程预算定额》、《公路工程机械台班费用定额》、国家规定的各项取费标准、材料或设备预算价格及各省交通主管部门发布的有关补充规定等资料进行编制。

4. 施工组织设计或施工方案

从施工组织设计中可以摘出与概、预算编制有关的资料，如：工程开工、竣工日期，施工方案，主要工程项目的进度要求，材料开采与堆放地点，大型临时设施的规模，建设地点等信息。

5. 工程所在地物资、劳力、动力等资源的可利用情况

本着因地制宜、就地取材的原则，对当地与工程有关情况做深入的调查了解，再确定最优方案。

(1)物资：外购材料要确定外购的地点、货源、质量、分期到货等情况；自采加工材料要确定料场、开采方式、运输条件(道路、运输工具及各种运输工具的比重、运价、装卸费等)、堆放地点等。

(2)劳力：调查工程所在地可利用的社会劳动力资源的情况，如当地可以提供各种技术工人及普通工人的数量、劳动力分布地点、工资标准及其他要求等。

(3)动力：当地可供利用的电资源情况，包括提供的数量、收费标准以及可能出现的输电线路及变压器问题等情况。

(4)运输：通过实地调查或向当地运输管理部门了解工程所在地可供利用的各种运输工具的运价、费率、装卸费及相关杂费的有关规定等。

6. 施工单位的施工能力及潜力

编制设计概算时，施工单位尚未明确，可按中等施工能力考虑；编制施工图预算时，若已经明确施工单位，就应根据施工单位的技术与管理水平确定新工艺、新技术采用的可能程度，明确施工单位可以提供的施工机具、劳力、设备以及外部协作关系。

7. 了解当地自然条件及其变化规律

自然条件包括沿线地形、地质、水文、气候等因素，其中气温、雨季、冬季、风雪、冰冻、水源、洪水季节及其变化规律等资料将直接影响建设工程实施的可能性，必须进行细致和充分的调查研究。

8. 其他有关工程的情况

如主副食、日用生活品的可供情况以及医疗卫生、文化教育、消防治安等社会服务机构的支援能力；旧有建筑物的拆迁；水利、电信、铁路的干扰及解决措施等。

三、公路工程概预算费用组成

根据交通部 2007 年第 33 号公告所公布的《公路工程基本建设项目概算预算编制办法》(JTG B06—2007)的规定，公路工程概、预算费用由建筑安装工程费，设备、工具、器具及家具购置费，工程建设其他费用，预备费用共四大部分组成，如图 6-1 所示。

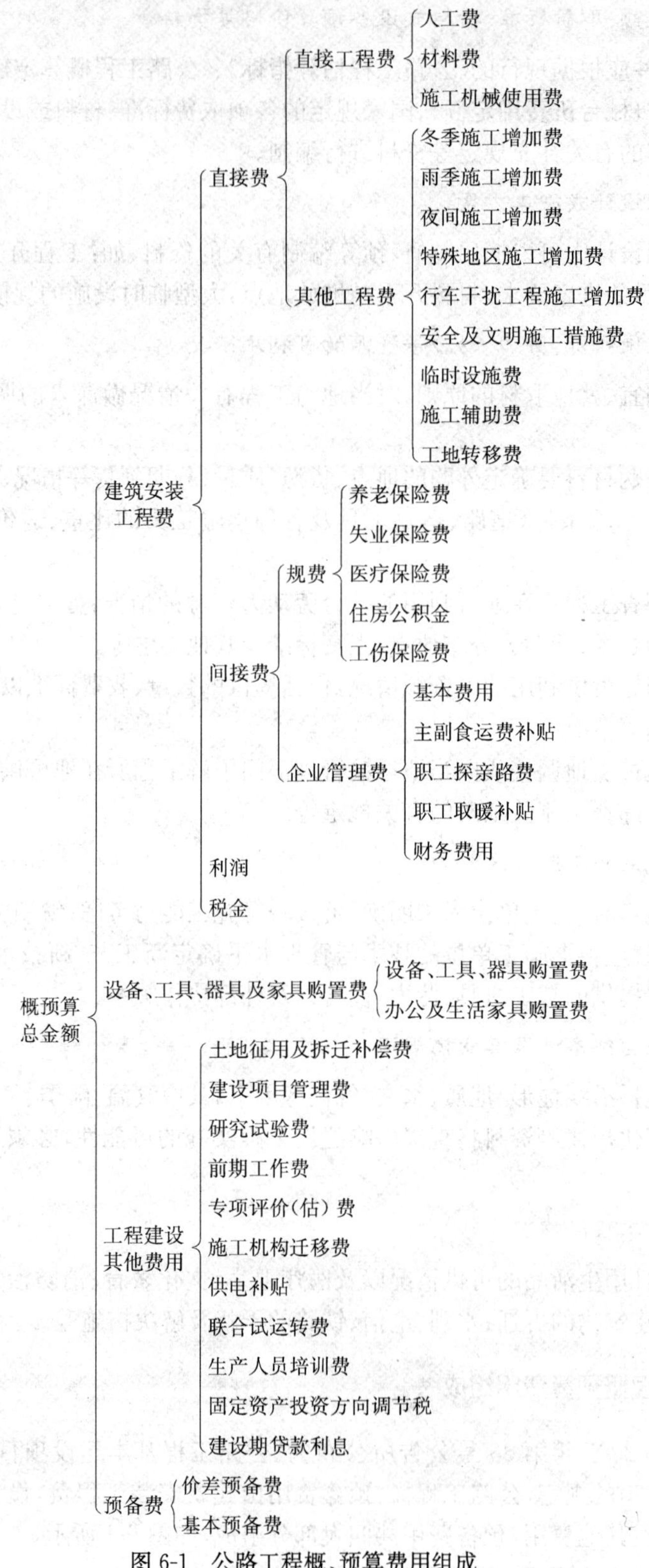

图 6-1　公路工程概、预算费用组成

四、公路工程概预算项目表

1. 公路工程概、预算项目表的内容

一个复杂的工程项目一般是由许多分项工程组成的庞大综合体，直接计算出其全部人工、材料和机械台班的消耗量及工程造价是一项极为困难的工作。为了准确计算和确定建筑安装工程造价，必须对工程项目进行科学的划分，从而有利于公路工程概预算的编制与审核。

为了使公路工程概预算的编制规范化，防止列项时出现混乱、漏列、重列、错列现象，必须对概预算项目的划分、排列顺序及内容做出统一的规定，由此形成公路工程概预算项目表，详见附录二。

公路工程概预算项目主要包括以下内容：

第一部分　建筑安装工程费

　　第一项　临时工程

　　第二项　路基工程

　　第三项　路面工程

　　第四项　桥梁涵洞工程

　　第五项　交叉工程

　　第六项　隧道工程

　　第七项　公路设施及预埋管线工程

　　第八项　绿化及环境保护工程

　　第九项　管理、养护及服务房屋

第二部分　设备及工具、器具购置费

第三部分　工程建设其他费用

2. 公路工程概预算项目划分的原则

公路工程概预算项目应按项目表的序列及内容编制。如实际出现的工程和费用项目与项目表的内容不完全相符时，应按下列原则确定项目的序列：

(1)“部分”和“项”的序号应保留不变。如第二部分，设备及工具、器具购置费在该项工程中不发生时，第三部分工程建设其他费用仍为第三部分。同理，第一部分第六项为隧道工程，第七项为公路设施及预埋管线工程，若该项目无隧道工程，其序号仍保留，公路设施及预埋管线工程仍为第七项。

(2)“目”、“节”、“细目”可随需要增减，并按项目表的顺序以实际出现的“目”、“节”、“细目”依次排列，不保留缺少的“目”、“节”、“细目”的序号，即可依次递补改变“目”、“节”、“细目”的序号。

(3)建设项目中的互通式立体交叉、辅道、支线，如工程规模较大时，也可按概、预算项目表单独编制建筑安装工程费，然后将建筑安装工程总金额列入工程的总概、预算表中相应的项目内。

第二节　建筑安装工程费

建筑安装工程包括建筑工程和设备安装工程两大类。前者又称为土建工程，是指施工企业按照预定的建设目标直接完成的施工生产成果，是一种创造价值和转移价值的施工生产活动，它必须通过施工企业的生产活动和消耗一定的资源来实现；设备安装工程主要是指高等级公路中管理设施的安装，如收费站的收费设施安装，通信系统、监控系统、供电系统的设备安装，以及隧道通风设备、供电设备的安装等。

建筑安装工程费用由直接费、间接费、利润和税金四部分组成。

一、直接费

直接费是施工企业生产作业直接体现在工程上的费用，是使生产资料发生转移而形成预定使用功能所投入的费用。

直接费由直接工程费和其他工程费组成。

(一)直接工程费

直接工程费是指施工过程中耗费的构成工程实体和有助于工程形成的各项费用，包括人工费、材料费、施工机械使用费。

人工费、材料费、施工机械使用费按实物法计算，其费用既取决于计价定额所规定的人工、材料、机械台班消耗标准，也取决于人工、材料、机械台班的预算价格。

1. 人工费

人工费是指直接从事建筑安装工程施工的生产工人开支的各项费用，包括以下内容：

(1)基本工资：是指发放给生产工人的基本工资、流动施工津贴和生产工人劳动保护费，以及为职工缴纳的养老、失业、医疗保险费和住房公积金等。其中，生产工人劳动保护费是指按国家有关部门规定标准发放的劳动保护用品的购置费及修理费、徒工服装补贴、防暑降温费、在有碍身体健康环境中施工的保健费用等。

(2)工资性补贴：是指按规定标准发放的物价补贴，煤、燃气补贴，交通费补贴，地区津贴等。

(3)生产工人辅助工资：是指生产工人年有效施工天数以外非作业天数的工资，包括开会和执行必要的社会义务时间的工资，职工学习、培训期间的工资，调动工作、探亲、休假期间的工资，因气候影响停工期间的工资，女工哺乳期间的工资，病假在6个月以内的工资及产、婚、丧假期的工资。

(4)职工福利费：是指按国家规定标准计提的职工福利费。

应注意的是，人工费不包括材料采购及保管人员、驾驶施工机械和运输工具的工人、材料到达工地以前的搬运工、装卸工等人员的工资以及由施工管理费支付的人员工资。

人工费计算公式为：

$$人工费=\sum(工程数量\times定额人工工日消耗量\times人工工日单价)$$

式中：　工程数量——根据工程量计算规则计算的实际工程数量与定额单位工程量之比；

定额人工工日消耗量——指完成定额单位工程量所需的人工工日数，由《公路工程概算定额》、《公路工程预算定额》直接查得；

人工工日单价——由基本工资、工资性补贴、生产工人辅助工资和职工福利费构成。

人工工日单价有两种计算方法，即：按《编制办法》中规定的公式计算；或由各省、自治区、直辖市交通主管部门依据有关规定直接确定并公布。

①按《编制办法》的规定计算人工工日单价。

人工工日单价（元／工日）＝［基本工资（元／月）＋地区生活补贴（元／月）＋工资性津贴（元／月）］×（1＋14%）×12（月）÷240（工日）

式中：基本工资——按不低于工程所在地政府主管部门发布的最低工资标准的1.2倍计算；

地区生活补贴——指国家规定的边远地区生活补贴、特区补贴；

工资性津贴——指物价补贴，煤、燃气补贴，交通费补贴等；

14%——按国家规定标准计提的职工福利费率。

以上各项标准由各省、自治区、直辖市公路（交通）工程造价（定额）管理站根据当地人民政府的有关规定核定后公布执行，并抄送交通运输部公路局备案。同时，应根据最低工资标准的变化情况及时调整公路工程生产工人工资标准。

②按各省、自治区、直辖市交通主管部门确定的人工工日单价执行。

各省区根据本省公路建设的实际情况，单独另行发文确定工日单价的标准。如甘肃省交通厅发布的《甘肃省执行交通部2011年公路基本建设项目概算预算编制办法补充规定》（甘交发［2012］62号）中规定新建和改建的公路工程基本建设项目，人工工日单价（含机械工）按项目所在不同市、县、区分为四类（表6-1）。

查表可知：兰州市安宁区的人工工日单价为58元/工日；甘南藏族自治州玛曲县的人工工日单价为89元/工日。

甘肃省公路基本建设项目人工工日单价表　　表6-1

序号	人工费标准（元/工日）	市、县、区名称
1	58	兰州市城关区、七里河区、安宁区、西固区，平凉市崆峒区、泾川县、灵台县、崇信县、华亭县，白银市白银区、平川区、会宁县、景泰县、靖远县，天水市秦州区、麦积区、清水县、秦安县、甘谷县、武山县，庆阳市西峰区、庆城县、宁县、正宁县、合水县，定西市安定区、通渭县、陇西县、渭源县、临洮县、岷县、漳县，陇南市武都区、成县、西河县、礼县、徽县、两当县、文县、康县、宕昌县
2	65	兰州市红古区、榆中县、永登县、皋兰县，金昌市金川区、永昌县，庆阳市镇原县、华池县、环县，平凉市庄浪县、静宁县，天水市张家川回族自治县，临夏州临夏市、永靖县、临夏县、和政县、广河县、康乐县，甘南州临潭县、迭部县，武威市凉州区、古浪县、民勤县，张掖市甘州区、临泽县、高台县、山丹县、民乐县、嘉峪关市，酒泉市肃州区、敦煌市、玉门市、瓜州县、金塔县
3	74	临夏州东乡族自治县、积石山保安族东乡族撒拉族自治县，张掖市肃南裕固族自治县，武威市天祝藏族自治县，甘南藏族自治州合作市、临潭县、卓尼县、夏河县，酒泉市肃北蒙古族自治县、阿克塞哈萨克族自治县
4	89	甘南藏族自治州玛曲县、碌曲县

应当注意的是，人工工日单价不管以哪种方式确定，仅作为编制概、预算的依据，不作为施工企业实发工资的依据。

【例 6-1】 某公路工程，所在地区政府发布的最低工资标准为每月 700 元，该地区各类生活补贴为 300 元/月，工资性津贴为 430 元/月，试求生产工人人工工日单价。

解 根据公式得：

人工工日单价(元/月)＝[1.2×700(元/月)＋300(元/月)＋430(元/月)]×
(1＋14%)×12÷240(工日)＝89.49 元/工日

【例 6-2】 某级配砾石路面，长 3km，宽 8m，面层压实厚度为 14cm，采用机械摊铺(平地机拌和)。已知生产工人的基本工资为 600 元/月，物价补贴为 100 元/月，交通补贴为 60 元/月，住房补贴为 90 元/月，试求路面工程的人工费。

解 由题意知：

(1)分项工程数量＝3000×8＝24000m^2。

(2)人工工日单价＝(600＋100＋60＋90)×(1＋14%)×12÷240＝48.45 元/工日。

(3)查预算定额编号[133－2－2－3－13]及[133－2－2－3－16]得工日定额为：

4.2＋0.3×6＝6 工日/1000m^2

(4)由公式得：人工费＝24000/1000×6×48.45＝6976.80 元。

2.材料费

材料费是指施工过程中耗用的构成工程实体的原材料、辅助材料、构(配)件、零件、半成品、成品的用量和周转材料的摊销量，按工程所在地的材料预算价格计算的费用。

材料费计算公式为：

材料费＝∑{[∑(定额材料消耗量×材料预算价格)＋其他材料费＋设备摊销费]
×工程数量}

式中：工程数量——根据工程量计算规则计算的实际工程数量与定额单位工程量之比；

定额材料消耗量、其他材料费、设备摊销费——指完成定额单位工程量所消耗的材料数量或费用，由概算定额或预算定额直接查得；

材料预算价格——由材料原价、运杂费、场外运输损耗、采购及仓库保管费组成。

材料预算价格的计算比较复杂，可以通过“材料预算单价计算表”(09 表)来完成，计算公式如下：

材料预算价格＝(材料原价＋运杂费)×(1＋场外运输损耗率)×(1＋采购及保管费率)－
包装品回收价值

(1)材料原价

公路工程所耗用的各种建筑材料，按其来源可分为外购材料、地方性材料和自采材料三类，各种材料原价按以下规定计算。

①外购材料：国家或地方的工业产品，如水泥、钢材、木材、沥青、油燃料、化工产品、民用爆破器材、五金及构配件等，其原价应按工厂的出厂价格或供销部门的供应价格计算，并根据情况加计供销部门手续费和包装费。如供应情况、交货条件不明确时，可采用当地规定的价格计算。计算公式如下：

外购材料原价＝出厂价(或供应价格)＋供销手续费＋包装费

式中：供销手续费＝供应价格×供销部门手续费率(%)

＝材料净重×供销部门手续费(元/t)

包装费是指为便于材料的运输或保护材料免受损坏而进行包装所需要的费用，包括包装材料的折旧摊销及水运、陆运中的支撑、篷布摊销等费用。

《甘肃省执行交通部2007年公路基本建设项目概算预算编制办法的补充规定》(简称“补充规定”)规定：外购材料的原价一般应采用甘肃省定额管理站在“甘肃公路工程造价管理信息网”网站上定期公布的“甘肃省公路工程主要(综合)外购材料指导价格”。

②地方性材料：主要是指当地乡镇企业统一开采加工出售的石灰、砂、石等建筑材料，其原价按实际调查的市场价格或当地主管部门规定的预算价格计算。

③自采材料：自采的砂、石、黏土等材料，其原价按定额中开采单价加辅助生产间接费和矿产资源税(如有)计算。

自采材料的开采单价需要查《公路工程预算定额》第八章“材料采集与加工”的定额，计算时应注意：人工费按定额人工工日消耗和人工工日单价计算；材料费按材料消耗和材料预算价格计算；机械使用费按机械台班消耗和机械台班单价计算。

辅助生产间接费是指由施工单位自行开采加工的砂、石等自采材料及施工单位自办的人工装卸和运输的间接费，一般按人工费的5%计列。该项费用并入材料预算单价内构成材料费，不直接出现在概预算中。

高原地区施工单位的辅助生产，可按其他工程费中高原地区施工增加费费率，以直接工程费为基数计算高原地区施工增加费。其中，人工采集、加工材料、人工装卸、运输材料按人工土方费率计算；机械采集、加工材料按机械石方费率计算；机械装、运输材料按汽车运输费率计算。

辅助生产高原地区施工增加费不作为辅助生产间接费的计算基数。

自采材料料场价格应通过“自采材料料场价格计算表”(10表)进行计算。

【例6-3】 机械轧碎石：已知碎石已筛分，碎石机的装料口径400mm×250mm，碎石的最大粒径为4cm，人工工日单价为47.44元/工日，片石的预算单价为45元/m^3，电动碎石机的台班单价为163.13元/台班，滚筒式筛分机的台班单价为135.11元/台班。试计算机械轧碎石的料场单价。

解 由题意知机械轧碎石属于自采材料，应按下列步骤计算：

①查《公路工程预算定额》，定额编号[965-8-1-9-14]，可得每100m^3人、材、机消耗量：人工：45工日；片石：114.9 m^3；破碎机：3.42台班；筛分机：3.48台班。

②计算各项费用。

人工费　　0.45×47.44＝21.35元

材料费　　1.149×45＝51.71元

碎石机　　0.0342×163.13＝5.58元

筛分机　　0.0348×135.11＝4.70元

辅助生产间接费　　21.35×5%＝1.07元

③计算机械轧碎石的料场单价。

机械轧碎石的料场单价＝21.35＋51.71＋5.58＋4.70＋1.07＝84.41元/m^3

(2)运杂费

运杂费是指材料自供应地点至工地仓库(施工地点存放材料的地方)的运杂费用,包括运费、装卸费。如果发生,还应计囤存费及其他杂费(如过磅、标签、支撑加固、路桥通行等费用)。

材料的运输流程见图 6-2。

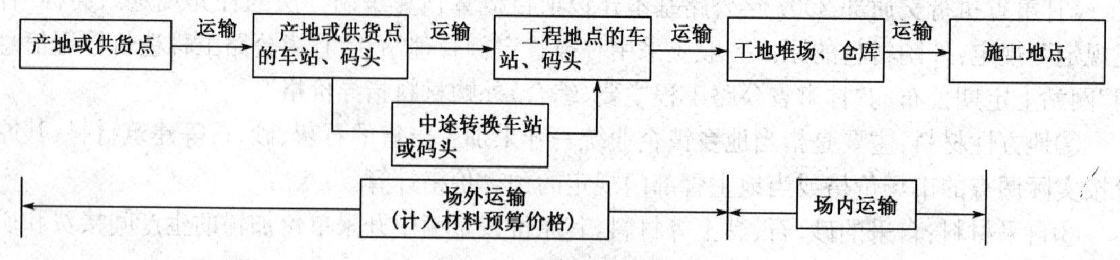

图 6-2 材料运输流程图

材料运杂费的高低与材料供应地和运输方式的选择有密切关系。材料供应地的选择要综合考虑可供量、供应价格、运输条件及运距长短等因素,进行经济比较后确定,以达到降低材料预算价格和工程造价的目的;材料运输主要有铁路、水路和公路等交通方式。

通过公路运输材料时,用汽车自供应点(供应厂、仓库、起运站、码头等)运至工地仓库(施工现场堆料点)时,应计算材料的运杂费。

甘肃省的运价率和装卸费采用甘肃省定额管理站定期公布的公路建材运输价格。公路运输货物等级见表 6-2,公路建材运价及装卸费见表 6-3、表 6-4。

公路运输货物等级表

表 6-2

等级	货物名称
一等货物	1. 砂、片石、石渣、碎(砾)石、卵石; 2. 土、淤泥、垃圾; 3. 粉煤灰、炉渣、碎机砖; 4. 空包装容器:篓、袋、箱皮、盒
二等货物	1. 木材、橡胶、沥青、油料; 2. 水泥及其制品(袋装水泥、水泥制品、预制水泥构件); 3. 钢材、铁及铁件、有色金属材料、五金制品; 4. 砖、瓦、水泥瓦、块石、条石、一般石制品、石膏、石灰石、生石灰、煤等
三等货物	1. 橡胶制品、观赏用花木; 2. 陶瓷、玻璃及其制品; 3. 装饰石料,如大理石、花岗岩、汉白玉、水磨石板等; 4. 粉尘品,如散装水泥、石粉等; 5. 油漆、涂料、环氧树脂; 6. 笨重货物、各种机器及设备
特等危险货物	货物长度 10m 以上,质量 8t 以上(不含 8t)货物;炸药、雷管、香蕉水等易燃易爆物品

公路建材运输价格表(单位:元/t·km)

表 6-3

货物分等	一等货物	二等货物	三等货物	四等货物
运价	0.48	0.53	0.58	0.62

注:运价已考虑过路、过桥费。

公路建材装卸费表(单位:元/t)　　表 6-4

货物分等	一等货物	二等货物	三等货物	四等货物
装	2.5	2.90	3.30	3.90
卸	0.00	2.00	2.40	3.00
装卸	2.5	4.9	5.70	6.90

注:二等货物中块石、生石灰、泥等不计卸费。

材料运杂费的计算公式如下:

材料单位运杂费=(单位运费+单位装卸费+单位杂费)×单位毛重

=(运价率×运距+吨次费+装卸费+杂费)×毛重系数×单位重

式中:运价率——运输每吨公里材料的价格[元/(t·km)],按当地运输部门规定或市场调查价格计列;

运距——由运料起点至运料终点间的里程(km);外购材料的运距一般应从各市、州、县所在地中心算至工地,当直接采用工程所在地附近的外购材料时,运距应按实际计算;自采加工材料的运距应从料场算至工地;

装卸费——装车、卸车一次每吨材料的费用(元/t),每倒换一次运输工具,装卸增加一次;

吨次费——整车短途吨次附加费,指因短途运输所增加的费用[元/(t·次)],按当地运输部门规定计列;

杂费——指过磅、标签、支撑加固等费用;

单位毛重——对于有容器或包装的材料,其单位毛重按下式计算:

单位毛重=单位重×毛重系数

毛重系数——指有容器或包装的材料及长大轻浮材料,为了计算其运输的实际重量而考虑的系数,按表 6-5 确定,单位重按《公路工程预算定额》附录四确定。

材料毛重系数及单位毛量表　　表 6-5

材料名称	单位	毛重系数	单位毛重
爆破材料	t	1.35	—
水泥、块状沥青	t	1.01	—
铁钉、铁件、焊条	t	1.10	—
液体沥青、液体燃料、水	t	桶装 1.17,油罐车装 1.00	—
木料	m^3	—	1.000t
草袋	个	—	0.004t

运杂费计算中的有关规定:

①通过铁路部门运输的材料,按铁路部门规定的运价计算运费;通过公路运输的材料,其运价和装卸费用采用省定额管理站定期公布的公路建材运输价格。

②施工单位自办的运输,单程运距在 15km 以上的长途汽车运输,按当地交通运输部门规定的统一运价计算运费;单程运距在 5～15km 的汽车运输,按当地交通运输部门规定的统一

运价计算，当工程所在地交通不便、社会运输力量缺乏时，如边远地区和某些山岭区，允许按当地交通运输部门规定的统一运价另加50%计算运费；单程运距在5km以内的汽车运输以及人力场外运输，按预算定额计算运费，其中人力装卸和运输另按人工费加计辅助生产间接费。

③一条路线跨越两个以上(含两个)地区时，应按各地区通过里程，采用加权平均的方法计算外购材料价格。

④一种材料如有两个以上的供应点时，应根据不同的运距、运量、运价采用加权平均的方法计算运费。

⑤由于预算定额中汽车运输台班已考虑工地便道特点，并且定额中已计入"工地小搬运"项目，因此平均运距中汽车运输便道里程不得乘调整系数，也不得在工地仓库或堆料场之外再加场内运距或二次倒运的运距。

⑥有容器或包装的材料及长大轻浮材料，应按表3-4规定的毛重计算。桶装沥青、汽油、柴油，按每吨摊销一个旧汽油桶计算包装费(不计回收)。

⑦材料运输的运价率必须结合材料的等级、运输路线等级来确定。材料等级、运输路线等级及各等级的运价率可按地方的"补充规定"计取。

⑧装卸费应按实际发生的费用计取。有些材料只发生装车的费用，而不发生卸车的费用，如砂、石材料，一般采用自卸汽车运输，装卸费中只有装车的费用，没有卸车的费用。

【例6-4】 某边远地区水泥原价为385元/t，自办运输，运距分别为20km和12km，运价0.53元/t·km，装卸费4.9元/t，分别计算水泥20km和12km的单位运杂费。

解 (1)运距20km，属于单程运距在15km以上的长途汽车运输，应按当地交通部门规定的统一运价计算运费，查表3-4，水泥的毛重系数为1.01，则运杂费为：

$$运杂费=(20\times0.53+4.9)\times1.01=15.65\ 元/t$$

(2)运距12km，属于单程运距在5～15km的汽车运输，因为是边远地区，应按当地交通部门规定的统一运价另加计50%计算运费：

$$运杂费=[12\times0.53\times(1+50\%)+4.9]\times1.01=14.58\ 元/t$$

【例6-5】 水泥的原价为385元/t，自办运输，运距4km，采用人工装卸，8t载货汽车运输，人工工日单价为47.44元/工日，8t载货汽车的台班单价为560元/台班，试计算水泥的单位运杂费。

解 运距4km，属于单程运距在5km以内的汽车运输以及人力场外运输，按预算定额计算运费，其中人力装卸和运输另按人工费加计辅助生产间接费。

查《预算定额》第九章"材料运输"可知，运输的定额编号是[90105031]和[90105032]；装卸的定额编号是[9010904]。则单位运杂费为：

$$\left[\frac{1.75+0.1\times3}{100}\times560+\frac{10.5}{100}\times47.44\times(1+5\%)\right]\times1.01=16.88\ 元/t$$

(3)场外运输损耗

场外运输损耗是指有些材料在正常的运输过程中发生的损耗，这部分损耗应摊入材料单价内。计算公式为：

$$材料场外运输损耗=(材料原价+运杂费)\times场外运输损耗率$$

材料场外运输操作损耗率见表6-6。

材料场外运输操作损耗率表(%)　　表 6-6

材料名称		场外运输(包括一次装卸)	每增加一次装卸
块状沥青		0.5	0.2
石屑、碎砾石、砂砾、煤渣、工业废渣、煤		1.0	0.4
砖、瓦、桶装沥青、石灰、黏土		3.0	1.0
草皮		7.0	3.0
水泥(袋装、散装)		1.0	0.4
砂	一般地区	2.5	1.0
	多风地区	5.0	2.0

注:汽车运水泥,如运距超过 500km 时,增加损耗率:袋装 0.5%。

(4)采购及保管费

材料采购及保管费是指材料供应部门(包括工地仓库以及各级材料管理部门)在组织采购、供应和保管材料过程中,所需的各项费用及工地仓库的材料储存损耗。

材料采购及保管费以材料的原价、运杂费及场外运输损耗的合计数为基数,乘以采购保管费费率计算。公式如下:

材料采购及保管费=(材料原价+运杂费+场外运输损耗)×采购保管费费率

材料的采购及保管费费率为 2.5%。外购的构件、成品及半成品的预算价格,其计算方法与材料相同,但构件(如外购的钢桁梁、钢筋混凝土构件及加工钢材等半成品)的采购保管费费率为 1%。

商品混凝土预算价格的计算方法与材料相同,但其采购保管费费率为 0。

3. 施工机械使用费

施工机械使用费是指列入概、预算定额的施工机械台班数量,按相应的机械台班费用定额计算的施工机械使用费和小型机具使用费,计算公式为:

施工机械使用费=∑{[∑(定额机械台班消耗量×机械台班单价)+小型机具使用费]×工程数量}

式中:　工程数量——根据工程量计算规则计算的实际工程数量与定额单位工程量之比;

定额机械台班消耗量——指完成定额单位工程量所消耗的不同种类机械的台班数量,由概算定额或预算定额直接查得;

小型机具使用费——指未列入机械台班费用定额,但实际使用的小型机具的费用。

机械台班单价应按交通运输部公布的《公路工程机械台班费用定额》计算,由不变费用和可变费用两部分组成。

(1)不变费用

不变费用包括折旧费、大修理费、经常修理费、安装拆卸费及辅助设施费等。

①折旧费:是指机械设备在规定的使用期限内陆续收回其原值的费用。

②大修理费:是指机械设备按规定的大修理间隔台班必须进行大修理,以恢复其正常功能所需的费用。

③经常修理费:是指机械设备除大修理以外的各级保养(包括一、二、三级保养)及为排除

临时故障所需的费用;为保障机械正常运转所需替换设备、随机使用工具、附具摊销和维护的费用;机械运转与日常保养所需的润滑油脂、擦拭材料(布及棉纱等)的费用和机械在规定年工作台班以外的维护、保养费用等。

④安装拆卸及辅助设施费:是指机械在施工现场进行安装、拆卸所需人工费、材料费、机械费、试运转费以及安装所需的辅助设施费。辅助设施费包括安置机械的基础、底座及固定锚桩等费用。

安装拆卸及辅助设施费不包括:

a. 打桩、钻孔机械在施工过程中的过墩、移位等所发生的安装及拆卸费。

b. 稳定土厂拌设备、沥青乳化设备、黑色粒料拌和机、沥青混合料拌和设备、混凝土搅拌站、塔式起重机、施工电梯等设备的安装及拆卸。

c. 拌和设备、混凝土搅拌站、大型发电机的混凝土基础、沉淀池、散热池等辅助设施和机械操作所需的轨道、工作台的设置费用。

上述费用应在工程项目费中另行计算。

(2)可变费用

可变费用包括机上人员的人工费、动力燃料费、车船使用税。

①人工费:是指随机操作人员的台班人工费,其工日单价与生产工人工日单价相同,机上人工工日数在《公路工程机械台班费用定额》中直接查得,两者相乘即可计算出人工费。

②动力燃料费:是指机械在运转施工作业中所耗用的电力、固体燃料(煤、木柴)、液体燃料(汽油、柴油、重油)和水等。

动力燃料消耗量在《公路工程机械台班费用定额》中直接查得,动力燃料单价按照材料预算价格的计算方法确定,两者相乘即可计算出动力燃料费。

③车船使用税:是指按国家规定应缴纳的施工机械车船使用税等。

机械台班单价通过"机械台班单价计算表"(11表)来完成,计算公式如下:

施工机械台班单价=不变费用×调整系数+可变费用
=不变费用×调整系数+{定额人工消耗量×人工单价+
Σ(定额燃料、动力消耗量×燃料、动力单价)+
运输机械的养路费及车船使用税}

当工程用电为自行发电时,电动机械每千瓦时(度)电的单价可由下列近似公式计算:

$$A = 0.24 \times K/N$$

式中:A——每度电单价(元);

K——发电机组的台班单价(元);

N——发电机组的总功率(kW)。

编制机械台班单价时,除青海、新疆、西藏等边远地区外,不变费用应直接采用《公路工程机械台班费用定额》中的不变费用小计。至于边远地区,因维修工资、配件材料等价差较大而需调整不变费用时,可按各省、自治区交通厅制订系数执行。

【例 6-6】 某工程施工用电采用自发电,拟采用250kW的柴油发电机组发电,已知人工单价为47.44元/工日,柴油预算价格为8.1元/kg,试确定自发电的预算价格。

解 (1)确定发电机组的台班预算价格

查《公路工程机械台班费用定额》250kW 的柴油发电机组：不变费用为 433.53 元/台班；人工 2 工日；柴油 291.21 kg。

可变费用=2×47.44 +291.21×8.1=2453.68 元

台班预算价格=433.53 +2453.68 = 2887.21 元/台班

(2)计算自发电的预算价格

自发电的预算价格=0.24×K/N=0.24×2887.21/250=2.77 元/台班

【例 6-7】 人工摊铺天然砂砾路面工程，压实厚度为 12cm，预算工程数量 56000m²。已知人工单价为 49.2 元/工日，柴油预算价格为 8.1 元/kg，计算机械使用费。

解 (1)确定施工机械台班定额值

查《公路工程预算定额》表[134-2-2-4-1]及[134-2-2-4-2]“天然砂砾路面”，由表 6-7 得：每 1000m² 需机械：6～8t 光轮压路机 0.27 台班；12～15t 光轮压路机 0.54 台班。

(2) 计算机械台班单价

查《公路工程机械台班费用定额》，由表 6-7、表 6-8 得：

代号[1075]6～8t 光轮压路机不变费用 107.57 元；人工 1 工日；柴油 19.33kg。

台班单价=107.57+1×49.2+8.1×19.33=313.34 元/台班

代号[1078]12～15t 光轮压路机不变费用 164.32 元；人工 1 工日；柴油 40.46kg。

台班单价=164.32+1×49.2+8.1×40.46=541.25 元/台班

(3)计算施工机械使用费

施工机械使用费=(0.27×313.34.+0.54×541.25)×56000/1000=21105 元

天然砂砾路面 表 6-7

工程内容：(1)清扫整理下承层；(2)铺料、整平；(3)洒水，碾压，找补。 1000m²

顺序号	项目	单位	代号	人工摊铺		机械摊铺	
				压实厚度 10cm	每增减 1cm	压实厚度 10cm	每增减 1cm
				1	2	3	4
1	人工	工日	1	22.4	1.8	2.4	0.1
2	水	m³	866	11	1	—	—
3	砂砾	m³	902	133.62	13.36	133.62	13.36
4	120kW 以内自行式平地机	台班	1057	—	—	0.28	—
5	6～8t 光轮压路机	台班	1075	0.27	—	0.27	—
6	12～15t 光轮压路机	台班	1078	0.54	—	0.54	—
7	6000L 以内洒水车	台班	1405	—	—	0.24	0.02
8	基价	元	1999	5540	503	4929	429

(二)其他工程费

其他工程费是指直接工程费以外施工过程中发生的直接用于工程的费用，包括冬季施工增加费、雨季施工增加费、夜间施工增加费、特殊地区施工增加费、行车干扰工程施工增加费、安全及文明施工措施费、临时设施费、施工辅助费、工地转移费共九项。

土、石方工程机械　　表 6-8

序号		60	61	62	63	64	65	66	67	68
代号		1072	1073	1075	1076	1077	1078	1079	1080	1081
机械自身质量		拖式羊足碾		光轮压路机						
		3 以内	6 以内	6～8	8～10	10～12	12～15	15～18	18～21	21～25
主机型号		单筒	双筒	2Y-6/8	2Y-8/10	3Y-10/12	3Y-12/15	3Y-15/18	3Y-18/21	3Y-21/25
不变费用	折旧费	66.57	69.96	47.62	52.03	65.03	72.75	77.60	85.10	96.12
	大修理费	28.83	30.29	14.24	15.55	19.44	21.75	23.20	25.44	28.74
	经常修理费	77.26	81.18	45.71	49.92	62.40	69.82	74.47	81.66	92.26
	小计　元	172.66	181.43	107.57	117.50	146.87	164.32	175.27	192.20	217.12
可变费用	人工　工日	2	2	1	1	1	1	1	1	1
	汽油　kg									
	柴油　kg	42.29	50.74	19.33	23.20	33.71	40.46	50.74	59.20	70.40

公路工程中的水、电费及因场地狭小等特殊情况而发生的材料二次搬运等其他工程费已包括在概、预算定额中，不再另计。

其他工程费的取费按工程类别选取费率，包括后面的间接费的计算也必须按工程类别取费。工程类别划分如下：

(1)人工土方：是指人工施工的路基、改河等土方工程，以及人工施工的砍树、挖根、除草、平整场地、挖盖山土等工程项目，并适用于无路面的便道工程。

(2)机械土方：是指机械施工的路基、改河等土方工程，以及机械施工的砍树、挖根、除草等工程项目。

(3)汽车运输：是指汽车、拖拉机、机动翻斗车等运送的路基、改河土(石)方、路面基层和面层混合料、水泥混凝土及预制构件、绿化苗木等。

(4)人工石方：是指人工施工的路基、改河等石方工程，以及人工施工的挖盖山石项目。

(5)机械石方：是指机械施工的路基、改河等石方工程(机械打眼即属机械施工)。

(6)高级路面：是指沥青混凝土路面、厂拌沥青碎石路面和水泥混凝土路面的面层。

(7)其他路面：是指除高级路面以外的其他路面面层，各等级路面的基层、底基层、垫层、透层、黏层、封层，采用结合料稳定的路基和软土等特殊路基处理等工程，以及有路面的便道工程。

(8)构造物Ⅰ：是指无夜间施工的桥梁、涵洞、防护(包括绿化)及其他工程，交通工程及沿线设施工程(设备安装及金属标志牌、防撞钢护栏、防眩板(网)、隔离栅、防护网除外)，以及临时工程中的便桥、电力电信线路、轨道铺设等工程项目。

(9)构造物Ⅱ：是指有夜间施工的桥梁工程。

(10)构造物Ⅲ：是指商品混凝土(包括沥青混凝土和水泥混凝土)的浇筑和外购构件及设备的安装工程。商品混凝土和外购构件及设备的费用不作为其他工程费和间接费的计算基数。

(11)技术复杂大桥：是指单孔跨径在 120m 以上(含 120m)和基础水深在 10m 以上

(含10m)的大桥主桥部分的基础、下部和上部工程。

(12)隧道:是指隧道工程的洞门及洞内土建工程。

(13)钢材及钢结构:是指钢桥及钢索吊桥的上部构造,钢沉井、钢围堰、钢套箱及钢护筒等基础工程,钢索塔,钢锚箱,钢筋及预应力钢材,模数式及橡胶板式伸缩缝,钢盆式橡座支座,四氟板式橡胶支座,金属标志牌、防撞钢护栏、防眩板(网)、隔离栅、防护网等工程项目。

其他工程费九项费用的内容及计算如下:

1.冬季施工增加费

冬季施工增加费是指按照公路施工相关规范及《公路工程质量检验评定标准》(JTG F80—2004)所规定的冬季施工要求,为保证工程质量和安全生产所需采取的防寒保温设施、工效降低和机械作业率降低以及技术操作过程的改变等所增加的有关费用。

(1)冬季施工增加费的内容

①因冬季施工所需增加的人工、材料、机械费用的支出。

②施工机具所需修建的暖棚(包括拆、移)、增加油脂及其他保温设备费用。

③因施工组织设计确定需增加的一切保温、加温及照明等有关支出。

④与冬季施工有关的其他各项费用,如清除工作地点的冰雪等费用。

(2)冬季气温区的划分

冬季气温区的划分是根据气象部门提供的满15年以上的气温资料确定的。每年秋冬第一次连续5d出现室外日平均温度在5℃以下、日最低温度在-3℃以下的第一天算起,至第二年春夏最后一次连续5d出现同样温度的最末一天为冬季期。冬季期内平均气温在-1℃以上者为冬一区,-1~-4℃者为冬二区,-4~-7℃者为冬三区,-7~-10℃者为冬四区,-10~-14℃者为冬五区,-14℃以下者为冬六区。冬一区内平均气温低于0℃的连续天数在70d以内的为Ⅰ副区,70d以上的为Ⅱ副区;冬二区内平均气温低于0℃的连续天数在100d以内的为Ⅰ副区,100d以上的为Ⅱ副区。

气温高于冬一区,但砖石、混凝土工程施工必须采取一定措施的地区为准冬季区。准冬季区分两个副区,简称准一区和准二区。凡一年内日最低气温在0℃以下的天数多于20d,日均气温在0℃以下的天数少于15d的为准一区,多于15d的为准二区。

全国冬季施工气温区的划分见《公路工程基本建设项目概算预算编制办法》附录七。若当地气温资料与附录七划定的冬季气温区划分有较大出入时,可按当地气温资料及上述划分标准确定工程所在地的冬季气温区。

(3)费率和计算

冬季施工增加费的计算方法是根据各类工程的特点规定各气温区的取费标准。为了简化计算手续,采用全年平均摊销的方法,即不论是否在冬季施工,均按规定的取费标准计取冬季施工增加费。一条路线穿过两个以上的气温区时,可分段计算或按各区的工程量比例求得全线的平均增加率,计算冬季施工增加费。

冬季施工增加费以各类工程的直接工程费之和为基数,按工程所在地的气温区和工程类别选用表6-9的费率计算。公式如下:

$$冬季施工增加费=\sum直接工程费\times冬季施工增加费费率(\%)$$

冬季施工增加费费率表(%)　　表 6-9

工程类别＼气温区	冬季期平均气温(℃)								准一区	准二区
	-1 以上		-1～-4		-4～-7	-7～-10	-10～-14	-14 以下		
	冬一区		冬二区		冬三区	冬四区	冬五区	冬六区		
	Ⅰ	Ⅱ	Ⅰ	Ⅱ						
人工土方	0.28	0.44	0.59	0.76	1.44	2.05	3.07	4.61	—	—
机械土方	0.43	0.67	0.93	1.17	2.21	3.14	4.71	7.07	—	—
汽车运输	0.08	0.12	0.17	0.21	0.40	0.56	0.84	1.27	—	—
人工石方	0.06	0.10	0.13	0.15	0.30	0.44	0.65	0.98	—	—
机械石方	0.08	0.13	0.18	0.21	0.42	0.61	0.91	1.37	—	—
高级路面	0.37	0.52	0.72	0.81	1.48	2.00	3.00	4.50	0.06	0.16
其他路面	0.11	0.20	0.29	0.37	0.62	0.80	1.20	1.80	—	—
构造物Ⅰ	0.34	0.49	0.66	0.75	1.36	1.84	2.76	4.14	0.06	0.15
构造物Ⅱ	0.42	0.60	0.81	0.92	1.67	2.27	3.40	5.10	0.08	0.19
构造物Ⅲ	0.83	1.18	1.60	1.81	3.29	4.46	6.69	10.03	0.15	0.37
技术复杂大桥	0.48	0.68	0.93	1.05	1.91	2.58	3.87	5.81	0.08	0.21
隧道	0.10	0.19	0.27	0.35	0.58	0.75	1.12	1.69	—	—
钢材及钢结构	0.02	0.05	0.07	0.09	0.15	0.19	0.29	0.43	—	—

甘肃省《补充规定》规定：工期在 1 年内且不在冬季施工的项目不计取冬季施工增加费。

2.雨季施工增加费

雨季施工增加费是指雨季期间施工，为保证工程质量和安全生产所采取的防雨、排水、防潮和防护措施，工效降低和机械作业率降低以及技术作业过程的改变所需增加的有关费用。

(1)雨季施工增加费的内容

①因雨季施工所需增加的工、料、机费用的支出，包括工作效率的降低及易被雨水冲毁的工程所增加的工作内容等(如基坑坍塌和排水沟等堵塞的清理、路基边坡冲沟的填补等)。

②路基土方工程的开挖和运输，因雨季施工(非土壤中水影响)而引起的黏附工具，降低工效所增加的费用。

③因防止雨水侵入必须采取的防护措施的费用，如挖临时排水沟、防止基坑坍塌所需的支撑、挡板等费用。

④材料因受潮、受湿的耗损费用。

⑤增加防雨、防潮设备的费用。

⑥其他有关雨季施工所需增加的费用，如因河水高涨致使工作困难而增加的费用等。

(2)雨量区和雨季期的划分

雨量区和雨季期的划分是根据气象部门提供的满 15 年以上的降雨资料确定的。凡月平均降雨天数在 10d 以上，月平均日降雨量在 3.5～5mm 者为Ⅰ区，月平均日降雨量在 5mm 以上者为Ⅱ区。

全国雨季施工雨量区及雨季期的划分见《编制办法》附录八。

(3)费率和计算

雨季施工增加费的计算方法,是将全国划分为若干雨量区和雨季期,并根据各类工程的特点规定各雨量区和雨季期的取费标准,采用全年平均摊销的方法,即不论是否在雨季施工,均按规定的取费标准计取雨季施工增加费。

一条路线通过不同的雨量区和雨季期时,应分别计算雨季施工增加费或按工程量比例求得平均的增加率,计算全线雨季施工增加费。

雨季施工增加费以各类工程的直接工程费之和为基数,按工程所在地的雨量区、雨季区及工程类别选用表6-10的费率计算。公式如下:

$$雨季施工增加费=\sum直接工程费\times雨季施工增加费费率(\%)$$

室内管道及设备安装工程不计雨季施工增加费。

雨季施工增加费费率表(%) 表6-10

雨季期(月数)	1	1.5	2		2.5		3		3.5		4		4.5		5		6		7	8
工程类别 \ 雨量区	Ⅰ	Ⅰ	Ⅰ	Ⅱ	Ⅰ	Ⅱ	Ⅰ	Ⅱ	Ⅰ	Ⅱ	Ⅰ	Ⅱ	Ⅰ	Ⅱ	Ⅰ	Ⅱ	Ⅰ	Ⅱ	Ⅱ	Ⅱ
人工土方	0.04	0.05	0.07	0.11	0.09	0.13	0.11	0.15	0.13	0.17	0.15	0.20	0.17	0.23	0.19	0.26	0.21	0.31	0.36	0.42
机械土方	0.04	0.05	0.07	0.11	0.09	0.13	0.11	0.15	0.13	0.17	0.15	0.20	0.17	0.23	0.19	0.27	0.22	0.32	0.37	0.43
汽车运输	0.04	0.05	0.07	0.11	0.09	0.13	0.11	0.16	0.13	0.19	0.15	0.22	0.17	0.25	0.19	0.27	0.22	0.32	0.37	0.43
人工石方	0.02	0.03	0.05	0.07	0.06	0.09	0.07	0.11	0.08	0.13	0.09	0.15	0.10	0.17	0.12	0.19	0.15	0.23	0.27	0.32
机械石方	0.03	0.04	0.06	0.10	0.08	0.12	0.10	0.14	0.12	0.16	0.14	0.19	0.16	0.22	0.18	0.25	0.20	0.29	0.34	0.39
高级路面	0.03	0.04	0.06	0.10	0.08	0.13	0.10	0.15	0.12	0.17	0.14	0.19	0.16	0.22	0.18	0.25	0.20	0.29	0.34	0.39
其他路面	0.03	0.04	0.06	0.09	0.08	0.12	0.09	0.14	0.10	0.16	0.12	0.18	0.14	0.21	0.16	0.24	0.19	0.28	0.32	0.37
构造物Ⅰ	0.03	0.04	0.05	0.08	0.06	0.09	0.07	0.11	0.08	0.13	0.10	0.15	0.12	0.17	0.14	0.19	0.16	0.23	0.27	0.31
构造物Ⅱ	0.03	0.04	0.05	0.08	0.07	0.10	0.08	0.12	0.09	0.14	0.11	0.16	0.13	0.18	0.16	0.21	0.17	0.25	0.30	0.34
构造物Ⅲ	0.06	0.08	0.11	0.17	0.14	0.21	0.17	0.25	0.20	0.30	0.23	0.35	0.27	0.40	0.31	0.45	0.35	0.52	0.60	0.69
技术复杂大桥	0.03	0.05	0.07	0.10	0.08	0.12	0.10	0.14	0.12	0.16	0.14	0.19	0.16	0.22	0.18	0.25	0.20	0.29	0.34	0.39
隧道	—	—	—	—	—	—	—	—	—	—	—	—	—	—	—	—	—	—	—	—
钢材及钢结构	—	—	—	—	—	—	—	—	—	—	—	—	—	—	—	—	—	—	—	—

3. 夜间施工增加费

夜间施工增加费是指根据设计、施工的技术要求和合理的施工进度要求,必须在夜间连续施工而发生的工效降低、夜班津贴以及有关照明设施(包括所需照明设施的安拆、摊销、维修及油燃料、电)等增加的费用。

夜间施工增加费以夜间施工工程项目的直接工程费之和为基数。按工程类别选取表6-11的费率计算。公式如下:

$$夜间施工增加费=\sum夜间施工工程项目的直接工程费\times夜间施工增加费费率(\%)$$

夜间施工增加费费率表 表 6-11

工 程 类 别	费 率	工 程 类 别	费 率
构造物Ⅱ	0.35	技术复杂大桥	0.35
构造物Ⅲ	0.70	钢材及钢结构	0.35

注：设备安装工程及金属标志牌、防撞钢护栏、防眩板(网)、隔离栅、防护网等不计夜间施工增加费。

4.特殊地区施工增加费

特殊地区施工增加费包括高原地区施工增加费、风沙地区施工增加费和沿海地区施工增加费三项。

(1)高原地区施工增加费

高原地区施工增加费是指在海拔高度1500m以上的地区施工，由于受气候、气压的影响，致使人工、机械效率降低而增加的费用。该费用以各类工程人工费和机械使用费之和为基数，按工程所在地的海拔高度和工程类别选取表6-12的费率计算。公式如下：

高原地区施工增加费＝∑(人工费＋机械使用费)×高原地区施工增加费费率(%)

一条路线通过两个以上(含两个)不同的海拔高度分区时，应分别计算高原地区施工增加费或按工程量比例求得平均的增加率，计算全线高原地区施工增加费。

高原地区施工增加费费率表(%) 表 6-12

工 程 类 别	海拔高度(m)							
	1501～2000	2001～2500	2501～3000	3001～2500	3501～4000	4001～4500	4501～5000	5000以上
人工土方	7.00	13.25	19.75	29.75	43.25	60.00	80.00	110.00
机械土方	6.56	12.60	18.66	25.60	36.05	49.08	64.72	83.80
汽车运输	6.50	12.50	18.50	25.00	35.00	47.50	62.50	80.00
人工石方	7.00	13.25	19.75	29.75	43.25	60.00	80.00	110.00
机械石方	6.71	12.82	19.03	27.01	38.50	52.80	69.92	92.72
高级路面	6.58	12.61	18.69	25.72	36.26	49.41	65.17	84.58
其他路面	6.73	12.84	19.07	27.15	38.74	53.17	70.44	93.60
构造物Ⅰ	6.87	13.06	19.44	28.56	41.18	56.86	75.61	102.47
构造物Ⅱ	6.77	12.90	19.17	27.54	39.41	54.18	71.85	96.03
构造物Ⅲ	6.73	12.85	19.08	27.19	38.81	53.27	70.57	93.84
技术复杂大桥	6.70	12.81	19.01	26.94	38.37	52.61	69.65	92.27
隧道	6.76	12.90	19.16	27.50	39.35	54.09	71.72	95.81
钢材及钢结构	6.78	12.92	19.20	27.66	39.62	54.50	72.30	96.80

(2)风沙地区施工增加费

风沙地区施工增加费是指在沙漠地区施工时，由于受风沙影响，按照施工及验收规范的要求，为保证工程质量和安全生产而增加的有关费用。内容包括防风、防沙及气候影响的措施费，材料费，人工、机械效率降低增加的费用，以及积沙、风蚀的清理修复等费用。

风沙地区的划分，根据《公路自然区划标准》、“沙漠地区公路建设成套技术研究报告”的公路自然区划和沙漠公路区划，并结合风沙地区的气候状况将风沙地区分为三区九类：半干旱、半湿润沙地为风沙一区，干旱、极干旱寒冷沙漠地区为风沙二区，极干旱炎热沙漠地区为风沙三区。根据覆盖度（沙漠中植被、戈壁等覆盖程度）又将每区分为固定沙漠（覆盖度＞50％）、半固定沙漠（覆盖度10％～50％）、流动沙漠（覆盖度＜10％）三类，覆盖度由工程勘察设计人员在公路工程勘察设计时确定。

全国风沙地区公路施工区划见《编制办法》附录九。

一条路线穿过两个以上不同风沙区，按路线长度经过不同的风沙区加权计算项目全线风沙地区施工增加费。

风沙地区施工增加费以各类工程的人工费和机械使用费之和为基数，根据工程所在地的风沙区划及工程类别，按表6-13的费率计算。公式如下：

风沙地区施工增加费＝Σ（人工费＋机械使用费）×风沙地区施工增加费费率（％）

风沙地区施工增加费费率表 表6-13

工程类别 \ 风沙区别	风沙一区			风沙二区			风沙三区		
	沙漠类型								
	固定	半固定	流动	固定	半固定	流动	固定	半固定	流动
人工土方	6.00	11.00	18.00	7.00	17.00	26.00	11.00	24.00	37.00
机械土方	4.00	7.00	12.00	5.00	11.00	17.00	7.00	15.00	24.00
汽车运输	4.00	8.00	13.00	5.00	12.00	18.00	8.00	17.00	26.00
人工石方	—	—	—						
机械石方	—	—	—	—	—	—	—	—	—
高级路面	0.50	1.00	2.00	1.00	2.00	3.00	2.00	3.00	5.00
其他路面	2.00	4.00	7.00	3.00	7.00	10.00	4.00	10.00	15.00
构造物Ⅰ	4.00	7.00	12.00	5.00	11.00	17.00	7.00	16.00	24.00
构造物Ⅱ	—	—	—	—	—	—	—	—	—
构造物Ⅲ	—	—	—	—	—	—	—	—	—
技术复杂大桥	—	—	—	—	—	—	—	—	—
隧道	—	—	—	—	—	—	—	—	—
钢材及钢结构	1.00	2.00	4.00	1.00	3.00	5.00	2.00	5.00	7.00

（3）沿海地区施工增加费

沿海地区施工增加费是指工程项目在沿海地区施工受海风、海浪和潮汐的影响，致使人工、机械效率降低等所需增加的费用。

沿海地区工程施工增加费以各类工程的直接工程费之和为基数，按工程类别选取表6-14的费率计算。公式如下：

沿海地区工程施工增加费＝Σ直接工程费×沿海地区施工增加费费率（％）

沿海地区工程施工增加费费率表（％） 表6-14

工程类别	费率	工程类别	费率
构造物Ⅱ	0.15	技术复杂大桥	0.15
构造物Ⅲ	0.15	钢材及钢结构	0.15

5.行车干扰工程施工增加费

行车干扰工程施工增加费是指由于边施工边维持通车，受行车干扰的影响，致使人工、机械效率降低而增加的费用。该费用以受行车影响部分的工程项目的人工费和机械使用费之和为基数，按施工期平均每昼夜双向行车次数和工程类别选取表6-15的费率计算。公式如下：

行车干扰工程施工增加费＝∑(受行车影响部分的工程项目人工费＋机械使用费)×行车干扰工程施工增加费费率(％)

行车干扰工程施工增加费费率表(％)　　表6-15

工程类别	施工期间平均每昼夜双向行车次数(汽车、畜力车合计)							
	51～100	101～500	501～1000	1001～2000	2001～3000	3001～4000	4001～5000	5000以上
人工土方	1.64	2.46	3.28	4.10	4.76	5.29	5.86	6.44
机械土方	1.39	2.19	3.00	3.89	4.51	5.02	5.56	6.11
汽车运输	1.36	2.09	2.85	3.75	4.35	4.84	5.36	5.89
人工石方	1.66	2.40	3.33	4.06	4.71	5.24	5.81	6.37
机械石方	1.16	1.71	2.38	3.19	3.70	4.12	4.56	5.01
高级路面	1.24	1.87	2.50	3.11	3.61	4.01	4.45	4.88
其他路面	1.17	1.77	2.36	2.94	3.41	3.79	4.20	4.62
构造物Ⅰ	0.94	1.41	1.89	2.36	2.74	3.04	3.37	3.71
构造物Ⅱ	0.95	1.43	1.90	2.37	2.75	3.06	3.39	3.72
构造物Ⅲ	0.95	1.42	1.90	2.37	2.75	3.05	3.38	3.72

甘肃省《补充规定》规定：新建工程项目不计行车干扰费，改建工程应尽量考虑社会交通车辆绕行及临时便道，确实无法绕行或修建便道时，方可计列行车干扰费。

6.安全及文明施工措施费

安全及文明施工措施费是指工程施工期间为满足安全生产、文明施工、职工健康生活所发生的费用。该费用不包括施工期间为保证交通安全而设置的临时安全设施和标志、标牌的费用，需要时应根据设计要求计算。安全及文明施工措施费以各类工程的直接工程费之和为基数，按工程类别选取表6-16的费率计算。公式如下：

安全及文明施工措施费＝∑直接工程费×安全及文明施工措施费费率(％)

安全及文明施工措施费费率表(％)　　表6-16

工程类别	费率	工程类别	费率
人工土方	0.59	构造物Ⅰ	0.72
机械土方	0.59	构造物Ⅱ	0.78
汽车运输	0.21	构造物Ⅲ	1.57
人工石方	0.59	技术复杂大桥	0.86
机械石方	0.59	隧道	0.73
高级路面	1.00	钢材及钢结构	0.53
其他路面	1.02		

注：设备安装工程按表中费率的50％计算。

甘肃省《补充规定》规定：安全及文明施工措施费不分工程类别(含设备安装工程)，均按1%的费率计算。

7. 临时设施费

临时设施费是指施工企业为进行建筑安装工程施工所必需的生活和生产用的临时建筑物、构筑物和其他临时设施的费用等，但不包括概、预算定额中的临时工程。

(1)临时设施费包括的内容

临时设施包括临时生活及居住房屋(包括职工家属房屋及探亲房屋)、文化福利及公用房屋(如广播室、文体活动室等)和生产、办公房屋(如仓库、加工厂、加工棚、发电站、变电站、空压机站、停机棚等)，工地范围内的各种临时的工作便道(包括汽车道、蓄力车道、人力车道)、人行便道，工地临时用水、用电的水管支线和电线支线，临时构筑物(如水井、水塔等)及其他小型临时设施。

临时设施费包括临时设施的搭设、维修、拆除费或摊销费。

(2)费率和计算

临时设施费以各类工程的直接工程费之和为基数，按工程类别选取表6-17的费率计算。

$$临时设施费=\sum 直接工程费\times 临时设施费费率(\%)$$

临时设施费费率表　　表6-17

工程类别	费率	工程类别	费率
人工土方	1.57	构造物Ⅰ	2.65
机械土方	1.42	构造物Ⅱ	3.14
汽车运输	0.92	构造物Ⅲ	5.81
人工石方	1.60	技术复杂大桥	2.92
机械石方	1.97	隧道	2.57
高级路面	1.92	钢材及钢结构	2.48
其他路面	1.87		

8. 施工辅助费

(1)施工辅助费包括的内容

施工辅助费包括生产工具用具使用费、检验试验费和工程定位复测、工程点交、场地清理等费用。

生产工具用具使用费是指施工所需不属于固定资产的生产工具，检验用具、试验用具及仪器、仪表等的购置、摊销和维修费，以及支付给生产工人自备工具的补贴费。

检验试验费是指施工企业对建筑材料、构件和建筑安装工程进行一般鉴定、检查所产生的费用，包括自设试验室进行试验所耗用的材料和化学药品的费用，以及技术革新和研究试验费。但不包括新结构、新材料的试验费和建设单位要求对具有出厂合格证明的材料进行检验、对构件进行破坏性试验及其他特殊要求检验的费用。

(2)费率和计算

施工辅助费以各类工程的直接工程费之和为基数，按工程类别选取表6-18的费率计算。

$$施工辅助费=\sum 直接工程费\times 施工辅助费费率(\%)$$

施工辅助费费率表(%) 表 6-18

工程类别	费率	工程类别	费率
人工土方	0.89	构造物Ⅰ	1.30
机械土方	0.49	构造物Ⅱ	1.56
汽车运输	0.16	构造物Ⅲ	3.03
人工石方	0.85	技术复杂大桥	1.68
机械石方	0.46	隧道	1.23
高级路面	0.80	钢材及钢结构	0.56
其他路面	0.74		

9.工地转移费

工地转移费是指施工企业根据建设任务的需要,由已竣工的工地或后方基地迁至新工地的搬迁费用。

(1)工地转移费包括的内容

①施工单位全体职工及随职工迁移的家属向新工地转移的车费、家具行李运费、途中住宿费、行程补助费、杂费及工资与工资附加费等。

②公物、工具、施工设备器材、施工机械的运杂费,以及外租机械的往返费及本工程内部各工地之间施工机械、设备、公物、工具的转移费等。

③非固定工人进退场及一条路线中各工地转移的费用。

(2)费率和计算

工地转移费以各类工程的直接工程费之和为基数,按工地转移距离和工程类别选取表 6-19 的费率计算。

$$工地转移费=\sum直接工程费\times工地转移费费率(\%)$$

工地转移费费率表(%) 表 6-19

工程类别	工地转移距离(km)					
	50	100	300	500	1000	每增加 100
人工土方	0.15	0.21	0.32	0.43	0.56	0.03
机械土方	0.50	0.67	1.05	1.37	1.82	0.08
汽车运输	0.31	0.40	0.62	0.82	1.07	0.05
人工石方	0.16	0.22	0.33	0.45	0.58	0.03
机械石方	0.36	0.43	0.74	0.97	1.28	0.06
高级路面	0.61	0.83	1.30	1.70	2.27	0.12
其他路面	0.56	0.75	1.18	1.54	2.06	0.10
构造物Ⅰ	0.56	0.75	1.18	1.54	2.06	0.11
构造物Ⅱ	0.66	0.89	1.40	1.83	2.45	0.13
构造物Ⅲ	1.31	1.77	2.77	3.62	4.85	0.25
技术复杂大桥	0.75	1.01	1.58	2.06	2.76	0.14
隧道	0.52	0.71	1.11	1.45	1.94	0.10
钢材及钢结构	0.72	0.97	1.51	1.97	2.64	0.13

转移距离以工程承包单位(如工程处、工程公司等)转移前后驻地距离或两路线中点的距离为准。编制概(预)算时,如果施工单位不明确,则高速、一级公路及独立大桥、隧道按省会(自治区首府)至工地的里程计算工地转移费,二级及二级以下公路按地区(市、州)所在地至工地的里程计算工地转移费。工地转移里程数在表列里程之间时,费率可内插计算。

工地转移距离在50km以内的工程不计取本项费用。

其他工程费的计算基数有两类:一类是直接工程费,即人工费、材料费与施工机械使用费之和;另一类是人工费和机械使用费之和。因此,其他工程费的综合费率分为综合费率Ⅰ和综合费率Ⅱ。综合费率Ⅰ为冬季施工增加费费率、雨季施工增加费费率、夜间施工增加费费率、沿海地区工程施工增加费费率、安全及文明施工措施费费率、临时设施费费率、施工辅助费费率和工地转移费费率之和;综合费率Ⅱ为高原地区施工增加费费率、风沙地区施工增加费费率和行车干扰工程施工增加费费率之和。

【例6-8】 某公路桥梁基础工程,卷扬机带冲抓锥冲孔施工。经计算可知:人工费20万元;材料费46万元;机械费75万元。该桥位于东部沿海地区,地理位置为冬一区Ⅱ,雨季期2个月,雨量区Ⅱ。由于工期紧张,工程需昼夜连续施工,施工期间有行车干扰,昼夜双向行车800辆。施工单位为本地企业,距离工地30km,试计算该工程的其他工程费。

解 根据题意,按工程类别划分,可知该工程项目属构造物Ⅱ。应该计算的内容是:冬季施工增加费、雨季施工增加费、夜间施工增加费、沿海地区工程施工增加费、行车干扰工程施工增加费、安全及文明施工措施费、临时设施费、施工辅助费。而高原地区、风沙地区施工增加费不计,工地转移费不计。各项内容计算如下:

冬季施工增加费　(20+46+75)×0.6%=0.846万元

雨季施工增加费　(20+46+75)×0.08%=0.1128万元

夜间施工增加费　(20+46+75)×0.35%=0.4935万元

沿海地区工程施工增加费　(20+46+75)×0.15%=0.2115万元

行车干扰工程施工增加费　(20+75)×1.9%=1.805万元

安全及文明施工措施费　(20+46+75)×0.78%=1.0998万元

临时设施费　(20+46+75)×3.14% =4.4274万元

施工辅助费　(20+46+75)×1.56%=2.1996万元

该工程的其他工程费为:

0.846+0.1128+0.4935+0.2115+1.805+1.0998+4.4274+2.1996=11.1956万元

【例6-9】 某沥青混凝土路面摊铺工程,共600km。其中在海拔2500~3000m的路段为400km,在海拔3000~3500m的路段为200km。本路段路面工程总造价为2400万元,其中人工、机械两项约占总价的40%,求工程所在地高原地区施工增加费。

解 该路段跨越两个不同海拔高度区,查表6-11可知高原地区施工增加费率分别为18.69%和25.72%。

人工费、机械费两项费用占路面总预算的比例为40%,即:

人工费+机械费=2400×40%=960万元

工程量共600km,分别为400km、200km,则按工程量比例计算高原地区施工增加费:

$$960\times\frac{400}{600}\times18.69\%+960\times\frac{200}{600}\times25.72\%=201.92\text{ 万元}$$

二、间接费

间接费是指直接费以外，企业用于管理工程项目及向国家交纳的相关费用，由规费和企业管理费两项组成。

1. 规费

规费是指法律、法规、规章、规程规定施工企业必须缴纳的费用(简称规费)，内容包括：

(1)养老保险费，即施工企业按规定标准为职工缴纳的基本养老保险费。

(2)失业保险费，即施工企业按规定标准为职工缴纳的失业保险费。

(3)医疗保险费，即施工企业按规定标准为职工缴纳的基本医疗保险费和生育保险费。

(4)住房公积金，即施工企业按规定标准为职工缴纳的住房公积金。

(5)工伤保险费，即施工企业按规定标准为职工缴纳的工伤保险费。

各项规费以各类工程的人工费之和为基数，按国家或工程所在地相关部门规定的标准计算，公式如下：

$$\text{规费}=\sum\text{人工费}\times\text{规费费率表}(\%)$$

根据甘肃省有关文件规定，间接费中的规费费率为 38.9%，费率标准按表 6-20 计算。规费费率只作为编制概、预算的依据，不作为施工企业实际交纳费用的标准。实际缴纳金额按有关社会保险和公积金管理机构核定的标准计缴。

规费费率表(%)　　表 6-20

规费名称	养老保险费	失业保险费	医疗保险费	住房公积金	工伤保险费
规费费率	20.00	2.00	8.9	7.00	1.00

2. 企业管理费

企业管理费由基本费用、主副食运费补贴、职工探亲路费、职工取暖补贴和财务费用五项组成。

(1)基本费用

基本费用是指施工企业为组织施工生产和经营管理所需的费用，内容包括：

①管理人员工资，即管理人员的基本工资、工资性补贴、职工福利费、劳动保护费以及缴纳的养老、失业、医疗、生育、工伤保险费和住房公积金等。

②办公费，即企业办公用的文具、纸张、账表、印刷、邮电、书报、会议、水、电、烧水和集体取暖(包括现场临时宿舍取暖)用煤(气)等费用。

③差旅交通费，即职工因公出差和工作调动(包括随行家属的旅费)的差旅费、住勤补助费，市内交通费和误餐补助费，职工探亲路费，劳动力招募费，职工离退休、退职一次性路费，工伤人员就医路费，以及管理部门使用的交通工具的油料、燃料、养路费及牌照费。

④固定资产使用费，即管理和试验部门及附属生产单位使用的属于固定资产的房屋、设备、仪器等的折旧、大修、维修或租赁费等。

⑤工具用具使用费，即企业管理使用的不属于固定资产的生产工具、器具、家具、交通工具

和检验、试验、测绘、消防用具等的购置、维修和摊销费。

⑥劳动保险费，即企业支付离退休职工的易地安家补助费、职工退职金、六个月以上的病假人员工资、职工死亡丧葬补助费、抚恤费、按规定支付给离休干部的各项经费。

⑦工会经费，即企业按职工工资总额计提的工会经费。

⑧职工教育经费，即企业为职工学习先进技术和提高文化水平，按职工工资总额计提的费用。

⑨保险费，即企业财产保险、管理用车辆等保险费用。

⑩工程保修费，即工程竣工交付使用后，在规定保修期以内的修理费用。

⑪工程排污费，即施工现场按规定缴纳的排污费用。

⑫税金，即企业按规定缴纳的房产税、车船使用税、土地使用税、印花税等。

⑬其他，即上述项目以外的其他必要的费用支出，包括技术转让费、技术开发费、业务招待费、绿化费、广告费、投标费、公证费、定额测定费、法律顾问费、审计费、咨询费等。

基本费用以各类工程的直接费之和为基数，按工程类别选取表6-21的费率计算，公式如下：

$$基本费用=\sum直接费\times基本费用费率(\%)$$

基本费用费率表(%)　　表6-21

工程类别	费率	工程类别	费率
人工土方	3.36	构造物Ⅰ	4.44
机械土方	3.26	构造物Ⅱ	5.53
汽车运输	1.44	构造物Ⅲ	9.79
人工石方	3.45	技术复杂大桥	4.72
机械石方	3.28	隧道	4.22
高级路面	1.91	钢材及钢结构	2.42
其他路面	3.28		

(2)主副食运费补贴

主副食运费补贴是指施工企业在远离城镇及乡村的野外施工购买生活必需品所需增加的费用。该费用以各类工程的直接费之和为基数，按主副食运距综合里程和工程类别选取表6-22的费率计算，公式如下：

$$主副食运费补贴=\sum直接费\times主副食运费补贴费费率(\%)$$

主副食运费补贴费费率表(%)　　表6-22

工程类别	综合里程(km)											
	1	3	5	8	10	15	20	25	30	40	50	每增加10
人工土方	0.17	0.25	0.31	0.39	0.45	0.56	0.67	0.76	0.89	1.06	1.22	0.16
机械土方	0.13	0.19	0.24	0.30	0.35	0.43	0.52	0.59	0.69	0.81	0.95	0.13
汽车运输	0.14	0.20	0.25	0.32	0.37	0.45	0.55	0.62	0.73	0.86	1.00	0.14
人工石方	0.13	0.19	0.24	0.30	0.34	0.42	0.51	0.58	0.67	0.80	0.92	0.12

续上表

工程类别	综合里程(km)											
	1	3	5	8	10	15	20	25	30	40	50	每增加10
机械石方	0.12	0.18	0.22	0.28	0.33	0.41	0.49	0.55	0.65	0.76	0.89	0.12
高级路面	0.08	0.12	0.15	0.20	0.22	0.28	0.33	0.38	0.44	0.52	0.60	0.08
其他路面	0.09	0.12	0.15	0.20	0.22	0.28	0.33	0.38	0.44	0.52	0.61	0.09
构造物Ⅰ	0.13	0.18	0.23	0.28	0.32	0.40	0.49	0.55	0.65	0.76	0.89	0.12
构造物Ⅱ	0.14	0.20	0.25	0.30	0.35	0.43	0.52	0.60	0.70	0.83	0.96	0.13
构造物Ⅲ	0.25	0.36	0.45	0.55	0.64	0.79	0.96	1.09	1.28	1.51	1.76	0.24
技术复杂大桥	0.11	0.16	0.20	0.25	0.29	0.36	0.43	0.49	0.57	0.68	0.79	0.11
隧道	0.11	0.16	0.19	0.24	0.28	0.34	0.42	0.48	0.56	0.66	0.77	0.10
钢材及钢结构	0.11	0.16	0.20	0.26	0.30	0.37	0.44	0.50	0.59	0.69	0.80	0.11

注:1. 综合里程=粮食运距×0.06+燃料运距×0.09+蔬菜运距×0.15+水运距×0.70。
2. 粮食、燃料、蔬菜、水的运距均为全线平均运距。
3. 综合里程数在表列里程之间时,费率可内插。
4. 综合里程在1km以内的工程不计取本项费用。

(3)职工探亲路费

职工探亲路费是指按照有关规定施工企业职工在探亲期间发生的往返车船费、市内交通费和途中住宿费等费用。

职工探亲路费以各类工程的直接费之和为基数,按工程类别选取表6-23的费率计算。公式如下:

$$职工探亲路费=\sum直接费\times职工探亲路费费率(\%)$$

职工探亲路费费率表(%) 表6-23

工程类别	费率	工程类别	费率
人工土方	0.10	构造物Ⅰ	0.29
机械土方	0.22	构造物Ⅱ	0.34
汽车运输	0.14	构造物Ⅲ	0.55
人工石方	0.10	技术复杂大桥	0.20
机械石方	0.22	隧道	0.27
高级路面	0.14	钢材及钢结构	0.16
其他路面	0.16		

(4)职工取暖补贴

职工取暖补贴是指按规定发放给职工的冬季取暖费或在施工现场设置的临时取暖设施的费用。该费用以各类工程的直接费之和为基数,按工程所在地的气温区及工程类别选用表6-24的费率计算公式如下:

$$职工取暖补贴=\sum直接费\times职工取暖补贴费率(\%)$$

职工取暖补贴费费率表(%)　　表 6-24

工程类别	气温区						
	准二区	冬一区	冬二区	冬三区	冬四区	冬五区	冬六区
人工土方	0.03	0.06	0.10	0.15	0.17	0.26	0.31
机械土方	0.06	0.13	0.22	0.33	0.44	0.55	0.66
汽车运输	0.06	0.12	0.21	0.31	0.41	0.51	0.62
人工石方	0.03	0.06	0.10	0.15	0.17	0.25	0.31
机械石方	0.05	0.11	0.17	0.26	0.35	0.44	0.53
高级路面	0.04	0.07	0.13	0.19	0.25	0.31	0.38
其他路面	0.04	0.07	0.12	0.18	0.24	0.30	0.36
构造物Ⅰ	0.06	0.12	0.19	0.28	0.36	0.46	0.56
构造物Ⅱ	0.06	0.13	0.20	0.30	0.41	0.51	0.62
构造物Ⅲ	0.11	0.23	0.37	0.56	0.74	0.93	1.13
技术复杂大桥	0.05	0.10	0.17	0.26	0.34	0.42	0.51
隧道	0.04	0.08	0.14	0.22	0.28	0.36	0.43
钢材及钢结构	0.04	0.07	0.12	0.19	0.25	0.31	0.37

甘肃省《补充规定》规定：工期在 1 年内且不在取暖期内施工的项目不计取职工取暖补贴。

(5)财务费用

财务费用是指施工企业为筹集资金而发生的各项费用，包括企业经营期间发生的短期贷款利息净支出、汇兑净损失、调剂外汇手续费、金融机构手续费，以及企业筹集资金发生的其他财务费用。财务费用以各类工程的直接费之和为基数，按工程类别选取表 6-25 的费率计算。公式如下：

$$财务费用=\sum 直接费\times 财务费用费率(\%)$$

财务费用费率表(%)　　表 6-25

工程类别	费率	工程类别	费率
人工土方	0.23	构造物Ⅰ	0.37
机械土方	0.21	构造物Ⅱ	0.40
汽车运输	0.21	构造物Ⅲ	0.82
人工石方	0.22	技术复杂大桥	0.46
机械石方	0.20	隧道	0.39
高级路面	0.27	钢材及钢结构	0.48
其他路面	0.30		

三、利润

利润是指施工企业完成所承包工程应取得的盈利。利润按直接费与间接费之和扣除规费的 7%计算，公式如下：

$$利润=(直接费+间接费-规费)\times 7\%$$

四、税金

税金是指按国家税法规定应计入建筑安装工程造价内的营业税、城市维护建设税及教育费附加。计算公式：

$$税金=(直接费+间接费+利润)\times 综合税率$$

综合税率的确定分以下几种情况：

(1)纳税地点在市区的企业

$$综合税率=\left[\frac{1}{1-3\%\times(1+7\%+3\%)}-1\right]\times 100\%=3.41\%$$

(2)纳税地点在县城、乡镇的企业

$$综合税率=\left[\frac{1}{1-3\%\times(1+5\%+3\%)}-1\right]\times 100\%=3.35\%$$

(3)纳税地点不在市区、县城、乡镇的企业

$$综合税率=\left[\frac{1}{1-3\%\times(1+1\%+3\%)}-1\right]\times 100\%=3.22\%$$

值得注意的是：以上各项费用的计算是按《编制办法》的规定计取的，在编制概预算时还应参考各省交通厅发布的《补充规定》。

【例 6-10】 某二级公路中桥，跨径为 3×16m，为装配式钢筋混凝土空心板桥，工程所在地为冬三区，雨量Ⅰ区，雨季期 1.5 个月，构造物Ⅱ类。无行车干扰，夜间连续施工，主副食综合里程 50km，工地转移 300km，工、料、机费为 600000 元。按当地社会保险的规定，施工企业所缴纳的各项规费 12000 元，综合税率 3.22%。试计算该工程的直接费、间接费、利润、税金。

解 (1)直接工程费＝人工费＋材料费＋机械使用费＝600000 元。

(2)根据题意，查表知：本工程冬季施工增加费率为 1.67%；雨季施工增加费率为 0.04%；夜间施工增加费率为 0.35%；安全及文明施工措施费率为 0.78%；临时设施费率为 3.14%；施工辅助费率为 1.56%；工地转移费率为 1.4%，则：

其他工程费＝600000×(1.67＋0.04＋0.35＋0.78＋3.14＋1.56＋1.40)%＝53640 元

(3)直接费＝直接工程费＋其他工程费＝600000＋53640＝653640 元。

(4)根据题意，查表知，基本费用费率为 5.53%；主副食运费补贴费率为 0.96%；职工探亲路费费率为 0.34%；职工取暖补贴费率为 0.3%；财务费用费率为 0.4%，则：

企业管理费＝653640×(5.53＋0.96＋0.34＋0.3＋0.4)%＝49219 元

间接费＝规费＋企业管理费＝12000＋49219＝61219 元

(5)利润＝(直接费＋间接费－规费)×7%＝(653640＋61219－12000)×7%＝49200 元。

(6)税金＝(直接费＋间接费＋利润)×3.22%＝(653640＋61219＋49200)×3.22%＝24602.70 元。

五、建筑安装工程费的计算程序

公路工程建筑安装工程费是按照实物量法的计价方法进行编制的，计算过程汇总如下：

(1)直接工程费＝工程量×工、料、机定额消耗×相对应的预算价格。

(2)其他工程费=直接工程费×综合费率Ⅰ+(人工费+施工机械使用费)×综合费率Ⅱ。

(3)直接费=直接工程费+其他工程费。

(4)间接费=人工费×规费费率+直接费×企业管理费综合费率。

(5)利润=(直接费+间接费-规费)×利润率。

(6)税金=(直接费+间接费+利润)×综合税率。

(7)建筑安装工程费=直接费+间接费+利润+税金。

第三节　设备、工具、器具及家具购置费

一、设备购置费

设备购置费是指为满足公路的营运、管理、养护需要，购置的达到固定资产标准的设备和虽低于固定资产标准但属于设计明确列入设备清单的设备的费用。包括渡口设备，隧道照明、消防、通风的动力设备，高等级公路的收费、监控、通信、供电设备，养护用的机械、设备和工具、器具等的购置费用。

设备购置费应由设计单位列出计划购置的清单(包括设备的规格、型号、数量)，以设备原价加综合业务费和运杂费，按以下公式计算：

设备购置费=设备原价+运杂费(运输费+装卸费+搬动费)+运输保险费+采购及保管费

需要安装的设备，应在第一部分建筑安装工程费的有关项目内另计设备的安装工程费。

1. 国产设备原价的构成及计算

国产设备的原价一般是指设备制造厂的交货价，即出厂价或订货合同价。它一般根据生产厂或供应商的询价、报价、合同价确定，或采用一定的方法计算确定。其内容包括：按专业标准规定的在运输过程中不受损失的一般包装费，按产品设计规定配备的工具、附件和易损件的费用。计算公式为：

设备原价=出厂价(或供货地点价)+包装费+手续费

2. 进口设备原价的构成及计算

进口设备的原价是指进口设备的抵岸价，即抵达买方边境港口或边境车站，且交完关税为止形成的价格。计算公式为：

进口设备原价=货价+国际运费+运输保险费+银行财务费+外贸手续费+关税+增值税+消费税+商检费+检疫费+车辆购置附加费

(1)货价

货价一般是指装运港船上交货价(FOB，或称离岸价)。设备货价分为原币货价和人民币货价，原币货价一律折算为美元表示，人民币货价按原币货价乘以外汇市场美元兑换人民币的中间价确定。进口设备货价按有关生产厂商询价、报价、订货合同价计算。

(2)国际运费

国际运费是指从装运港(站)到达我国抵达港(站)的运费。计算公式为：

国际运费=原币货价(FOB 价)×运费费率

我国进口设备大多采用海洋运输，小部分采用铁路运输，个别采用航空运输。运费费率参照有关部门或进出口公司的规定执行，海运费费率一般为 6%。

(3)运输保险费

对外贸易货物运输保险是由保险人(保险公司)与被保险人(出口人或进口人)订立保险契约，在被保险人交付议定的保险费后，保险人根据保险契约的规定对货物在运输过程中发生的承保责任范围内的损失给予经济上的补偿。这是一种财产保险，计算公式为：

运输保险费＝[原币货价(FOB 价)＋国际运费]÷(1－保险费费率)×保险费费率

保险费费率是按保险公司规定的进口货物保险费费率计算，一般为 0.35%。

(4)银行财务费

银行财务费一般是指中国银行手续费，计算公式为：

银行财务费＝人民币货价(FOB 价)×银行财务费费率

银行财务费费率一般为 0.4%～0.5%。

(5)外贸手续费

外贸手续费是指按规定计取的外贸手续费，计算公式为：

外贸手续费＝[人民币货价(FOB 价)＋国际运费＋运输保险费]×外贸手续费费率

外贸手续费费率一般为 1%～1.5%。

(6)关税

关税是指海关对进出国境或关境的货物和物品征收的一种税。计算公式为：

关税＝[人民币货价(FOB 价)＋国际运费＋运输保险费]×进口关税税率

进口关税税率按我国海关总署发布的进口关税税率计算。

(7)增值税

增值税是指对从事进口贸易的单位和个人，在进口商品报关进口后征收的税种。按照《中华人民共和国增值税条例》的规定，进口应税产品均按组成计税价格和增值税税率直接计算应纳税额。计算公式为：

增值税＝[人民币货价(FOB 价)＋国际运费＋运输保险费＋关税＋消费税]×增值税税率

增值税税率根据规定的税率计算，目前进口设备适用的税率为 17%。

(8)消费税

消费税是指对部分进口设备(如轿车、摩托车等)征收的税额，计算公式为：

应纳消费税额＝[人民币货价(FOB 价)＋国际运费＋运输保险费＋关税]÷(1－消费税税率)×消费税税率

消费税税率应根据规定的税率计算。

(9)商检费

商检费是指进口设备按规定付给商品检查部门的进口设备检验鉴定费。计算公式为：

商检费＝[人民币货价(FOB 价)＋国际运费＋运输保险费]×商检费费率

商检费费率一般为 0.8%。

(10)检疫费

检疫费是指进口设备按规定付给商品检疫部门的进口设备检验鉴定费。计算公式为：

检疫费＝[人民币货价(FOB 价)＋国际运费＋运输保险费]×检疫费费率

检疫费费率一般为0.17%。

(11)车辆购置附加费

车辆购置附加费是指进口车辆需缴纳的进口车辆购置附加费,计算公式为:

进口车辆购置附加费=[人民币货价(FOB价)+国际运费+运输保险费+关税+消费税+增值税]×进口车辆购置附加费费率

在计算进口设备原价时,应注意工程项目的性质,有无按国家有关规定减免进口环节税的可能。

3.设备运杂费的构成及计算

国产设备运杂费,是指由设备制造厂交货地点起至工地仓库(或施工组织设计指定的需要安装设备的堆放地点)止所发生的运费和装卸费。

进口设备运杂费,是指由我国到岸港口或边境车站起至工地仓库(或施工组织设计指定的需要安装设备的堆放地点)止所发生的运费和装卸费。计算公式为:

运杂费=设备原价×运杂费费率

设备运杂费费率见表6-26。

设备运杂费费率表(%) 表6-26

运输里程(km)	100以内	101~200	201~300	301~400	401~500	501~750	751~1000	1001~1250	1251~1500	1501~1750	1751~2000	2000以上每增250
费率(%)	0.8	0.9	1.0	1.1	1.2	1.5	1.7	2.0	2.2	2.4	2.6	0.2

4.设备运输保险费的构成及计算

设备运输保险费指国内运输保险费,计算公式为:

运输保险费=设备原价×保险费费率

设备运输保险费费率一般为1%。

5.设备采购及保管费的构成及计算

设备采购及保管费指采购、验收、保管和收发设备所发生的各种费用,包括:设备采购人员、保管人员和管理人员的工资,工资附加费,办公费,差旅交通费;设备供应部门办公和仓库所占固定资产使用费、工具用具使用费、劳动保护费、检验试验费等。计算公式为:

采购及保管费=设备原价×采购及保管费费率

需要安装的设备的采购保管费费率为2.4%,不需要安装的设备的采购保管费费率为1.2%。

【例6-11】 某路桥公司从国外进口一台设备,装运港船上交货价为100万美元;采用海运,海运费率为6%,运输保险费费率为0.35%,银行财务费费率为0.5%;外贸手续费费率为1.5%,增值税率为17%,关税税率为25%,消费税税率为2%,商检费率为0.8%,检疫费率为0.17%。按有关规定免征车辆购置附加费,美元对人民币汇率为1:6.3。从到货口岸至安装现场500km,国内运输保险费率为1%,设备的采购及保管费率为1.2%。试计算该进口设备的购置费。

解 货价(FOB)=100万(美元)×6.3=630万元(人民币)

国际运费＝原币货价(FOB)×运费费率＝100 万(美元)×6%＝6 万(美元)

运输保险费＝[原币货价(FOB)十国际运费]÷(1－保险费费率)×保险费费率

＝(630＋37.8)÷(1－0.35%)×0.35% ＝2.34 万元

银行财务费＝人民币货价(FOB)×银行财务费费率

＝630×0.5%＝3.15 万元

外贸手续费＝[人民币货价(FOB)＋国际运费＋运输保险费]×外贸手续费费率

＝(630＋37.8＋2.34)×1.5%＝10.05 万元

关税＝[人民币货价(FOB)＋国际运费＋运输保险费]×进口关税税率

＝(630＋37.8＋2.34)×25%＝167.53 万元

消费税＝[人民币货价(FOB)＋国际运费＋运输保险费＋关税]÷(1－消费税税率)×消费税税率

＝(630＋37.8＋2.34＋167.53)÷(1－2%)×2%

＝17.09 万元

增值税＝[人民币货价(FOB)＋国际运费＋运输保险费＋关税＋消费税]×增值税税率

＝(630＋37.8＋2.34＋167.53＋17.09)×17%

＝145.30 万元

商检费＝[人民币货价(FOB)＋国际运费＋运输保险费]×商检费费率

＝(630＋37.8＋2.34)×0.8%＝5.36 万元

检疫费＝[人民币货价(FOB)＋国际运费＋运输保险费] ×检疫费费率

＝(630＋37.8＋2.34)×0.17%＝1.13 万元

进口设备原价＝货价＋国际运费＋运输保险费＋银行财务费＋外贸手续费＋关税＋增值税＋消费税＋商检费＋检疫费

＝630＋37.8＋2.34＋3.15＋10.05＋167.53＋17.09＋145.3＋5.36＋1.13

＝1019.75 万元

国内运杂费＝设备原价×运杂费费率＝1019.75×1.2%＝12.23 万元

运输保险费＝设备原价×保险费费率＝1019.75×1%＝10.20 万元

采购及保管费＝设备原价×采购及保管费费率＝1019.75×1.2%＝12.24 万元

设备购置费＝进口设备原价＋国内运杂费＋运输保险费＋采购及保管费

＝1019.75＋12.23＋10.2＋12.24＝1054.42 万元

二、工具、器具及生产家具(简称工器具)购置费

工具、器具购置费是指建设项目交付使用后为满足初期正常营运必须购置的第一套不构成固定资产的设备、仪器、仪表、工卡模具、器具、工作台(框、架、柜)等的费用。该费用不包括构成固定资产的设备、工器具和备品、备件及已列入设备购置费中的专用工具和备品、备件。

工具、器具购置费的计算方法同设备购置费。

三、办公和生活用家具购置费

办公和生活用家具购置费是指为保证新建、改建项目初期正常生产、使用和管理所必须购

置的办公和生活用家具、用具的费用。包括行政、生产部门的办公室、会议室、资料档案室、阅览室、单身宿舍及生活福利设施等的家具、用具。

办公和生活用家具购置费按表6-27的规定计算。

办公和生活用家具购置费标准表 表6-27

工程所在地	路线(元/km)			有看桥房的独立大桥(元/座)		
	高速公路	一级公路	二级公路	三、四级公路	一般大桥	技术复杂大桥
内蒙古、黑龙江、青海、新疆、西藏	21500	15600	7800	4000	24000	60000
其他省、自治区、直辖市	17500	14600	5800	2900	19800	49000

注:改建工程按表列数80%计。

第四节 工程建设其他费用

工程建设其他费用是指除建筑安装工程费用和设备、工具、器具及办公和生活用家具购置费用以外的费用,根据国家有关规定应在基本建设投资中支付,并构成工程造价的一个组成部分。包括土地征用及拆迁补偿费、建设项目管理费、研究试验费、建设项目前期工作费、专项评价(估)费、施工机构迁移费、供电贴费、联合试运转费、生产人员培训费、固定资产投资方向调节税、建设期贷款利息等费用。

一、土地征用及拆迁补偿费

土地征用及拆迁补偿费是指按照《中华人民共和国土地管理法》、《中华人民共和国土地管理法实施条例》及《中华人民共和国基本农田保护条例》等法律、法规的规定,为进行公路建设需征用土地所支付的土地征用及拆迁补偿费等费用。

1.费用内容

(1)土地补偿费

指被征用土地地上、地下附着物及青苗补偿费,征用城市郊区的菜地等缴纳的菜地开发建设基金,租用土地费,耕地占用税,用地图编制费及勘界费,征地管理费等。

(2)征用耕地安置补助费

指征用耕地需要安置农业人口的补助费。

(3)拆迁补偿费

指被征用或占用土地上的房屋及附属构筑物、城市公用设施等拆除、迁建补偿费,拆迁管理费等。

(4)复耕费

指临时占用的耕地、鱼塘等,待工程竣工后将其恢复到原有标准所发生的费用。

(5)耕地开垦费

指公路建设项目占用耕地的,应由建设项目法人(业主)负责补充耕地所发生的费用;没有条件开垦或者开垦的耕地不符合要求的,按规定缴纳的耕地开垦费。

(6)森林植被恢复费

指公路建设项目需要占用、征用或者临时占用林地的，经县级以上林业主管部门审核同意或批准，建设项目法人（业主）单位按照有关规定向县级以上林业主管部门预缴的森林植被恢复费。

2.计算方法

土地征用及拆迁补偿费应根据审批单位批准的建设工程用地和临时用地面积及其附着物的情况，以及实际发生的费用项目，按国家有关规定及工程所在地的省（自治区、直辖市）人民政府颁发的有关规定和标准计算。

当与原有的电力电讯设施、水利工程、铁路及铁路设施互相干扰时，应与有关部门联系，商定合理的解决方案和补偿金额，也可由这些部门按规定编制费用以确定补偿金额。

二、建设项目管理费

建设项目管理费包括建设单位（业主）管理费、工程质量监督费、工程监理费、工程定额测定费、设计文件审查费和竣（交）工验收试验检测费。

1.建设单位（业主）管理费

建设单位（业主）管理费是指建设单位（业主）为建设项目的立项、筹建、建设、竣（交）工验收、总结等工作所发生的管理费用。不包括应计入设备、材料预算价格的建设单位采购及保管设备、材料所需的费用。

(1)建设单位（业主）管理费包括的内容

①工作人员的工资、工资性补贴、施工现场津贴、社会保障费用（基本养老、基本医疗、失业、工伤保险）、住房公积金、职工福利费、工会经费、劳动保护费。

②办公费、会议费、差旅交通费、固定资产使用费（包括办公及生活房屋折旧、维修或租赁费，车辆折旧、维修、使用或租赁费，通信设备购置、使用费，测量、试验设备仪器折旧、维修或租赁费，其他设备折旧、维修或租赁费等）、零星固定资产购置费、招募生产工人费。

③技术图书资料费、职工教育经费、工程招标费（不含招标文件及标底或造价控制值编制费）。

④合同契约公证费、法律顾问费、咨询费。

⑤建设单位的临时设施费、完工清理费、竣（交）工验收费（含其他行业或部门要求的竣工验收费用）、各种税费（包括房产税、车船使用税、印花税等）。

⑥建设项目审计费、境内外融资费用（不含建设期贷款利息）、业务招待费、安全生产管理费和其他管理费性开支。

⑦由施工企业代建设单位（业主）办理“土地、青苗等补偿费”的工作人员所发生的费用，应在建设单位（业主）管理费项目中支付。当建设单位（业主）委托有资质的单位代理招标时，其代理费应在建设单位（业主）管理费中支出。

(2)计算方法

建设单位（业主）管理费以建筑安装工程费总额为基数，按表 6-28 的费率，以累进办法计算。公式如下：

$$建设单位管理费＝建筑安装工程费\times建设单位管理费费率(\%)$$

建设单位管理费费率表　　表 6-28

第一部分建筑安装工程费(万元)	费率(%)	算例(万元)	
		建筑安装工程费	建设单位(业主)管理费
500 以下	3.48	500	500×3.48%=17.4
501～1000	2.73	1000	17.4+500×2.73%=31.05
1001～5000	2.18	5000	31.05+4000×2.18%=118.25
5001～10000	1.84	10000	118.25+5000×1.84%=210.25
10001～30000	1.52	30000	210.25+20000×1.52%=514.25
30001～50000	1.27	50000	514.25+20000×1.27%=768.25
50001～100000	0.94	100000	768.25+50000×0.94%=1238.25
100001～150000	0.76	150000	1238.25+50000×0.76%=1618.25
150001～200000	0.59	200000	1618.25+50000×0.59%=1913.25
200001～300000	0.43	300000	1913.25+100000×0.43%=2343.25
300000 以上	0.32	310000	2343.25+10000×0.32%=2375.25

水深>15m、跨度≥400m 的斜拉桥和跨度≥800m 的悬索桥等独立特大型桥梁工程的建设单位(业主)管理费按表 6-26 中的费率乘以 1.0～1.2 的系数计算;海上工程[指由于风浪影响,工程施工期(不包括封冻期)全年月平均工作日少于 15d 的工程]的建设单位(业主)管理费按表 6-26 中的费率乘以 1.0～1.3 的系数计算。

【例 6-12】 某高速公路建筑安装工程费为 25000 万元,试计算建设单位(业主)管理费。

解 查表 6-26 可知,当建筑安装工程费为 10000 万元时,建设单位(业主)管理费为 210.25 万元;当建筑安装工程费累计为 25000 万元时,建设单位(业主)管理费应为:

$$210.25+(25000-10000)\times 1.52\%=438.25 \text{ 万元}$$

2. 工程质量监督费

工程质量监督费是指根据国家有关部门的规定,各级公路工程质量监督机构对工程建设质量和安全生产实施监督应收取的管理费用。

根据国家《关于公布取消和停止征收 100 项行政事业性收费项目的通知》(财综[2008]78 号)规定,目前已取消该收费项目。

3. 工程监理费

工程监理费是指建设单位(业主)委托具有公路工程监理资格证书的单位,按施工监理规范进行全面的监督和管理所发生的费用。

(1)工程监理费包括的内容

①工作人员的基本工资、工资性津贴、社会保障费用(基本养老、基本医疗、失业、工伤保险)、住房公积金、职工福利费、工会经费、劳动保护费。

②办公费、会议费、差旅交通费、固定资产使用费(包括办公及生活房屋折旧、维修或租赁费,车辆折旧、维修、使用或租赁费,通信设备购置、使用费,测量、试验、检测设备仪器折旧、维修或租赁费,其他设备折旧、维修或租赁费等)、零星固定资产购置费、招募生产工人费。

③技术图书资料费、职工教育经费、投标费用。

④合同契约公证费、咨询费、业务招待费。

⑤财务费用、监理单位的临时设施费、各种税费和其他管理性开支。

(2)计算方法

工程监理费以建筑安装工程费总额为基数，按表6-29的费率计算。公式如下：

$$工程监理费=建筑安装工程费\times工程监理费费率(\%)$$

工程监理费费率表 表6-29

工程类别	高速公路	一级及二级公路	三级及四级公路	桥梁及隧道
费率(%)	2.0	2.5	3.0	2.5

表6-27中的桥梁指水深>15m、斜拉桥和悬索桥等独立特大型桥梁工程；隧道指水下隧道工程。

4.工程定额测定费

工程定额测定费是指各级公路(交通)工程定额(造价管理)站为测定劳动定额、搜集定额资料、编制工程定额及定额管理所需要的工作经费。

根据国家《关于公布取消和停止征收100项行政事业性收费项目的通知》(财综[2008]78号)规定，目前已取消该收费项目。

5.设计文件审查费

设计文件审查费是指国家和省级交通主管部门在项目审批前，为保证勘察设计工作的质量，组织有关专家或委托有资质的单位，对设计单位提交的建设项目可行性研究报告和勘察设计文件以及对设计变更、调整概算进行审查所需要的相关费用。

设计文件审查费以建筑安装工程费总额为基数，按0.1%计算。公式如下：

$$设计文件审查费=建筑安装工程费\times0.1\%$$

6.竣(交)工验收试验检测费

竣(交)工验收试验检测费是指在公路建设项目交工验收和竣工验收前，由建设单位(业主)或工程质量监督机构委托有资质的公路工程质量检测单位，按照有关规定对建设项目的工程质量进行检测，并出具检测意见所需要的相关费用。

竣(交)工验收试验检测费按表6-30的规定计算。

竣(交)工验收试验检测费标准表 表6-30

项目	路线(元/公路公里)			独立大桥(元/座)		
	高速公路	一级公路	二级公路	三、四级公路	一般大桥	技术复杂大桥
试验检测费	15000	12000	10000	5000	30000	100000

高速公路、一级公路按四车道计算，二级及以下等级公路按双车道计算，每增加一条车道，按表6-28的费用增加10%。

三、研究试验费

研究试验费是指为本建设项目提供或验证设计数据、资料进行必要的研究试验和按照设计规定在施工过程中必须进行试验、验证所需的费用，以及支付科技成果、先进技术的一次性技术转让费。该费用不包括：

(1)应由科技三项费用(即新产品试制费、中间试验费和重要科学研究补助费)开支的项目。

(2)应由施工辅助费开支的施工企业对建筑材料、构件和建筑物进行一般鉴定、检查所发生的费用及技术革新研究试验费。

(3)应在勘察设计费或建筑安装工程费用中开支的项目。

计算方法:按照设计提出的研究试验内容和要求进行编制,不需验证设计基础资料的不计本项费用。

四、建设项目前期工作费

建设项目前期工作费是指委托勘察设计、咨询单位对建设项目进行可行性研究、工程勘察设计,以及设计、监理、施工招标文件及招标标底或造价控制值文件编制时,按规定应支付的费用。该费用包括：

(1)编制项目建议书(或预可行性研究报告)、可行性研究报告、投资估算,以及相应的勘察、设计、专题研究等所需的费用。

(2)初步设计和施工图设计的勘察费(包括测量、水文调查、地质勘探等)、设计费、概(预)算及调整概算编制费等。

(3)设计、监理、施工招标文件及招标标底(或造价控制值或清单预算)文件编制费等。

计算方法:依据委托合同计列,或按国家颁发的收费标准和有关规定进行编制。

五、专项评价(估)费

专项评价(估)费是指依据国家法律、法规规定必须进行评价(评估)、咨询,按规定应支付的费用。该费用包括环境影响评价费、水土保持评估费、地震安全性评价费、地质灾害危险性评价费、压覆重要矿床评估费、文物勘察费、通航认证费、行洪论证(评估)费、使用林地可行性研究报告编制费、用地预审报告编制费等费用。

计算方法:按国家颁发的收费标准和有关规定进行编制。

六、施工机构迁移费

施工机构迁移费是指施工机构根据建设任务的需要,经有关部门决定成建制地(指工程处等)由原驻地迁移到另一地区所发生的一次性搬迁费用。费用内容包括:职工及随同家属的差旅费,调迁期间的工资,施工机械、设备、工具、用具和周转性材料的搬运费。

施工机构迁移费不包括：

(1)应由施工企业自行负担的,在规定距离范围内调动施工力量以及内部平衡施工力量所发生的迁移费用。

(2)由于违反基建程序,盲目调迁队伍所发生的迁移费。

(3)因中标而引起施工机构迁移所发生的迁移费。

计算方法:施工机构迁移费应经建设项目的主管部门同意按实计算。但计算施工机构迁移费后,如迁移地点即新工地地点(如独立大桥),则其他工程费内的工地转移费应不再计算;

如施工机构迁移地点至新工地地点尚有部分距离，则工地转移费的距离应以施工机构新地点为计算起点。

七、供电贴费

供电贴费是指按照国家规定，建设项目应交付的供电工程贴费、施工临时用电贴费。

计算方法：按国家有关规定计列（目前停止征收）。

八、联合试运转费

联合试运转费是指新建、改（扩）建工程项目，在竣工验收前按照设计规定的工程质量标准，进行动（静）荷载实验所需的费用，或进行整套设备带负荷联合试运转期间所需的全部费用抵扣试车期间收入的差额。

费用内容包括：联合试运转期间所需的材料、油燃料和动力的消耗，机械和检测设备使用费，工具用具和低值易耗品费，参加联合试运转人员工资及其他费用等。

该费用不包括应由设备安装工程项下开支的调试费。

联合试运转费以建筑安装工程费总额为基数，独立特大型桥梁按 0.075%计算，其他工程按 0.05%计算。公式如下：

$$联合试运转费=建筑安装工程费\times费率(\%)$$

九、生产人员培训费

生产人员培训费是指新建、改（扩）建公路工程项目，为保证生产的正常运行，在工程竣工验收交付使用前对运营部门生产人员和管理人员进行培训所必需的费用。

费用内容包括：培训人员的工资、工资性补贴、职工福利费、差旅交通费、劳动保护费、培训及教学实习费等。

计算方法：生产人员培训费按设计定员和 2000 元/人的标准计算。

十、固定资产投资方向调节税

固定资产投资方向调节税是指为了贯彻国家产业政策，控制投资规模，引导投资方向，调整投资结构，加强重点建设，促进国民经济持续稳定协调发展，依照《中华人民共和国固定资产投资方向调节税暂行条例》规定，公路建设项目应缴纳的固定资产投资方向调节税。

计算方法：按国家有关规定计算，目前暂停征收。

十一、建设期贷款利息

建设期贷款利息是指建设项目中分年度使用国内贷款或国外贷款部分，在建设期内应归还的贷款利息。费用内容包括各种金融机构贷款、企业集资、建设债券和外汇贷款等利息。

根据不同的资金来源按需付息的分年度投资计算，公式如下：

$$建设期贷款利息=\sum(上年末付息贷款本息累计+本年度付息贷款额\div2)\times年利率$$

即

$$S=\sum_{n=1}^{N}(F_{n-1}+b_n\div2)\times i$$

式中：S——建设期贷款利息；

N——项目建设期(年)；

n——施工年度；

F_{n-1}——建设期第 $n-1$ 年末需付息贷款本息累计；

b_n——建设期第 n 年付息贷款额；

i——建设期贷款年利率。

【例 6-13】 某新建项目，建设期为 2 年，需向银行贷款 2000 万元。贷款时间安排为：第 1 年 1000 万元，第 2 年 1000 万元，年利率 10%，试用复利法计算该项目建设期贷利息。

解 利用公式 $S=\sum_{n=1}^{N}(F_{n-1}+b_n\div 2)\times i$，可得建设期各年利息计算如下：

第 1 年应计利息　　$1000\div 2\times 10\%=50$ 万元

第 2 年应计利息　　$(1000+50+1000\div 2)\times 10\%=155$ 万元

则建设期贷款利息总和为：

$$50+155=205 \text{ 万元}$$

第五节　预备费及回收金额

预备费由价差预备费及基本预备费两部分组成。在公路工程建设期限内，凡需动用预备费时，若属于公路交通部门投资的项目，需经建设单位提出，按建设项目隶属关系，报交通运输部或交通厅(局)基建主管部门核定批准；属于其他部门投资的建设项目，按其隶属关系报有关部门核定批准。

一、价差预备费

价差预备费是指设计文件编制年至工程竣工年期间，第一部分费用中的人工费、材料费、机械使用费、其他工程费、间接费等，以及第二、三部分费用中由于政策、价格变化可能发生上浮而预留的费用及外资贷款汇率变动部分的费用。

(1)价差预备费的计算方法

价差预备费以概(预)算或修正概算第一部分建筑安装工程费总额为基数，按设计文件编制年始至建设项目工程竣工年终的年数和年工程造价增长率计算。公式如下：

$$\text{价差预备费}=P\times[(1+i)^{n-1}-1]$$

式中：P——建筑安装工程费总额；

i——年工程造价增长率(%)；

n——设计文件编制年至建设项目开工年的年数＋建设项目建设期限(年)。

(2)年工程造价增长率按有关部门公布的工程投资价格指数计算，或由设计单位会同建设单位根据该工程人工费、材料费、施工机械使用费、其他工程费、间接费以及第二、三部分费用可能发生的上浮因素，以第一部分建筑安装工程费为基数进行综合分析预测。

甘肃省的年工程造价增长率暂按 3%计列。

(3)设计文件编制开始至工程完工在一年以内的工程，不列此项费用。

二、基本预备费

1. 基本预备费的内容

基本预备费是指在初步设计和概算中难以预料的工程和费用，其内容如下：

(1)在进行技术设计、施工图设计和施工过程中，在批准的初步设计和概算范围内所增加的工程费用。

(2)在设备订货时，由于规格、型号改变，材料货源变更，运输距离或方式的改变以及因规格不同而代换使用等原因所产生的价差。

(3)由于一般自然灾害所造成的损失和预防自然灾害所采取的措施费用。

(4)在项目主管部门组织竣(交)工验收时，验收委员会(或小组)为鉴定工程质量必须开挖和修复隐蔽工程的费用。

(5)投保的工程根据工程特点和保险合同发生的工程保险费用。

2. 基本预备费的计算

基本预备费以第一、二、三部分费用之和(扣除固定资产投资方向调节税和建设期贷款利息两项费用)为基数，按下列费率计算：

(1)项目建议书估算按11%计列。

(2)可行性研究报告估算按9%计列。

(3)设计概算按5%计列。

(4)修正概算按4%计列。

(5)施工图预算按3%计列。

计算公式如下：

基本预备费=(建筑安装工程费+设备、工器具及家具购置费+工程建设其他费用-固定资产投资方向调节税-建设期贷款利息)×费率

3. 施工图预算包干费

采用施工图预算加系数包干承包的工程，包干系数为施工图预算中直接费与间接费之和的3%。施工图预算包干费用由施工单位包干使用。

包干费用的内容为：

(1)在施工过程中，设计单位对分部分项工程修改设计而增加的费用，但不包括因水文地质条件变化造成的基础变更、结构变更、标准提高、工程规模改变而增加的费用。

(2)预算审定后，施工单位负责采购的材料由于货源变更、运输距离或方式改变，以及因规格不同而代换使用等原因发生的价差。

(3)由于一般自然灾害所造成的损失和预防自然灾害所采取的措施费用(例如一般防台风、防洪的费用)等。

三、回收金额

概、预算定额所列材料一般不计回收，只对按全部材料计价的一些临时工程项目和由于工程规模或工期限制达不到规定周转次数的拱盔、支架及施工金属设备的材料计算回收金额。

回收金额以材料原价为计算基数乘以回收率。可回收材料的回收率见表6-31。

回收率表　　表6-31

回收项目	使用年限或周转次数			
	一年或一次	两年或两次	三年或三次	四年或四次
临时电力、电信线路	50%	30%	10%	—
拱盔、支架	60%	45%	30%	15%
施工金属设备	65%	65%	50%	30%

注：施工金属设备指钢壳沉井、钢护筒等。

第六节　公路工程概预算的计算程序及文件组成

一、公路工程建设各项费用的计算程序

公路工程建设各项费用的计算程序及计算方式见表6-32。

公路工程建设项目各项费用的计算程序及计算方式　　表6-32

代号	项　　目	说明及计算式
一	直接工程费(即工、料、机费)	按编制年工程所在地的预算价格计算
二	其他工程费	(一)×其他工程费综合费率或各类工程人工费和机械费之和×其他工程费综合费率
三	直接费	(一)+(二)
四	间接费	各类工程人工费×规费综合费率+(三)×企业管理费综合费率
五	利润	[(三)+(四)-规费]×利润率
六	税金	[(三)+(四)+(五)]×综合税率
七	建筑安装工程费	(三)+(四)+(五)+(六)
八	设备、工具、器具购置费(包括备品备件)	Σ(设备、工具、器具购置数量×单价+运杂费)×(1+采购保管费率)
	办公和生活用家具购置费	按有关定额计算
九	工程建设其他费用	
	土地征用及拆迁补偿费	按有关规定计算
	建设单位(业主)管理费	(七)×费率
	工程质量监督费	(七)×费率
	工程定额测定费	(七)×费率
	设计文件审查费	(七)×费率
	竣(交)工验收试验检测费	按有关规定计算
	工程监理费	(七)×费率
	研究试验费	按批准的计划编制

续上表

代号	项　目	说 明 及 计 算 式
九	前期工作费	按有关规定计算
	专项评价(估)费	按有关规定计算
	施工机构迁移费	按实计算
	供电贴费	按有关规定计算
	联合试运转费	(七)×费率
	生产人员培训费	按有关规定计算
	固定资产投资方向调节税	按有关规定计算
	建设期贷款利息	按实际贷款数及利率计算
十	预备费	包括价差预备费和基本预备费两项
	价差预备费	按规定的公式计算
	基本预备费	[(七)+(八)+(九)-固定资产投资方向调节税-建设期贷款利息]×费率
	预备费中施工图预算包干系数	[(三)+(四)]×费率
十一	建设项目总费用	(七)+(八)+(九)+(十)

二、公路工程概预算文件的组成

公路工程概、预算文件由封面及目录、编制说明及全部计算表格组成。

1.封面及目录

公路工程概、预算文件的封面和扉页应按《公路工程基本建设项目设计文件编制办法》中的规定制作,扉页的次页应有建设项目名称,编制单位、编制及复核人员姓名并加盖执业(从业)资格印章,编制日期及第几册、共几册等内容。目录应按概、预算表的表号顺序编排。

2.概预算编制说明

公路工程概、预算编制完成后,应写出编制说明,文字力求简明扼要。编制说明主要应包括以下内容:

(1)建设项目设计资料的依据及有关文号,如建设项目建议书或可行性研究报告批准文号、初步设计和概算批准文号,以及根据何时的测设资料及比选方案进行编制的等信息。

(2)采用的定额或指标、费用标准,人工、材料、机械台班单价的依据或来源,补充定额及编制依据的详细说明。

(3)与编制概、预算有关的委托书、协议书、会议纪要等的主要内容。

(4)总概、预算金额,人工、钢材、水泥、木料、沥青的总需要量,各设计方案的经济比选,以及编制中存在的问题。

(5)其他与概、预算编制有关但不能在表格中反映的事项。

3.计算表格

公路工程概、预算应按统一的表格计算,表格样式见“编制办法”附录五,概、预算表格是一个有机的整体，它们互相关联，共同反映工程的费用。各种表格的计算顺序及相互关系如图 6-3 所示。

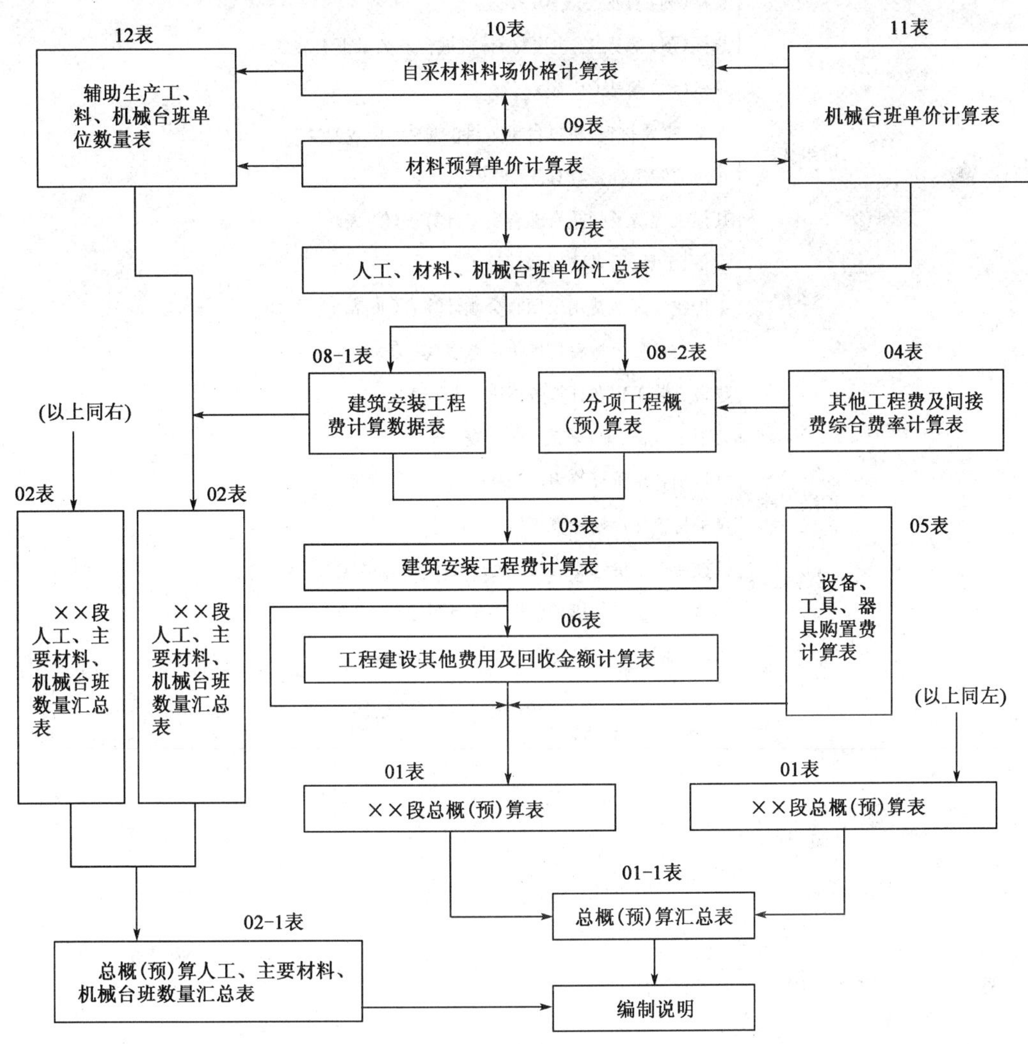

图 6-3　概、预算各种表格的计算顺序和相互关系

4. 甲组文件与乙组文件

公路工程概、预算文件按不同的需要分为甲、乙两组，甲组文件为各项费用计算表，乙组文件为建筑安装工程费各项基础数据计算表（只供审批使用）。甲、乙组文件应按《公路工程基本建设项目设计文件编制办法》中关于设计文件报送份数的要求，随设计文件一并报送。报送乙组文件时，还应提供“建筑安装工程费各项基础数据计算表”的电子文档和编制补充定额的详细资料，并随同概、预算文件一并报送。

乙组文件中的“建筑安装工程费计算数据表”（08-1 表）和“分项工程概（预）算表”（08-2 表）应根据审批部门或建设项目业主单位的要求全部提供或仅提供其中的一种。

甲、乙组文件包括的内容见图 6-4。

- 甲组文件
  - 编制说明
  - 总概(预)算汇总表(01-1 表)
  - 总概(预)算人工、主要材料、机械台班数量汇总表(02-1 表)
  - 总概(预)算表(01 表)
  - 人工、主要材料、机械台班数量汇总表(02 表)
  - 建筑安装工程费计算表(03 表)
  - 其他工程费及间接费综合费率计算表(04 表)
  - 设备、工具、器具购置费计算表(05 表)
  - 工程建设其他费用及回收金额计算表(06 表)
  - 人工、材料、机械台班单价汇总表(07 表)
- 乙组文件
  - 建筑安装工程费计算数据表(08-1 表)
  - 分项工程概(预)算表(08-2 表)
  - 材料预算单价计算表(09 表)
  - 自采材料场价格计算表(10 表)
  - 机械台班单价计算表(11 表)
  - 辅助生产工、料、机械台班单位数量表(12 表)

图 6-4 甲、乙组文件包括的内容

第七章　公路工程概预算定额及应用

第一节　公路工程预算定额及应用

一、公路工程定额基本概念

1. 公路工程定额的含义

“定额”，从字义上说，“ 定”就是限定、确定、规定；“ 额”就是额度、标准的意思。简言之，“ 定额”就是某一种规定的标准，定额工作就是进行定量的一项工作。

定额所确定的标准的高低就是定额水平，即规定完成单位合格产品所需消耗的资源数量的多少。定额水平是一定时期社会生产力水平的反映，影响定额水平的主要因素包括以下各项。

(1)操作人员的技术水平、心理因素、劳动态度。

(2)观察对象的机械化程度。

(3)新材料、新工艺、新技术的发展和应用。

(4)企业的组织管理水平。

(5)劳动生产环境。

(6)产品的质量及操作安全等。

定额水平不是一成不变的，而是随着生产力水平的变化而变化的。定额水平高反映生产力水平较高，完成单位合格产品所需要消耗的资源较少；反之，则说明生产力水平较低，完成单位合格产品所需要消耗的资源较多。

工程建设定额是工程建设中各类定额的总称。而公路工程是工程建设中的一个专业门类，因此公路工程定额是诸多工程建设定额中的一种，它研究的对象是公路工程产品生产过程当中资源消耗的规律。在社会生产中，为了生产某一合格产品，都要消耗工定数量的人工、材料、机具、机械台班和资金。这种消耗数量，受各种生产条件的影响，是各不相同的。因此公路工程定额的定义可以表述如下：在正常施工条件下，按照技术规程和施工规范，在合理的劳动组织和合理地使用材料及机械的条件下，完成单位合格建设工程产品所必须消耗的人力、物力和财力的数量标准。

2. 公路工程定额的作用

定额的作用主要体现在提高劳动效率、协调社会生产和促进有利竞争等几个方面。

(1)定额是节约社会劳动，提高劳动生产率的重要手段

定额为生产者和经营者树立了评价劳动成果和经营效益的标准尺度，劳动者明确了自己

在工作中应该达到的具体目标，从而增强责任感和自我完善的意识，自觉地节约社会劳动和消耗，努力提高劳动生产率和经济效益。

(2)定额是组织和协调社会化大生产的工具

随着生产力的发展，分工越来越细，生产社会化程度不断提高，一件产品是许多企业、许多劳动者共同完成的社会产品。定额可以实现生产要素的合理配置，协调社会生产，保证社会生产持续、顺利地发展。

(3)定额是宏观调控的依据

基本建设投资需要耗费国家大量人力、物力和财力。同时这些项目往往影响到一个地区、一个产业以至影响到整个国家经济的发展。因此国家需要利用定额为预测、计划、调节和控制经济发展提供技术可靠的计量标准。

(4)定额有利于建筑市场公平竞争

定额所提供的准确的信息为市场需求主体和供给主体之间的竞争，以及供给主体之间的公平竞争，提供了有利的条件。

(5)定额有利于实现分配，兼顾效率与社会公平

定额作为评价劳动成果和经营效益的尺度，也就成为资源分配和个人消费品分配的依据。

3. 公路工程定额的分类

公路工程定额的具体分类如图 7-1 所示。

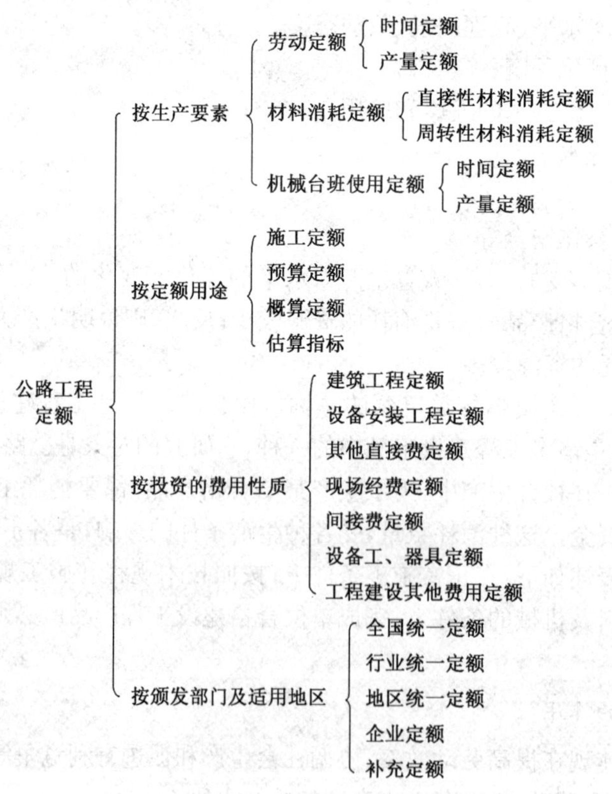

图 7-1　公路工程定额的分类

二、公路工程预算定额

《公路工程预算定额》(JTG/T B06-02—2007)是全国公路专业定额，是编制施工图预算的依据，也是编制工程概算定额(指标)的基础，适用于公路基本建设新建、改建工程，不适用于独立核算执行产品出厂价格的构件厂的构配件，对于公路养护的大、中修工程，可参考使用。主要包括说明部分(总说明、章说明、节说明)、定额表及附录。

1. 说明部分

(1)总说明是针对全套定额而言的说明，一般包括：定额的适用范围，主要方法，结构形式，计算方法，编制顺序及主要内容，定额水平的确定标准及定额所依据的规范、规程、标准等，贯穿全套定额的工作内容的说明、各种配合比的使用规定，定额使用及换算规定和其他有关问题的说明及规定。

(2)章说明是针对该章的规定及说明，一般包括定额子目的划分依据、有关本章的工作内容的共同规定、定额的使用规定及工程量计算规则等。

(3)节说明一般在本节定额表的左上端，是针对本书的工作内容、主要施工方法、工艺、工具的简要说明。

2. 定额表

《公路工程预算定额》(JTG/T B06-02—2007)包括路基工程、路面工程、隧道工程、桥涵工程、防护工程、交通工程及沿线设施、临时工程、材料采集及加工、材料运输九章定额表。定额表的构成和主要栏目说明见表 7-1。

挖除旧路面定额表 表 7-1

2-3-2 全部挖除旧路面

工程内容 (1)人工挖撬或机械挖除；(2)废料清除至路基外；(3)场地清理、平整。

单位：$10m^3$

<table>
<tr><th rowspan="4">顺序号</th><th rowspan="4">项 目</th><th rowspan="4">单位</th><th rowspan="4">代号</th><th colspan="4">人 工 挖 清</th><th colspan="7">机 械 挖 清</th></tr>
<tr><th rowspan="2">砂石路面及粒料类基层</th><th rowspan="2">各类稳定土基层</th><th rowspan="2">沥青面层</th><th rowspan="2">水泥混凝土面层</th><th colspan="2">推土机</th><th colspan="2">挖掘机</th><th colspan="2">风镐</th><th>破碎机</th></tr>
<tr><th>砂石路面及粒料类基层</th><th>各类稳定土基层</th><th>砂石路面及粒料类基层</th><th>各类稳定土基层</th><th>沥青面层</th><th colspan="2">水泥混凝土面层</th></tr>
<tr><th>1</th><th>2</th><th>3</th><th>4</th><th>5</th><th>6</th><th>7</th><th>8</th><th>9</th><th>10</th><th>11</th></tr>
<tr><td>1</td><td>人工</td><td>工日</td><td>1</td><td>5.7</td><td>7.9</td><td>14.9</td><td>27.7</td><td>0.2</td><td>0.3</td><td>0.1</td><td>0.1</td><td>6.4</td><td>11.5</td><td>9.3</td></tr>
<tr><td>2</td><td>135kW 以内履带式推土机</td><td>台班</td><td>1006</td><td>—</td><td>—</td><td>—</td><td>—</td><td>0.08</td><td>0.11</td><td>—</td><td>—</td><td>—</td><td>—</td><td>—</td></tr>
<tr><td>3</td><td>2.0m³ 以内履带式单斗挖掘机</td><td>台班</td><td>1032</td><td>—</td><td>—</td><td>—</td><td>—</td><td>—</td><td>—</td><td>0.07</td><td>0.10</td><td>—</td><td>—</td><td>—</td></tr>
<tr><td>4</td><td>破路机</td><td>台班</td><td>1256</td><td>—</td><td>—</td><td>—</td><td>—</td><td>—</td><td>—</td><td>—</td><td>—</td><td>—</td><td>—</td><td>2.45</td></tr>
</table>

续上表

顺序号	项目	单位	代号	人工挖清				机械挖清						
								推土机		挖掘机		风镐		破碎机
				砂石路面及粒料类基层	各类稳定土基层	沥青面层	水泥混凝土面层	砂石路面及粒料类基层	各类稳定土基层	砂石路面及粒料类基层	各类稳定土基层	沥青面层	水泥混凝土面层	
				1	2	3	4	5	6	7	8	9	10	11
5	$3m^3$/min 以内机动空压机	台班	1840	—	—	—	—	—	—	—	—	0.76	1.15	—
6	小型机具使用费	元	1998	—	—	7.2	5.0	—	—	—	—	11.7	17.8	5.0
7	基价	元	1999	280	389	740	1368	105	145	81	114	522	879	751

注：1. 挖除的废渣如需远运时，另按路基土方运输定额计算。

2. 废渣清除后，底层如需碾压，每 $1000m^2$ 可增加 15t 以内振动压路机 0.18 台班。

(1)表号及定额表名称，如“2-3-2 全部挖除旧路面”表明第 2 章(路面工程)第 3 节(路面附属工程)之二(全部挖除旧路面)。

(2)工程内容：主要说明本定额表所包括的操作内容。查定额时，必须将实际发生的项目操作内容与工程内容进行比较，若不一致时，应进行抽换或采取其他措施。

(3)工程项目计量单位，如 $10m^3$、$10m^3$ 构件、$1000m^2$、1km、1 公路公里、1 道涵长及每增减 1m 等。

(4)顺序号：表征人、料、机及费用的顺序号，起简化说明的作用。

(5)项目：即本定额表的工程所需人工、材料、机具、费用的名称、规格。

①材料部分：主要材料以实际使用量或周转使用量的消耗数量表示，材料消耗量包括施工过程中的场内运输及操作损耗；次要材料及消耗量很少的材料的其他材料费的形式表示；不以材料数量表示，而以使用时间来进行折旧的金属构件，以设备摊销费的形式表示。

②机械部分：主要机械以实际使用台班数量表示，定额的台班数量包括由施工定额综合为预算定额项目的机械幅度差；次要机械及消耗量很少的机械以小型机具使用费的形式表示。

(6)代号：当采用电算方法来编制公路工程概、预算时，可引用表中代号作为对工、料、机名称的识别符号。

(7)工程细目：表征本定额表所包括的工程项目，如预算定额“2-3-2”表中的“人工挖清砂石路面及粒料类基层”、“拖拉机挖清砂石路面及粒料类基层”等。

(8)栏号：指工程细目编号，如表中“人工挖清砂石路面及粒料类基层”栏号为 1。

(9)定额值：即定额表中各种资源的消耗量数值，其中括号内的数值一般是指所需半成品的数量(定额值)。

(10)基价：也称定额基价，是指该工程细目的工程价格，其主要作用是计算其他直接费、现场经费和间接费的基数。

$$定额基价=\sum(工料机消耗量\times工料机基期价格)$$

3. 附录

附录部分主要包括以下四方面的内容。

(1)路面材料计算的基础数据。主要用于计算定额中路面材料消耗的数量和编制补充定额。

(2)基本定额。用于进行定额的抽换和分析分项工程(工作)或半成品所需人工、材料、机械等消耗量。

(3)材料的周转及摊销。用于规定对达不到周转次数的材料进行定额抽换。

(4)定额基价人工、材料单位质量、单价表。

三、公路工程预算定额的应用

1. 运用定额的步骤

(1)将公路工程施工任务分解至分项工程,对每一个分项工程确定欲查定额的项目名称,再据以在定额目录中找到其所在页次,并找到所需定额表。

(2)检查定额表上的“工作内容”与设计要求、施工组织要求是否相符,并在表中找到相应细目和子目,检查定额表的计量单位与工程项目取定的计量单位是否一致,是否符合章、节说明规定的工程量计算规则,并根据设计图纸和施工组织设计检查子目中有无需要抽换的定额,若需抽换则进行具体抽换计算。

(3)当已知工作量,并且确定了定额表值后,首先计算工程数量。“工程量”和“工程数量”是不同的概念。“工程量”是用某种计量单位表示工程的数量,“工程数量”是“工程量”折合为定额计量单位的数量。其计算公式为:

工程数量=工程量/定额计量单位

然后根据工程数量和定额表值,按下式计算定额所包含的各种资源的数量和基价,即:

某种资源的消耗量=定额中某种资源数量×工程数量

预算定额基价=定额中的基价×工程数量

2. 定额应用举例

【例 7-1】 试根据预算定额计算推土机挖清砂石路面的人工、机械数量和基价。已知根据图纸计算得推土机挖清砂石路面工程数量为 250.6m^3。

解 根据定额单位为 10m^3,则:

工程数量=250.06/10=25.06(个定额单位)

推土机挖清砂石路面的工、料、机消耗量为:

人工 0.2×25.06=5.012 工日

135kW 以内履带式推土机　0.08×25.06=2.0048 元

基价　105×25.06=2631.3 元

第二节　路基工程预算定额及应用

一、路基工程定额总说明

1. 土壤岩石类别

《公路工程预算定额》按开挖的难易程度将土壤岩石分为六类。

(1)土壤分为三类:松土、普通土、硬土。

(2)岩石分为三类:软石、次坚石、坚石。

《公路工程预算定额》土、石分类与十六级土、石分类对照表如表7-2所示:

土、石分类与十六级土、石分类对照表 表7-2

定额分类	松　土	普通土	硬　土	软　石	次坚石	坚　石
十六级分类	Ⅰ～Ⅱ	Ⅲ	Ⅳ	Ⅴ～Ⅵ	Ⅶ～Ⅸ	Ⅹ～ⅩⅥ

土壤岩石类别划分:路基工程定额按开挖的难易程度将土壤、岩石分为六类。

2.定额工程内容除注明者外,均包括以下内容

(1)各种机械1km内由停车场至工作地点的往返空驶。

(2)工具小修。

(3)钢钎淬火。

二、路基土、石方工程定额说明

(1)"人工挖运土方"、"人工开炸石方"、"机械打眼开炸石方"、"抛坍爆破石方"等定额中,已包括开挖边沟消耗的人工、材料和机械台班数量,因此,开挖边沟的数量应合并在路基土、石数量内计算。

(2)各种开炸石方定额中,均已包括清理边坡工作。

(3)机械施工土、石方,挖方部分因机械达不到而需由人工完成的工程量应由施工组织设计确定。其中,人工操作部分按相应定额乘以1.15的系数。

(4)抛坍爆破石方定额按地面横坡坡度划分,地面横坡变化复杂,为简化计算,凡变化长度在20m以内,以及零星变化长度累计不超过设计长度的10%时,可并入附近路段计算。

(5)自卸汽车运输路基土、石方定额项目和洒水汽车洒水定额项目,仅适用于平均运距在15km以内的土、石方或水的运输,当平均运距超过15km时,应按社会运输的有关规定计算其运输费用。当运距超过第一个定额运距单位时,其运距尾数不足一个增运定额单位的半数时不计算,等于或超过半数时按一个增运定额运距单位计算。

(6)路基加宽填筑部分如需清除时,按刷坡定额中普通土子目计算;清除的土方如需远运,按土方运输定额计算。

(7)下列数量应由施工组织设计提出,并入路基填方数内计算。

①清除表土或零填方地段的基底压实、耕地填前夯(压)实后,回填至原地面高程所需的土、石方数量。

因基底压实和耕地填前压实所增加的土方量可按下式计算。

先计算天然土因压实而产生的沉降量h:

$$h = p/c$$

式中:h——天然土因压实而产生的沉降量(cm);

p——有效作用力(kN/cm²),一般按12～15t压路机的有效作用力$p=66\text{N/cm}^2$;

c——土的抗沉陷系数(kN/cm³),其值见表7-3。

土的抗沉陷系数表　　表 7-3

原状土名称	c(kN/cm³)	原状土名称	c(kN/cm³)
沼泽土	1～1.5	大块胶结的砂、潮湿黏土	3.5～6.0
凝滞土	1.8～2.5	坚实的黏土	10.0～12.5
松砂、松湿黏土、耕土	2.8～3.5	泥灰石	13.0～18.0

碾压天然土地面的面积乘以沉降量就是需增加的填方数量，即：

$$Q = Fh$$

式中：Q——增加的填方数量(m³)；

F——填前压(夯)实的天然土的地面面积(m²)；

h——天然土因压实产生的沉降量(cm)。

计算出的 Q 值应计入设计填方数量。

②因路基沉陷需增加填筑的土、石方数量。

③为保证路基边缘的压实度需加宽填筑时，所需的土、石方数量。

填宽增加的土方量一般可用下列公式计算：

宽填土方量＝填方全长×路基平均填土高度×宽填厚度

(8)工程量计算规则。

①土石方体积的计算。除定额中另有说明者外，土方挖方按天然密实体积计算，填方按压(夯)实后的体积计算，石方爆破按天然密实体积计算。当以填方压实体积为工程量，采用以天然密实方为计量单位的定额时，所采用的定额应乘以表 7-4 中的系数。

土石方体积的计算系数表　　表 7-4

公路等级＼土类	土方				石方
	松土	普通土	硬土	运输	
二级及以上等级公路	1.23	1.16	1.09	1.19	0.92
三、四级公路	1.11	1.05	1.0	1.08	0.84

其中推土机、铲运机施工土方的增运定额按普通土栏目的系数计算：人工挖运土方的增运定额和机械翻斗车、手扶拖拉机运输土方、自卸车运输土方的运输定额在表 7-2 的基础上增加 0.03 的土方运输损耗，但弃方运输不应计算运输损耗。

②各类土、石方在进行路基土、石调配时，其定额、计量单位、计价等按如下规定进行：

a. 挖方：按土质分类分别套用相应的定额，定额单位为天然密实方。

b. 填方：套用相应的压实定额，定额单位为压实方。

c. 设计断面方：在公路工程预算中，设计断面方可按下式进行计算。

设计断面方＝挖方(天然密实方)＋填方(压实方)

d. 本桩利用：这一参数不参与费用的计算，其挖已在“挖方”内计算，其填已在“填方”内计算。

e. 远运利用：只计算其调配运输费用，其挖已在其他断面的“挖方”内计算，其填已在“填方”内计算。

f.借方:计算其挖、装、运的费用,其填已在“填方”内计算。

借方=填方(压实方)-利用方(压实方)

g.弃方:只计算其运输费用,其挖已在“挖方”内计算。

弃方=挖方(天然密实方)-利用方(天然密实方)

h.计价方:在公路工程预算中,计价方可按下式进行计算:

计价方=挖方(天然密实方)+填方(压实方)-利用方(压实方)

=挖方(天然密实方)+借方(压实方)

③零填及挖方地段基底压实面积等于路槽底面宽度和长度的乘积。

④抛坍爆破的工程量,按抛坍爆破设计计算。

⑤整修边坡的工程量,按公路路基长度计算。

三、排水工程定额说明

(1)边沟、排水沟、截水沟的挖基费用按人工挖截水沟、排水沟定额计算,其他排水工程的挖基费用按土、石方工程的相关定额计算。

(2)边沟、排水沟、截水沟、急流槽定额均未包括垫层的费用,需要时按有关定额另行计算。

(3)雨水箅子的规格与定额不同时,可按设计用量抽换定额中铸铁箅子的消耗。

(4)工程量计算规则。

①定额砌筑工程的工程量为砌体的实际体积,包括构成砌体的砂浆体积。

②定额预制混凝土构件的工程量为预制构件的实际体积,不包括预制构件中空心部分的体积。

③挖截水沟、排水沟的工程量为设计水沟断面积乘以水沟长度与水沟圬工体积之和。

④路基盲沟的工程量为设计设置盲沟的长度。

⑤轻型井点降水定额按50根井管为一套,不足50根的按一套计算。井点使用天数按日历天数计算,使用时间按工组织设计确定。

四、软基处理工程定额说明

(1)袋装砂井及塑料排水板处理软土地基,工程量为设计深度,定额材料消耗中已包括砂袋或塑料排水板的预留长度。

(2)振冲碎石桩定额中不包括污泥排放处理的费用,需要时另行计算。

(3)挤密砂桩和石灰砂桩处理软土地基定额的工程量为设计桩断面积乘以设计桩长。

(4)粉体喷射搅拌桩和高压旋喷桩处理软土地基定额的工程量为设计桩长。

(5)高压旋喷桩定额中的浆液系按普通水泥浆编制的,当设计采用添加剂或水泥用量与定额不同时,可按设计要求进行抽换。

(6)土工布的铺设面积为锚固沟外边缘所包围的面积,包括锚固沟的底面积和侧面积。定额中不包括排水内容,需要时另行计算。

(7)强夯定额适用于处理松、软的碎石土、砂土、低饱和度的粉土与黏性土、湿陷性黄土、杂填土和素填土等地基。定额中已综合考虑夯坑的排水费用,使用定额时不得另行增加费用。夯击遍数应根据地基土的性质由设计确定,低能量满夯不作为夯击遍数计算。

(8)堆载预压定额中包括了堆载四面的放坡，沉降观测，修坡道增加的工、料、机消耗以及施工中测量放线、定位的工、料消耗，使用定额时均不得另行计算。

五、路基工程定额应用

【例 7-2】 ××高速公路路基土、石方工程，计有挖土方 3000000m^3，其中松土 500000m^3、普通土 1500000m^3、硬土 1000000m^3。利用开挖土方作填方计天然密实方松土 300000m^3、普通土 1000000m^3、硬土 500000m^3。开炸石方计 1000000m^3，利用开炸石方作填方用计天然密实方 300000m^3、填方计压实方 4000000m^3。

问题：

(1)计算路基设计断面方数量。

(2)计算计价方数量。

(3)计算利用方数量(压实方)。

(4)计算借方数量(压实方)。

(5)计算弃方数量。

解

(1)路基设计断面方数量

$$3000000+1000000+4000000=8000000\text{m}^3$$

(2)计价方数量

$$8000000-(300000\div 1.23+1000000\div 1.16+500000\div 1.09+300000\div 0.92)=6109226\text{m}^3$$

(3)利用方数量

$$30000000\div 1.23+1000000\div 1.16+500000\div 1.09+300000\div 0.92=1890774\text{m}^3$$

(4)借方数量

$$4000000-890774=2109226\text{m}^3$$

(5)弃方数量

$$3000000+1000000-(300000+1000000+500000+300000)=1900000\text{m}^3$$

【例 7-3】 某公路采用塑料排水板处理软土地基，使用带门架的袋装沙井机，试求 2300m 沙井工料机消耗。

解　查预算定额 1-3-2-1，根据定额单位为 1000m，则：

工程数量＝2300/1000＝2.3(个定额单位)

沙井工料机消耗：

人工	2.3×7.3＝16.79 工日
枕木	2.3×0.033＝0.0759m^3
钢轨	2.3×0.040＝0.092t
铁件	2.3×4.5＝10.35kg
塑料排水板	2.3×1071＝2463.3m
其他材料费	2.3× 83.5＝192.05 元
袋装沙井机(带门架)	2.3× 1.38＝3.174 台班

【例 7-4】 ××地区有一山岭重丘区高速公路，路基土方挖方土质为普通土，平均运距 30m 的有 1000000m^3，平均运距 50m 的有 1000000m^3，平均运距 200m 的有 1000000m^3，平均运距 3000m 的有 1000000m^3。

问题：

(1)计算挖土方的平均运距。

(2)提出全部合理的机械化施工方式。

(3)提出不同机械施工方式的预算定额工程细目名称、定额表号及定额直接费。

解 本案例主要考核关于土、石方工程机械的经济运距，以及机械规格型号的选择。一般来讲，工程量较大的土、石方施工应选择大功率或大吨位的施工机械，工程量小的土、石方施工应选择小功率或小吨位的施工机械。因此，本案例推土机以 135～240kW 均属正确；铲运机以 10～12m^{3}均属正确；自卸汽车以 12～15t 均属正确；装载机以 2～3m^{3}均属正确。

(1)挖土方平均运距

(30×1000000＋50×1000000＋200×1000000＋3000×1000000)÷4000000＝820m

(2)合理的机械化施工方式

①平均运距 30m 和 50m 的采用推土机施工。

②平均运距 200m 的采用铲运机施工。

③平均运距 3000m 的采用推土机集土、装载机装土、自卸汽车运输施工。

(3)不同施工方式的预算定额工程细目名称、定额表号(表 7-5)

预算定额工程细目名称、定额表号 表 7-5

工程细目		定额代号	单 位	数 量	定额调整
165kW 内履带式推土机推土	第一个 20m	1-1-12-18	1000m^3	2000	
	每增运 10m	1-1-12-20	1000m^3	1000	4
10m^{3}以内铲运机铲运土方	第一个 100m	1-1-13-6	1000m^3	1000	
	每增运 50m	1-1-13-8	1000m^3	1000	2
3m^{3}装载机装土		1-1-10-3	1000m^3	1000	
15t 自卸汽车运土 3000m	第一个 1km	1-1-11-21	1000m^3	1000	
	每增运 0.5km	1-1-11-22	1000m^3	1000	4

第三节 路面工程预算定额及应用

一、路面工程定额总说明

(1)路面工程概算定额包括各种类型路面以及路槽、路肩、垫层、基层等，除沥青混合料路面、石拌基层稳定土混合料运输以 1000m^{3}路面实体为计算单位外，其他均以 1000^2 为计算单位。

(2)路面项目中的厚度均为压实厚度，培路肩厚度为净培路肩的夯实厚度。

(3)定额中混合料是按最佳含水率编制，定额中已包括养生用水并适当扣除材料天然含水率，但山西、青海、甘肃、宁夏、内蒙古、新疆、西藏等省、自治区，由于湿度偏低，用水量可根据具体情况在定额数量的基础上酌情增加。

(4)定额中凡列有洒水汽车的子目,均按5km范围内洒水汽车在水源处的自吸水编制,不计水费。如工地附近无天然水源可利用,必须采用供水(如自来水)时,可根据定额子目中洒水汽车的台班数量,按每台班35m^{3}来计算定额用水量,乘以供水部门规定的水价增加洒水汽车的台班消耗,但增加的洒水汽车台班消耗量不得再计水费。

(5)定额中的水泥混凝土均已包括其拌和费用,使用定额时不得再另行计算。

(6)压路机台班按行驶速度:两轮光轮压路机为2.0km/h、三轮光轮压路机为25km/h、轮胎式压路机为5.0km/h、振动压路机为3.0km/h进行编制。如设计为单车道路面宽度时,两轮光轮压路机乘以1.14的系数、三轮光轮压路机乘以1.33的系数、轮胎式压路机和振动压路机乘以1.29的系数。

(7)自卸汽车运输稳定土混合料、沥青混合料和水泥混凝土定额项目,仅适用于平均运距在15km以内的混合料运输,当平均运距超过15km时,应按社会运输的有关规定计算其运输费用。当运距超过第一个定额运距单位时,其运距尾数不足一个增运定额单位的半数时不计算,等于或超过半数时按一个增运定额运距单位计算。

二、路面基层及垫层定额说明

(1)各类稳定土基层,级配碎石、级配砾石基层的压实厚度在15cm以内,填隙碎石一层的压实厚度在12cm以内,其他种类的基层和底基层压实厚度在20cm以内,拖拉机、平地机和压路机的台班消耗按定额数量计算。如超过上述压实厚度进行分层拌和、碾压时,拖拉机、平地机和压路机的台班消耗按定额数量加倍计算,每1000m^{2}增加3个工日。

(2)各类稳定土基层定额中的材料消耗系按一定配合比编制的,当设计配合比与定额标明的配合比不同时,有关材料可按路面工程概算定额内容进行换算。

(3)人工沿路翻拌和筛拌稳定土混合料定额中均已包括土的过筛工消耗,因此土的预算价格中不应再计算过筛费用。

(4)土的预算价格,按材料采集及加工和材料运输定额中的有关项目计算。

(5)各类稳定土基层定额中的碎石土、砂砾土是指天然碎石土和天然砂砾土。

(6)各类稳定土底基层采用稳定土基层定额时,每1000m^{2}路面减少12～15t光轮压路机0.18台班。

三、路面面层定额说明

(1)泥结碎石、级配碎石、级配砾石、天然砂砾、粒料改善土壤路面面层的压实厚度在15cm以内,拖拉机、平地机和压路机的台班消耗按定额数量计算。如等于或超过上述压实厚度进行分层拌和、碾压时,拖拉机、平地机和压路机的台班消耗按定额数量加倍计算,每1000m^{2}增加3个工日。

(2)泥结碎石及级配碎石、级配砾石面层定额中,均未包括磨耗层和保护层,需要时应按磨耗层和保护层定额另行计算。

(3)沥青表面处治路面、沥青贯入式路面和沥青上拌下贯式路面的下贯层以及透层、黏层、封层定额中已计入热化、熬制沥青用的锅、灶等设备的费用,使用定额时不得另行计算。

(4)沥青碎石混合料、沥青混凝土和沥青碎石玛蹄脂混合料路面定额中均已包括混合料拌和、运输、摊铺作业时的损耗因素,路面实体按路面设计面积乘以压实厚度计算。

(5)沥青路面定额中均未包括透层、黏层和封层,需要时可按有关定额另行计算。

(6)沥青路面定额中的乳化沥青和改性沥青均按外购成品料进行编制,如在现场自行配制时,其配制费用计入材料预算价格中。

(7)如沥青玛蹄脂碎石混合料设计采用的纤维稳定剂的掺和比例与定额不同时,可按设计用量调整定额中纤维稳定剂的消耗。

(8)沥青路面定额中,均未考虑为保证石料与沥青的黏附性而采用的抗剥离措施的费用,需要时,应根据石料的性质,按设计提出的抗剥离措施,计算其费用。

(9)在冬五区、冬六区采用层铺法施工沥青路面时,其沥青用量可按定额用量乘以下列系数。

沥青表面处治:1.05;沥青贯入式基层或联结层:1.02;面层:1.028;沥青上拌下贯式下贯部分:1.043。

(10)定额是按一定的油石比编制的,当设计采用的油石比与定额不同时,可按设计油石比调整定额中的沥青用量,换算公式同路面工程概算定额相应公式。

四、路面附属工程定额说明

(1)整修和挖除旧路面按设计提出的需要整修的旧路面面积和需要挖除的旧路面体积计算。

(2)整修旧路面定额中,砂石路面均按整修厚度 6.5cm 计算,沥青表处面层按整修厚度 2cm 计算,沥青混凝土面层按整修厚度 4cm 计算,路面基层的整修厚度均按 6.5cm 计算。

(3)硬路肩工程项目,根据其不同设计层次结构,分别采用不同的路面定额项目进行计算。

(4)铺砌水泥混凝土预制块人行道、路缘石、沥青路面镶边和土硬路肩加固定额中,均已包括水泥混凝土预制块的预制,使用定额时不得另行计算。

五、路面工程定额应用

【例 7-5】 某沥青混合料路面基层摊铺工程,基层为厚 20cm 水泥稳定碎石,路面宽 22.5m,路段长 18km,基层较面层每侧加宽 0.25m,按厂拌水泥稳定碎石,机械铺筑,平地机功率 120kW 以内,试计算其所需人工数量及平地机、压路机等台班数量。

解 (1)计算基层工程量=(22.5+0.25×2)×18000=414000m²。

(2)查相应预算定额[2-1-9-3],另依据《公路工程预算定额》第二章第一节路面基层与垫层说明第 1 条,可知该项内容的人工定额每 1000m² 增加 3 个工作日,平地机、压路机台班数量加倍。

根据定额单位为 1000m²,则:

工程数量=414000/1000=414(个定额单位)

人工数量=(4.7+3)×414=3187.8 工日

平地机台班数量=0.37×2×414=306.36 台班

6~8t 压路机台班数量=0.14×2×414=115.92 台班

$$12\sim15\text{t 压路机台班数量}=1.27\times2\times414=1051.56\text{ 台班}$$

$$6000\text{L 以内洒水汽车台班数量}=0.31\times414=128.34\text{ 台班}$$

【例 7-6】 某公路工程采用沥青混凝土路面。施工图设计的路面基层为 20cm 厚的(5%)水泥稳定碎石，底基层为 20cm 厚的(5∶15∶80)石灰粉煤灰砂砾。其中某标段路线长 30km，基层为 771780m²，底基层数量均为 789780m²，要求采用集中拌和施工，根据施工组织设计资料，在距路线两端 1/3 处各有一块比较平坦的场地，且与路线紧邻。路面施工期为 6 个月。拌和站场地处理不考虑。

问题 请按不同的结构分别列出本标段路面工程造价所涉及的相关定额的名称、单位、定额代号、数量等内容，并填入表格中。需要时应列式计算。

解 (1)基层(底基层)混合料拌和设备设置数量的计算

混合料数量为：

$$771780\times0.2\times2.277+780780\times0.2\times1.982=660970\text{t}$$

$$771780\times0.2+780780\times0.2=310512\text{m}^3$$

根据施工工期安排，要求在 6 个月内完成路面基层和底基层的施工，假定设置的拌和设备型号为 300t/h，每天施工 10h，设备利用率为 0.85，拌和设备安拆需 1 个月，则需要的拌和设备数量为：

$$660970\div[300\times10\times0.85\times30\times(6-1)]=1.73\text{ 台}$$

应设置 2 台拌和设备。

(2)基层(底基层)混合料综合平均运距

沿线应设基层(底基层)稳定土拌和场两处，每处安装 300t/h 稳定土拌和设备 1 台。其混合料综合平均运距为：

$$(5\times10/30+2.5\times5/30)\times2=4.17$$

按 4km 考虑。

相关定额的名称、单位、定额代号、数量见表 7-6。

相关定额的名称、单位、定额代号、数量　　表 7-6

工程细目	定额代号	单位	数量	定额调整或系数
石灰粉煤灰砂砾基层 15cm	2-1-7-29	1000m²	789.78	
石灰粉煤灰砂砾基层，每增减 1cm	2-1-7-30	1000m²	789.78	5
摊铺机铺筑底基层	2-1-9-12	1000m²	789.78	
水泥稳定碎石基层 15cm	2-1-7-5	1000m²	771.78	
水泥稳定碎石基层每增减 1cm	2-1-7-6	1000m²	771.78	5
摊铺机铺筑基层	2-1-9-11	1000m²	771.78	人工及压实机械调整
15t 自卸汽车运第一个 1km	2-1-8-21	1000m³	310.512	
15t 自卸汽车运，每增运 0.5km	1-1-8-22	1000m³	310.512	7
厂拌设备安拆	2-1-10-4	1 座	2	

注：基层稳定土混合料运输采用 12～15t 的自卸汽车均为正确答案。

第四节　桥梁工程预算定额及应用

一、桥梁工程定额总说明

桥梁工程定额包括开挖基坑，围堰、筑岛及沉井、打桩、灌注桩、砌筑，现浇混凝土及钢筋混凝土，预制、安装混凝土及钢筋混凝土构件，构件运输，拱盔、支架，钢结构和杂项工程等项目。

1. 混凝土工程

(1)定额中混凝土强度等级均按一般图纸选用，其施工方法除小型构件采用人拌和捣外，其他均按机拌机捣计算。

(2)定额中混凝土工程除小型构件、大型预制构件底座、混凝土搅拌站安拆和钢桁架桥式码头项目中已考虑混凝土的拌和费用外，其他混凝土项目中均未考虑混凝土的拌和费用，应按有关定额另行计算。

(3)定额中混凝土均按露天养生考虑，如采用蒸汽养生时，应从各有关定额中扣减人工1.5个工日及其他材料费4元，并按蒸汽养生有关定额计算。

(4)定额中混凝土工程均已包括操作范围内的混凝土运输。现浇混凝土工程的混凝土平均运距超过50m时，可根据施工组织设计的混凝土平均运距，按杂项工程中混凝土运输定额增列混凝土运输。

(5)定额中采用泵送混凝土的项目均已包括水平和向上垂直泵送所消耗的人工、机械，当水平泵送距离超过定额综合范围时，可按表7-7增列人工及机械消耗量。向上垂直泵送不得调整。

增列人工及机械消耗量　　表7-7

项　　目		定额综合的水平泵送距离(m)	每100m²混凝土增加水平距离50m增列数量	
			人工(工日)	混凝土输送泵(台班)
基础工程	灌注桩	100	1.55	0.27
	其他	100	1.27	0.18
上、下部构造		50	2.82	0.36
桥面铺装		250	2.82	0.36

(6)凡预埋在混凝土中的钢板、型钢、钢管等预埋件，均作为附属材料列入混凝土定额内。至于连接用的钢板、型钢等则包括在安装定额内。

(7)大体积混凝土项目必须采用埋设冷却管来降低混凝土水化热时，可根据实际需要另行计算。

(8)除另有说明外，混凝土定额中均已综合脚手架、上下架、爬梯及安全围护等搭拆及摊销费用，使用定额时不得另行计算。

2. 钢筋工程

(1)定额中凡钢筋直径在10mm以上的接头，除注明为钢套筒连接外，均采用电弧搭接焊或电阻对接焊。

(2)定额中的钢筋按选用图纸分为光圆钢筋、带肋钢筋,如设计图纸的钢筋比例与定额有出入时,可调整钢筋品种的比例关系。

(3)定额中的钢筋是按一般定尺长度计算的,如设计提供的钢筋连接用钢套筒数量与定额有出入时,可按设计数量调整定额中的钢套筒消耗,其他消耗不调整。

3. 模板工程

(1)模板不单列项目。混凝土工程中所需的模板包括钢模板、组合钢模板、木模板,均按其周转摊销量计入混凝土定额中。

(2)定额中的模板均为常规板,当设计或施工对混凝土结构的外观有特殊要求需要对模板进行特殊处理时,可根据定额中所列的混凝土模板接触面积增列相应的特殊模板材料的费用。

(3)定额中所列的钢模板材料指工厂加工的适用于某种构件的定型钢模板,其质量包括立模所需的钢支撑及有关配件;组合钢模板材料指市场供应的各种型号的组合钢模板,其质量仅为组合钢模板的质量,不包括立模所需的支撑、拉杆等配件,定额中已计入所需配件材料的摊销量;木模板按工地制作编制,定额中将制作所需工、料、机械台班消耗按周转摊销量计算。

(4)定额中均已包括各种模板的维修、保养所需的工、料及费用。

4. 设备摊销费

定额中设备摊销费的设备指属于固定资产的金属设备,包括万能杆件、装配式钢桥桁架及有关配件拼装的金属架桥设备。设备摊销费按设备质量每吨每月 90 元计算(除设备本身的折旧费用,还包括设备的维修、保养等费用)。各项目中凡注明允许调整的,可按计划使用时间调整。

5. 工程量计算规则

(1)现浇混凝土、预制混凝土、构件安装的工程量为构筑物或预制构件的实际体积,不包括其中空心部分的体积,钢筋混凝土项目的工程量不扣除钢筋(钢丝、钢绞线)、预埋件和预留孔道所占的体积。

(2)构件安装定额中在括号内所列的构件体积数量,表示安装时需要备制的构件数量。

(3)钢筋工程量为钢筋的设计质量,定额中已计入施工操作损耗,一般钢筋因接长所需增加的钢筋质量已包括在定额中,不得将这部分质量计入钢筋设计质量内。但对于某些特殊的工程,必须在施工现场分段施工采用搭接接长时,其搭接长度的钢筋质量未包括在定额中,应在钢筋的设计质量内计算。

本书只列举了定额总说明,其他章节说明详见《公路工程预算定额》。

二、桥梁工程定额应用

【例 7-7】 某桥梁工程以手推车运预制构件,每构件质量小于 3t,需构件出坑堆放,运输重载升坡 4%,运距 100m,试确定预算定额。

解 查定额 4-8-1,由《公路工程预算定额》(JTG/T B06-02—2007)章节说明可知构件如需出坑堆放,可按相应构件运输第一个运距单位定额计列。手推车运输每增运 10m 定额的人工换算系数为：坡度5%以内，系数取1.5；运距尾数计算按《公路工程预算定额》(JTG/T B06-02—2007)章节说明的规定办理。

手推车运输定额运距为10m，增运运距单位也是10m，所以运距增运为(100－10)/10＝9。

每10m³ 构件预算定额值为：

人工　　　　　　　　2.6＋9×0.6×1.5＋2.6＝13.3 工日

小型机具使用费　　　　4.1＋4.1＋1.0×9＝17.2 元

【例7-8】 某轻型混凝土墩台(跨径4m内)，混凝土设计强度等级为C20，试确定混凝土材料的预算定额。

解　查《预算定额》“表4-6-1-1”，由该定额所列的混凝土强度等级为C15，与设计强度等级(C20)不相符，故4-6-1-1中混凝土的材料：32.5级水泥2.581t，中粗砂5.610m³，碎石(8cm)8.47m³的值应予以抽换。

抽换方法如下：

(1)由4-6-1-1查得每10m³ 实体需C15水泥混凝土的数量为10.20m³，故当设计强度等级为C20时，每10m³ 实体所需的混凝土数量仍为10.20m³。

(2)由《基本定额》可知，每1m³ 混凝土碎石的最大粒径为80mm的C20普通水泥混凝土需：32.5级水泥282kg；中粗砂0.54m³；碎石(8cm)0.82m³。

(3)每10m³ 实体需C20水泥混凝土的材料定额抽换值为：

32.5级水泥　　　　　　0.282×10.20＝2.876t

中粗砂　　　　　　　　0.54×10.20＝5.508m³

碎石(8cm)　　　　　　 0.82×10.20＝8.364m³

【例7-9】 某盖板涵工程，孔径3m，台高3m，涵长31m，其施工图设计主要工程量见表7-8。

主要工程量　　　　表7-8

项　目	单　位	工 程 量
基坑土方	m³	420
C20混凝土基础	m³	250
C20混凝土台墙	m³	280
C30混凝土帽石	m³	0.5
C30预制混凝土矩形板	m³	52
矩形板光圆钢筋	kg	500
矩形板带肋钢筋	kg	4500

问题

(1)简述盖板涵工程中防水层及沉降缝工程量的计算方法。

(2)请根据上述资料列出本涵洞工程造价所涉及的相关定额的名称、单位、定额代号、数量等内容，并填入表7-9中，需要时应列式计算。

定额的名称、单位、定额代号、数量表　　表 7-9

工程细目	定额代号	单　位	数　量	定额调整或系数
基坑开挖	4-1-3-3	$1000m^3$	0.42	
咖混凝土基础	4-6-1-1	$10m^3$	25	C15 混凝土调整为 C20
C20 混凝土台墙	4-6-2-2	$10m^3$	28	
C30 混凝土帽石	4-6-3-2	$10m^3$	0.05	
预制 C30 混凝土矩形板	4-7-9-1	$10m^3$	5.2	C20 混凝土调整为 C30
安装矩形板	4-7-10-2	$10m^3$	5.2	
矩形板钢筋	4-7-9-3	1t	0.5	Ⅰ级 1.025、Ⅱ级 0
矩形板钢筋	4-7-9-3	1t	4.5	Ⅰ级 0、Ⅱ级 1.025
防水层(涂沥青)	4-11-4-5	$10m^2$	9.3	
沉降缝	4-11-7-13	$1m^2$	0.45	
混凝土搅拌机拌和(500L 内)	4-11-11-3	$10m^3$	59.36	
混凝土运输	4-11-11-16	$100m^3$	5.936	

解　(1)防水层:防水层采用涂沥青,其数量为 $31\times3=93m^2$。

(2)沉降缝:按平均 5m 设一道沉降缝,填缝深度按 15cm 考虑,则其数量为 $31\div5-1=5.2$,按 5 道计算:

$$5\times3\times2\times0.15=4.5m^2$$

(3)混凝土拌和与运输:

$$(250+280+0.5)\times1.02+52\times1.01=593.63m^3$$

【例 7-10】　某大桥桥宽 26m,与路基同宽。桥长 1216m,两岸各接线 500m,地势较为平坦(土石方填挖计入路基工程,预制场建设不考虑土石方的填挖)。桥梁跨径为 12×30m+6×40m+20×30m 先简支后连续预应力混凝土 T 形梁结构,每跨布置预制 T 形梁 14 片。其中 30m 预应力 T 形梁梁高 180cm、底宽 40cm、顶宽 160cm,40m 预应力 T 形梁梁高 240cm、底宽 50cm、顶宽 160cm。T 形梁预制、安装工期均按 8 个月计算,预制安装存在时间差,按 1 个月考虑。吊装设备考虑 1 个月安拆时间,每片梁预制周期按 10d 计算。上部结构的主要工程量见表 7-10。

上部结构的主要工程量　　表 7-10

工程细目		单　位	数　量	备　注
40m 预制 T 形梁	C50 混凝土	m^3	2520	
	光圆钢筋	t	50.4	
	带肋钢筋	t	403.2	
	钢绞线	t	92.4	OVM 锚 15-7:672 套
30m 预制 T 形梁	C50 混凝土	m^3	8960	
	光圆钢筋	t	179.2	
	带肋钢筋	t	1433.6	
	钢绞线	t	289.9	OVM 锚 15-7:3136 套

续上表

工程细目		单位	数量	备注
湿接缝	C250 混凝土	m^3	784	
	光圆钢筋	t	23.52	
	带肋钢筋	t	141.12	
	钢绞线	t	137.9	长度 20m 内，BM 锚 15-5：3920 套

问题

请列出该桥梁工程上部结构的施工图预算所涉及的相关定额的名称、单位、定额表号、数量、定额调整等内容，并填入表格中，需要时请列式计算或文字说明。

解 (1)预制底座计算

预制 30m 预应力 T 形梁数量 (12＋20)×14＝448 片

预制 40m 预应力 T 形梁数量 6×14＝84 片

T 形梁的预制工期为 8 个月，每片梁预制需用 10d 时间，所以需要底座的数量为：

30mT 形梁底座 448×10÷8÷30＝18.7，取 19 个

40mT 形梁底座 84×10÷8÷30＝3.5，取 4 个

底座面积 19×(30＋2)×(1.6＋1)＋4×(40＋2)×(1.6＋1)＝2017.6m^2

(2)吊装设备

桥梁两端地势较为平坦，可做预制场，因此考虑就近建设预制场。考虑运梁及安装，底座方向按顺桥向布置，每排 4 个，净间距 2.5m，排列宽度为 4×2.6＋3×2.5＝17.9m。龙门吊机采用 20m 跨度，12m 高，布置 2 台。预算定额的参考质量每台 43.9t，合计质量为 87.8t。架桥机按 40m 梁考虑，采用双导梁架桥机，参考预算定额全套质量 165t。因本项目桥梁宽度为 26m，需分两幅施工，故应设置两套架桥机。

因预制、安装存在 1 个月的时间差，再考虑 1 个月安拆时间，龙门架的设备摊销时间按 10 个月计算，定额中设备摊销费调整为 9000 元；架桥机的设备摊销时间按 9 个月计算，定额中设备摊销费调整为 8100 元。

(3)临时轨道及其他

存梁区长度考虑为 80m，因此预制场的长度为：32×5＋42＋7×2.5＋80＝299.5，取 300m。

考虑到运输的方便，预制场与桥头直接相连，同时考虑架桥机拼装长度，按两孔跨径计 80m，则路基上轨道长度为：

$$(300+80\times2)\times2=920\text{m}$$

桥上轨道长度为梁板全长减一跨考虑，即：

$$(1216-40)\times2\times2=4704\text{m}$$

考虑到拌和、堆料、加工、仓库、办公、生活等的需要，预制场范围再增加 200m，所以，平整场地的面积为：

$$26\times(300+200)=13000\text{m}^2$$

场地硬化的面积为：

$$300\times26-2017.6=5782.4\text{m}^2$$

全部铺15cm砂砾后，其中考虑40%面积水泥混凝土硬化，厚10cm。

(4)预制构件的平均运输距离

30mT形梁的平均运输距离为：

单片质量　　$8960\div448\times2.5=50\text{t}$

平均运距　　$[(20\times30\div2)\times20+(20\times30+6\times40+12\times30\div2)\times12]\div32=570\text{m}$

40mT形梁的平均运输距离为：

单片质量　　$2520\div84\times2.5=75\text{t}$

平均运距　　$20\times30+6\times40\div2=720\text{m}$

(5)预应力钢绞线每吨束数

40m以内　　$(672+3136)\div2\div(92.4+289.9)=4.98$ 束/t

$4.98-3.82=1.16$ 束/t

20m以内　　$3920\div2\div137.9=14.21$ 束/t

$14.21-8.12=6.09$ 束/t

(6)计算混凝土拌和数量

$$(8960+2520)\times1.01+784\times1.02=12394.5\text{m}^3$$

(7)定额选用及数量

定额选用及数量见表7-11。

定额的名称、单位、定额表号、数量　　表7-11

工程细目		定额代号	单位	数量	定额调整或系数
T形梁预制		4-7-14-1	10m^3	11480	
预制钢筋		4-7-14-3	1t	2231.04	包括接缝钢筋，调整Ⅰ级、Ⅱ级钢筋消耗为0.116:0.909
T形梁安装		4-7-14-7	10m^3	11480	
预应力钢绞线	40m内	4-7-20-29	1t	382.3	
		4-7-20-30	1t	382.3	1.16
	20m内	4-7-20-17	1t	137.9	锚具抽换为15—5
		4-7-20-18	1t	137.9	6.09，锚具抽换为15—5
大型预制构件底座		4-11-9-1	10m^2	201.76	
30m梁运输	第一个50m	4-8-2-5	10m^3	896	
	每增运50m	4-8-2-14	10m^3	896	10
40m梁运输	第一个50m	4-8-2-6	10m^3	252	
	每增运50m	4-8-2-15	10m^3	252	13
30m梁出坑堆放		4-8-2-5	10m^3	896	
40m梁出坑堆放		4-8-2-6	10m^3	252	
湿接缝		4-7-14-8	10m^3	78.4	
混凝土拌和		4-11-11-11	100m^3	123.945	

续上表

工程细目		定额代号	单位	数量	定额调整或系数
混凝土运输		4-11-11-20	$100m^3$	123.945	
平整场地		4-11-1-2	$1000m^2$	13	
场地硬化砂砾厚 15cm		1-3-12-2	$1000m^3$	0.867	
场地硬化混凝土厚 10cm		4-1-5-6	$10m^3$	23.13	
双导梁		4-7-31—2	10t	33	设备摊销费调整为 8100 元
预制场龙门吊		4-4-314	10t	8.78	设备摊销费调整为 9000 元
临时轨道	路基上	7-1-4-3	100m	9.2	
	桥面上	7-1-4-4	100m	47.04	

第五节　隧道工程预算定额及应用

一、隧道工程定额总说明

隧道工程定额包括开挖、支护、防排水、补砌、装饰、照明、通风及消防设施、洞门及辅助坑道等项目。定额是按照一般凿岩机钻爆法施工的开挖方法进行编制的，适用于新建隧道工程，改(扩)建及公路大中修工程的可参照使用。

(1)隧道工程定额按现行隧道设计、施工规范将围岩分为六级，即Ⅰ级～Ⅵ级。

(2)隧道工程定额中混凝土工程均未考虑拌和的费用，应按桥涵工程相关定额另行计算。

(3)隧道工程开挖定额中已综合考虑超挖及预留变形因素。

(4)洞内出渣运输定额已综合洞门外 500m 运距，当洞门外运距超过此运距时，可按照路基工程自卸汽车运输土石方的增运定额加计增运部分的费用。

(5)定额中均未包括混凝土及预制块的运输，需要时应按有关定额另行计算。

(6)定额中未考虑地震、坍塌、溶洞及大量地下水处理，以及其他特殊情况所需的费用，需要时可根据设计另行计算。

(7)定额中未考虑施工时所需进行的监控量测以及超前地质预报的费用，监控量测的费用已在《公路工程基本建设项目概算预算编制办法》(JTG B06—2007)的施工辅助费中综合考虑，使用定额时不得另行计算，超前地质预报的费用可根据需要另行计算。

(8)隧道工程项目采用其他章节定额的规定。

①洞门挖基、仰坡及天沟开挖、明洞明挖土石方等，应使用其他章节有关定额计算。

②洞内工程项目如需采用其他章节的有关项目时，所采用定额的人工工日、机械台班数量及小型机具使用费，应乘以 1.26 的系数。

本书只列举了定额总说明，其他章节说明详见《公路工程预算定额》。

二、隧道工程定额应用

【例 7-11】 某土质隧道内路面基层采用 18cm 的二灰碎石，拖拉机带铧犁拌和数量为 $15000m^2$，试计算预算定额下的工料机消耗量。

解 《公路工程预算定额》第三章“隧道工程”中无洞内路面相关定额，章说明规定“洞内”工程若采用其他章节的有关项目时，所采用定额的人工工日、机械台班数量及小型机具使用费，应乘以 1.26 的系数。

查《公路工程预算定额》2-1-4-21、2-1-4-21。

根据定额单位为 $1000m^2$，则：

工程数量＝15000/1000＝15(个定额单位)

人工 [22.3＋(18－15)×1.2]×15× 1.26＝489.51 工日

生石灰 [15.829＋(18－15)×1.055]×15＝284.91m^3

粉煤灰 [63.31＋(18－15)×4.22]×15＝1139.55m^3

碎石 [6164.89＋(18－15)×10.99]×15＝1139.55m^3

设备摊销费 [1.6＋(18－15)×0.1]×15＝28.5 元

120kW 以内自行式平地机 0.51×15×1.26＝9.639 台班

75kW 以内履带式拖拉机 0.21×15×1.26＝3.969 台班

6～8t 光轮压路机 0.41×15×1.26＝7.749 台班

12～15t 光轮压路机 1.27×15×1.26＝24.003 台班

6000L 以内洒水汽车[0.92＋(18－15)×0.04]×15＝15.6 台班

【例 7-12】 某分离式山区高速公路隧道，全长 1462m，主要工程量如下所示。

(1)洞门部分：浆砌片石墙体 $1028m^3$，浆砌片石截水沟 $69.8m^3$。

(2)洞身部分：钢支撑 445t；喷射混凝土 $10050m^3$，钢筋网 138t，ϕ25mm 锚杆 12600m，ϕ2mm 锚杆 113600m，拱墙混凝土 $25259m^3$，光圆钢筋 16t，带肋钢筋 145t。

(3)洞内路面：$21930m^2$，水泥混凝土面层厚 26cm。

(4)隧道防排水、洞内管沟、装饰、照明、通风、消防等不考虑。

问题 请列出该隧道工程施工图预算所涉及的相关定额的名称、单位、定额代号、数量、定额调整等内容，并填入表格中，需要时应列式计算或文字说明。

解 (1)锚杆数量计算：

$$(0.025^2\times12600+0.022^2\times113600)\times\pi\div4\times7.85=387.539t$$

(2)隧道路面水泥混凝土数量：

$$21930\times0.26=5701.8m^3$$

相关定额的名称、单位、定额化号、数量见表 7-12。

定额的名称、单位、定额代号、数量 表 7-12

工程细目		定额代号	单位	数量	定额调整或系数
洞门	浆砌片石墙体(装修另计)	3-2-1-4	$10m^3$	102.8	
	浆砌片石截水沟	1-2-3-1	$10m^3$	6.98	

续上表

工程细目				定额代号	单位	数量	定额调整或系数
		钢支撑		3-1-5-1	1t	445	
		锚杆		3-1-6-1	1t	387.539	
		钢筋网		3-1-6-4	1t	138	
	支护	喷射混凝土		3-1-8-1	10m³	1005	
		混凝土拌和		4-11-11-11	100m³	100.5	1.2
		混凝土运输		4-11-11-20	100m³	100.5	1.2
洞身		混凝土洞内运输		3-1-9-10	100m³	100.5	1.2
		拱墙混凝土		3-1-9-2	10m³	2 525.9	
		混凝土拌和		4-11-11-11	100m³	252.59	1.17
		混凝土运输		4-11-11-20	100m³	252.59	1.17
	衬砌	混凝土洞内运输		3-1-9-10	100m³	252.59	1.17
		钢筋	光圆	3-1-9-6	1t	16	光圆:1.025;带肋:0
			带肋	3-1-9-6	1t	145	带肋:1.025;光圆:0
水泥混凝土路面	厚度 20cm			2-2-17-3	1000m²	21.93	人工、机械×1.26
	厚度增加 6cm			2-2-17-4	1000m²	21.93 ×6	人工、机械×1.26
	混凝土洞内运输			3-1-9-10	100m³	57.018	1.02
混凝土拌和站安拆				4-11-11-7	1座	1	

第六节　交通工程及沿线设施预算定额及应用

一、定额总说明

(1)交通工程及沿线设施预算定额包括交通安全设施、服务设施和管理设施等项目。

(2)定额中只列工程所需的主要材料用量。次要、零星材料和小型施工机具均未一一列出,分别列入“其他材料费”和“小型机具使用费”内,以元计,编制预算即按此计算。

(3)定额中均已包括混凝土的拌和费用。

(4)如有未包括的项目,可参照相关行业定额。

二、安全设施定额工程量计算中应注意的问题

(1)定额中波形钢板、型钢立柱、钢管立柱、镀锌钢管、护栏、钢板网、钢板标志、铝合金板标志、柱式轮廓标、钢管防撞立柱、镀锌钢管栏杆、预埋钢管等均为成品,编制概算时按成品价格计算,其中标志牌单价中不含反光膜的费用。

(2)水泥混凝土构件的预制、安装定额中均包括了混凝土及构件运输的工程内容,使用定额时不得另行计算。

(3)定额中公共汽车停靠站防雨篷规格:钢结构防雨篷为 15m×3m,钢筋混凝土防雨篷为

24m× 3.75m。站台地坪及浇筑防雨篷混凝土的支架及工作平台已综合在定额中，使用定额时不得另行计算。

三、交通工程及沿线设施定额应用

【例 7-13】 某高速公路需安装收费岛、调试视频监控与传输设备“CCD 彩色摄像机”，其中收费亭 3 套、收费岛 4 套、收费广场 2 套。试求其预算定额。

解　根据《公路工程预算定额》(JTG/T B06-02—2007) 6-2-8-1、6-2-8-2、6-2-8-3，单位：1 套。

人工	5×3+8×4+15×2=77 工日
螺栓	2×2.9=5.8kg
膨胀螺栓	4.1×3+10.2×4+10.2×2=73.5 套
其他材料费	2×3+2.6×4+4.2×2=24.8 元
4t 以内载货汽车	1×2=2 台班
300kg 以内液压升降机	0.25×2=0.5 台班
小型机具使用费	13.8×3+26.6×4+70.7×2=289.2 元

第八章　公路工程概预算编制实例

第一节　公路工程概预算的编制步骤

一、公路工程概预算的编制步骤

公路工程概预算的编制是一项十分繁琐而又细致的工作，编制质量的高低及各项费用计算是否准确，直接关系着国家的经济利益。为了确保概预算文件的编制质量，达到经济合理的目的，深入学习和研究概预算的编制步骤和工作内容，无疑是十分必要的。

1. 熟悉设计图纸和资料

编制概预算文件之前，应认真阅读和理解设计图纸、施工组织设计等资料，若图纸与文字说明存在相互矛盾或含糊不清的情况，凡影响到计价的都要仔细核对；对工程造价影响较大的关键部位或量大价高的工程量，必要时应重新进行复核计算，以验证是否正确。

2. 准备概预算资料，熟悉设计图集

概预算资料包括概预算表格、定额、有关文件及现场调查数据等。在编制概预算前，应将部颁文件，如《公路工程基本建设项目设计文件编制办法》、《公路工程基本建设项目概算预算编制办法》及各省发布的概算预算编制办法补充规定等资料准备好。同时也应将相关定额，如《公路工程概算定额》、《公路工程预算定额》及补充定额等资料准备齐全。

对图纸中参见的设计图集，也要进行必要的熟悉。因为标准图集的一些规定，在具体的设计图纸中不一定全部表示出来，但往往又是计价的依据。

3. 分析外业调查资料及施工方案

(1)概预算调查资料分析

在编制概预算文件之前，应对工程所在地的社会条件、自然条件及技术经济条件做必要的现场调查。凡对施工方法及计价有影响的因素都必须进行仔细分析，以保证概预算编制的准确与合理。

例如，筑路材料的来源，沿线料场情况及有无自采材料，材料运输方式及运距，运费标准，占用土地及拆迁的补偿费、安置费，沿线可利用的房屋及劳动力供应情况等。

(2)施工方案分析

施工方案将直接影响定额的查用和概预算费用的高低，因此编制概预算时，应重点对施工方案进行认真分析。

①施工方法。同一工程内容，可以采用不同的施工方法来完成。例如，土石方工程包括人工挖方和机械挖方两种方法；钢筋混凝土工程既可以采用现浇施工，也可以采用预制安装等。

因此,应根据设计图纸的意图和要求,选择经济、合理、可行的施工方法。

②施工机械。施工机械的选择也将直接影响工程造价,因此应根据施工方法选配相应的施工机械。例如,挖填土方既可以采用铲运机,又可以采用挖掘机配合自卸汽车;混凝土预制构件安装也可以采用多种机械施工等。

③工期。同一工程项目,如果施工工期不同,则工程造价有很大差别。施工工期对概预算的影响主要有三个方面:a. 施工工期不同,施工方法的选择将不同;b. 施工工期不同,辅助工程与临时工程的数量将不同,如大型预制构件安装,要根据工期合理配备吊装设备的数量;c. 施工工期不同,与工期有关的费用计算将不同,如建设期贷款利息、价差预备费等。

④辅助工程与临时工程。辅助工程与临时工程数量的多少将直接影响工程造价;同时辅助工程与临时工程位置的不同也将影响原材料与半成品的运距,如沥青混凝土拌和站的位置不同,则沥青、碎石等原材料的运距不同,沥青混凝土半成品的运距也将不同。

4. 分项

分项是根据工程设计的内容,按概预算项目表的要求,将一个复杂的建设项目分解成若干个分项工程,并以项、目、节、细目的顺序依次列出,然后按定额项目表的要求,将分项工程与相应的定额号一一对应。

公路工程概预算是以分项工程概预算表为基础计算和汇总而来的,所以工程分项是概预算工作中的一项重要的基础工作,应该尽量做到不重不漏,使概预算的编制准确合理。

公路工程分项时必须满足以下要求:

(1)概预算项目表实质上是将一个复杂的建设项目分解成许多分项工程的一种科学划分方法,因此分项时应符合概预算项目表的划分原则。

(2)分项工程应该能够在定额表中直接查到,因此应满足定额表中概预算定额子目的划分要求。

(3)其他工程费和间接费都是按不同工程类别确定的费用定额,因此所划分的项目应满足费率表的要求。

5. 计算和复核工程量

工程量是编制工程概预算的基础数据资料,所以应根据工程量计算规则计算各分项工程的工程量。首先对设计图纸中已有工程量进行复核;再对设计文件中缺少或未列的工程量进行补充计算。复核工程量时应注意以下事项:

(1)核对图纸,如构造物的平面、立面、结构大样图等,检查相互之间是否有矛盾和错误;图与表所反映的工程量是否一致,分计、总计是否相符。

(2)各种设计工程量的分部分项工程名称、计量单位,应符合所采用的定额标准要求,若不相符时,要进行调整、修正。

(3)当个别工程量超出一般常规情况时,应予以复核,若图表上所反映的数字出入较大或在工程质量上超出国家施工技术规范规定的要求时,都应进行分析研究,并将情况反馈给设计人员,予以处理。

辅助工程是指为了保证主体工程的形成和质量,在施工中必须采取的措施或修建的临时工程。辅助工程的工程数量,主要依靠概预算编制人员的工作经验、施工组织设计及工程实际情况来确定。编制概预算时，需要考虑辅助工程的工程量主要包括：①构造物的挖基、排水；②清除表土或零填地段的基底压实、耕地填前碾压的回填数量；③因路基沉陷增加的数量；④为保证路基边缘压实而加宽填筑的数量；⑤临时工程，如汽车便道、便桥、轨道铺设、临时电力、电信设施等；⑥桥梁工程中的围堰、护筒、工作平台、吊装设备、混凝土构件运输、预制厂及设施（底座、张拉台座等）、拌和站、蒸汽养生设施等。

6. 查定额

从定额表中查出工程细目的人工、材料、施工机械的名称、单位及消耗量定额值，并将查得的定额值及定额号分别填入 08-2 表的相关栏目。

7. 根据建筑安装工程费计算数据表(08-1 表)，初编 08-2 表

根据工程项目的内容和有关要求，填写建筑安装工程费计算数据表(08-1 表)。“项”、“目”、“节”、“细目”、“定额”等的代号，应根据概预算项目表的规定、概预算定额的序列及内容填写。

根据 08-1 表，确定每个需进行单价分析的工程细目作为分项工程预算表(08-2 表)的编制单元。在 08-2 表中应填写：①编制范围、工程名称；②工程项目(定额子目所在的定额表的名称)、工程细目(定额子目名称)、定额单位、工程数量、定额表号；③各定额子目工料机名称、单位、定额消耗量及基价。再用各工程细目的“工程数量”乘以相应的“定额”，即可得出各分项工程的工料机消耗量，填入 08-2 表的“数量”栏中。

由于工、料、机单价及各种费率尚未确定，只能初编 08-2 表。

8. 基础单价分析(编制 07 表、09 表、10 表、11 表)

基础单价是人工工日单价、材料预算单价和施工机械台班单价的统称，可通过材料预算单价计算表(09 表)、自采材料料场价格计算表(10 表)和机械台班单价计算表(11 表)来计算。

(1)根据工资地区类别划分或各省编制办法的补充规定确定人工工日单价。

(2)根据 08-2 表中所出现的材料种类、规格及机械作业所需的燃料和水电编制材料预算单价计算表(09 表)。

09 表要求计算各种材料自供应地点或料场运至工地的预算单价，包括材料原价、运杂费、场外运输损耗及采保费。运输方式按火车、汽车、船舶等交通工具及所占比重填写。

(3)根据实际工程发生的自采材料的种类、规格，编制自采材料料场价格计算表(10 表)，并将计算结果汇总到 09 表的“材料原价”栏中。

10 表主要用于计算自采材料料场价格，应将选用的定额人工、材料、机械台班数量全部列出，包括相应的工、料、机单价。定额中机械台班有调整系数时，应在该表内计算。

(4)根据 08-2 表、10 表中所出现的所有机械种类和 09 表中自办运输的机械种类计算所有机械的台班单价，编制机械台班单价计算表(11 表)。

11 表应根据公路工程机械台班费用定额进行计算。不变费用如有调整系数，应填入调整值。人工、动力燃料单价由 09 表转来。

(5)将以上所计算的基础单价汇总编制人工、材料、机械台班单价汇总表(07 表)，再由 07 表传递到 08-2 表中用以计算人工费、材料费、机械费。

9. 计算其他工程费及间接费综合费率，编制04表

根据工程类别和工程所在地区，将其他工程费、间接费所包含的分项内容，按各自相应的费率填入其他工程费及间接费综合费率计算表（04表）中，计算其综合费率。值得注意的是：其他工程费率共11项内容，其计算基数不完全相同，表中6、7、9这三项费率的计算基数是人工费，其余8项内容的计算基数是直接工程费，所以其综合费率有Ⅰ、Ⅱ之分。

10. 计算分项工程建筑安装工程费，详编08-2表

（1）将07表的单价填入08-2表中的“单价”栏，用“单价”与“数量”相乘，分别填入人工费、材料费和机械使用费的“金额”栏内，再横向汇总计算出各种工、料、机的“数量”与“金额”合计值。

（2）将04表中的各项费率填入08-2表中的相应栏目，并按编制办法的相关规定计算其他工程费和间接费。

（3）在08-2表中计算利润及税金、建筑安装工程费，完成每个分项工程08-2表的最终编制。

11. 计算单位工程建筑安装工程费，编制03表

根据08-2表，将各分项工程的直接工程费、其他工程费、间接费、利润、税金、建筑安装工程费分别填入03表的相应栏目中，计算“单价”，并纵向合计各项费用，得到整个工程的直接工程费、其他工程费、间接费、利润、税金、建筑安装工程费，即可完成建筑安装工程费计算表（03表）的编制。

12. 计算设备、工具、器具购置费，编制05表

根据设备、工具、器具购置清单，按编制办法的规定，编制设备、工具、器具购置费计算表（05表），其中包括设备规格、单位、数量、单价以及需要说明的有关问题。

13. 计算工程建设其他费用及回收金额，编制06表

应根据编制办法的规定，按实际发生的工程建设其他费用填写，需要说明和具体计算的费用在“说明及计算式”栏内填写或计算。

14. 编制总预算表（01表），进行造价分析

01表反映一个单项或单位工程的各项费用组成、预算金额、技术经济指标等。

（1）表中“项”、“目”、“节”、“工程或费用名称”、“单位”等应按概预算项目表的序列及内容填写。“目”、“节”可随需要增减，但“项”应保留。

（2）“数量”、“概预算金额”由建筑安装工程费计算表（03表）、设备、工具、器具购置费计算表（05表）、工程建设其他费用及回收金额计算表（06表）转来。

（3）技术经济指标＝预算金额/数量；各项费用比例＝预算金额/总预算金额。

15. 实物指标计算，编制12表、02表

考虑冬雨季和夜间施工增加费、辅助生产、临时用工及场外运输损耗率等因素计算各分项工程的工料机实物消耗量。

（1）将09表和10表中所列的人工、材料、机械台班消耗量汇总，列入“规格名称”栏内，编制辅助生产工、料、机械台班单位数量表（12表）。

(2)汇总08-2表中人工、主要材料、机械台班数量,并将规格名称按代号的顺序列入“规格名称”栏内。然后以“项”为单位,分别统计各实物的消耗量及总数量。

(3)计算各种增工数量。发生的冬雨季及夜间施工增工及临时设施用工,按照有关规定计算后列入本表有关项目内。

(4)汇总以上各项数据得出工程的实物消耗数量,编制02表。

16. 编写“编制说明”

当概预算表格全部编制完成后,应根据编制过程和内容,编写“概预算编制说明”,主要说明概预算编制依据、编制内容、工程总造价、实物量消耗指标等。对编制中存在的问题及与概预算有关但又不能在表格中反映的事项均应在“编制说明”中以文字的形式表述清楚。

17. 复核与审核

复核是指负责编制工程造价的单位,在工程造价编制完成后,由本单位其他具有公路工程造价执业资格的人员对所编制的工程造价内容及其计算结果进行全面的检查核对,对发现的差错及时进行改正,以提高工程造价的准确性。

审核是指工程造价文件经编制和复核环节后,在出版之前,应由造价主管部门进行进一步的检查核对,确保工程造价文件符合规定、合理可靠。

复核与审核是编制工程造价文件的一个重要环节,应该在思想上给予足够的重视,在组织上给予必要的保证,选派经验丰富、业务娴熟的造价工程师,专门负责复核审核工作。

18. 印刷、装订、报批

经审核确认无误并签字后,即可按规定份数印刷甲、乙组文件,并分别装订成册,上报待批。

编制概预算的步骤并非固定不变,根据需要有些表可以不编,而且各表的编制次序也是可以交叉进行、相互补充的。为了正确编制概预算,最重要的还是要掌握编制办法的各项规定,明确各表的作用和相互关系,并认真阅读各表中间的“填写说明”,掌握表中各栏的填写方法。

二、运用计算表格时应注意的问题

除了掌握概预算的编制程序和步骤外,利用计算表格编制造价文件时还应注意以下几点:

(1)概预算表格共有12张,表格数据的计算按编制办法的规定执行,应注意表格之间的内在联系,理清其交叉关系。概预算表格是一个有机的整体,相互联系、相互补充,这些表格反映了整个工程的资源消耗,因此应熟练掌握各表格之间的内在联系。特别是其中的07表、08表、09表、10表、11表五个表格,在编制时应交叉进行。如10表中出现的材料单价及11表中出现的动力燃料单价应通过09表计算,但要注意其运料终点是“料场”还是“工地料库”。09表中出现的自办运输台班单价和10表中出现的机械台班单价应通过11表计算。

(2)若工程中不发生某表内容的费用,则可不编该表。如工程无自采材料,则10表可不必编制。

(3)08-2表的“分项工程名称”与01表中“项”的名称要按概预算项目表的规定填列,应注意将费率相同的各“目”填列于一张表中,以便于小计。

(4)注意各项取费类别适用范围的说明,如无路面的便道工程属于人工土方,有路面的便道工程属于其他路面等。

(5)引用定额时要瞻前顾后,一定要注意章、节说明和表下的小注,如所有材料的运输及装卸定额中均未包括堆、码方工日等。

(6)按地方规定计算有关费用时,要注意各地规定中的细节要求,如各省对人工工日单价、各种费率的取费标准、运杂费的计费标准等规定和要求有所不同。

(7)要严格遵循国家和地方有关概预算编制的相关规定,特别是在每次编制之前都要查询有无新的有关文件或规定下达。

三、施工方案与定额子目的选择

公路工程概预算的编制需要结合项目施工方案、施工工艺、工程数量等众多因素,准确套用相关概、预算定额,从而为合理确定和有效控制工程造价打下坚实的基础。与路基、路面工程相比,桥梁工程结构类型较多、施工工艺复杂,下面以桥梁工程为例,简要说明施工方案对套用定额子目的影响。

1. 基础工程

常见桥梁基础工程的结构类型主要包括扩大基础、桩基础、沉井基础、管桩基础、地下连续墙等,下面仅对扩大基础、桩基础及承台基础做简要分析。

(1)扩大基础

扩大基础的施工工艺包括开挖基坑、基底处理、砌筑圬工、绑扎钢筋、立模、浇筑混凝土。扩大基础施工的难易程度主要与地下水处理的难易有关,当地下水位高于基础的设计底面高程时,必须采取止水措施,如打钢板桩或考虑集水井水泵排水、深井排水及井点降水等方法使地下水位降至开挖面以下,以使开挖工作能在干燥状态下进行。还可以采用化学灌浆及帷幕法(包括冻结法、硅化法、水泥灌浆法和沥青灌浆法等)进行止水或排水。

①基坑开挖:预算定额中基坑开挖按人工挖基、人工挖卷扬机吊运及机械挖基三种方法计算,定额中均包括了回填夯实的工作内容。其中人工挖基适用于开挖数量不大的项目,人工挖卷扬机吊运适用于开挖深度较深的项目,机械开挖则适用于开挖数量较大的项目。一般情况下,基坑均应套用机械挖基定额,对于深度在6m以内的基坑一般不采用人工挖卷扬机吊运。

②基坑排水:湿处挖基应考虑排水问题,常用的方法有集水坑排水法和井点排水法。其中集水坑排水法适用较广;若基坑土质不好,地下水位较高,用集水坑排水有流沙、涌泥等现象出现时则应采用井点排水法。

预算定额中,采用集水坑排水法开挖基坑时,排水费用的计算是根据定额的规定计算水泵的台班数量,增加到挖基定额中。其中定额说明中水泵台班消耗的计算方法仅适用于地下水而非地表水,表中所列"地面水"适用于围堰内挖基,水位高度指施工水位至坑顶的高度;"地下水"适用于岸滩湿处的挖基,水位高度指施工水位至坑底的高度。

井点排水法可以根据轻型井点井管数量,套用路基工程中的相应定额计算。

③基坑支护:基坑支护采用挡土板时可按支护面积直接套预算定额计算;当采用混凝土及喷射混凝土加固时,应根据设计图纸套用相应的定额计算;采用钢管桩、钢板桩支护时,可参考围堰工程计算。

(2)桩基础

桩基础主要包括沉入桩基础及灌注桩基础,其中灌注桩基础按不同的成孔方法可分为钻孔灌注桩和挖孔灌注桩两类。

①陆上钻孔灌注桩:套预算定额时,陆上钻孔灌注桩的主要工作内容包括钢护筒、混凝土、钢筋及检测管等。

计算钢护筒数量时,每米护筒质量可参考定额说明,陆上施工每根桩可按 1.5～2.5m 计算;采用草袋围堰筑岛填心施工时,应套用干处钢护筒定额,钢护筒一般应穿过原地面线,黏性土的入土深度至少 2m、砂性土的入土深度至少 3m。

桩基检测管的工程数量应由施工图列出,一般来说,桩径在 1.8m 以内的桩基,其检测管按每桩 3 根布置,每根检测管的长度与设计桩长相同,每延米桩长质量约 12kg,检测管一般采用 ϕ57×3mm 的钢管,每米质量约 4kg;桩径在 1. 8m(含 1.8m)以上的桩基,则按每桩 4 根布置,每延米桩长质量约 16kg。

②水中钻孔灌注桩:相对于陆上钻孔来说,水中钻孔灌注桩主要在围堰筑岛、工作平台等辅助工程方面有所差别。

围堰筑岛施工时,围堰长度按围堰中心长度计算,围堰高度按施工水位加 0.5～0.7m 计算,填心土方按围堰总体积扣除堰体体积计算。

桩基工作平台一般采用钢管桩工作平台,主要构件包括钢管桩支架、型钢平台、桁架平台和型钢桁架组合平台等。概预算定额中工作平台以 100m^2 为单位,平台面积一般按承台或系梁结构外围尺寸加工作宽度计算,工作宽度一般为 2～3m;对于比较复杂的灌注桩基础,也可将工作平台分解为两个定额来计算,其中钢管桩按结构质量套用打钢管桩计算、平台及龙门架部分按结构质量套用金属吊装设备计算。

水中钢护筒每米质量仍应参考定额说明,如果施工组织未提供护筒数量,可按下述方法估算:护筒内径一般比桩径大 20～30cm,大孔径钻孔桩则至少比桩径大 40cm;小孔径钻孔桩的护筒壁厚 4～6mm,大孔径钻孔桩的护筒壁厚 12～14mm;护筒的长度则必须根据施工组织计算,顶面高度不小于施工水位 1.5～2.0m,底面应穿过透水层(黏性土的入土深度至少 2m、砂性土的入土深度至少 3m)。

③挖孔灌注桩:计算挖孔工程量时,桩顶高程按地面高程计算(有筑岛时以岛面高程为准),桩底高程按设计高程计算;桩径按设计桩径加护壁厚度计算。另外挖孔桩定额中综合的出渣平均运距为 50m,若出渣运距超过免费运距时应另考虑装运费用。

(3)承台基础

桥梁承台的施工方法可分为:直接开挖法、围护开挖法、沉井(箱)法及套箱法四种。

钢套箱施工工艺简单概括为:钢套箱制作、安装、平台搭设、钢套箱拼装、下沉、封堵、清基、封底(夹壁混凝土)等,然后抽水、凿毛、绑扎钢筋、浇筑承台混凝土。

①钢套箱围堰:概预算定额中钢套箱以吨为单位,工作内容综合了钢套箱的制作、拼装(含平台)、定位、下沉等钢结构的全部工程内容。除了需要计算全套钢套箱的质量外,还应计算开挖清基土石方、封底(夹壁)混凝土、抽水台班等工程量。实际工作中,由于钢套箱的质量与承台结构尺寸、水深、流速等因素关系较大,没有可完全套用的计算标准,只能简单估算。通常情况下,套箱底面高程按承台设计底面高程加封底混凝土厚度计算;顶面高程按施工水位加

0.5～0.7m计算；钢板厚度按8～12mm计算，平面尺寸按承台平面尺寸计算；总质量可按钢板质量的2～3倍计算。

水下开挖土石方，按套箱与河床地面围成的体积计算。

封底混凝土为水下混凝土，一般套箱围堰的封底混凝土可按下述方法估算：有底套箱封底混凝土厚度按1～2m计算，无底套箱按2～3m计算；夹壁混凝土按夹壁体积的0.5～0.8倍计算。

②钢板桩围堰及钢管桩围堰：与钢套箱围堰相比，钢板桩或钢管桩围堰除在钢板桩或钢管桩的重量计算方面有所差别外，其余开挖土石方、封底混凝土的计算等是基本一致的。

③大体积承台混凝土：承台厚度超过3m时，混凝土的计算除增加外加剂费用外，还应计算散热管费用。承台散热管可按管径40～60mm、壁厚4mm左右的焊管计算，水平间距一般为50cm、垂直间距一般为1m。

2. 下部构造

桥梁下部构造主要由墩台身、墩台盖梁、耳背墙、拱座、索塔等构件组成，通常采用传统的方法，立模一次或几次现浇即可完成。

①对于高度小于40m的空心墩及一般轻型墩台，圆柱式、方柱式墩台，框架式、埋置式桥台，直接根据不同的结构形式套用概预算定额计算即可，除高度大于20m桥墩需计算提升模架外，无需计算其他辅助工程数量。

②对于高度大于40m的空心墩应考虑提升模架、塔吊、施工电梯等辅助工程的数量，当施工电梯和塔吊按租赁方式计算费用时，施工电梯租金每月16000～23000元、塔吊租金以基本高度40～50m起算，租金每月16000～23000元，每增高1m租金增加100元。

③对于索塔除应考虑高墩的辅助工程，还应计算横梁支架。横梁支架一般采用钢管桩或钢管桩混凝土作为支撑，再配万能杆件、桁架梁、型钢等，横梁支架总质量可根据索塔结构尺寸及地形地质条件计算。

④对于设有劲性骨架的空心墩或索塔，劲性骨架应单列计算。

⑤当水中桥墩需要考虑防撞时(如通航等级较高的柔性桥梁)，应根据防撞设计方案计算防撞费用。

3. 上部构造

桥梁上部构造的施工方法可分为预制安装和现浇两大类，其中预制安装主要包括自行式吊车安装、跨墩龙门架安装、架桥机(单导梁、双导梁以及架桥机的定型专用产品)安装、扒杆安装、顶推施工、浮吊架设、缆索吊装、悬臂拼装等；现浇施工主要有支架现浇、悬臂现浇等。

(1)预制安装法

①预制普通混凝土板和后张法预应力混凝土空心板不计算底座(定额中已包括)，但要考虑场地平整；按起重机或扒杆安装计算时，不考虑运输轨道、可套用平板拖车运输或垫滚子绞运；按单导梁安装时应计算临时轨道、单导梁、场地龙门架等。

②后张法预应力混凝土空心板梁，应考虑平整场地、计算平面底座数量。

③先张法预应力混凝土空心板梁，底座采用的是张拉台座，一次性投入成本较大，在工程规模较大时比后张法经济，另外钢绞线的施工不需要锚具和波纹管。

④预制钢筋混凝土T形梁一般选择跨墩龙门安装、架桥机安装，应计算场地平整、场地硬化、预制底座、运输轨道、吊装设备等。

⑤预应力混凝土T形梁，除应计算钢绞线的工程量外，其他同预制钢筋混凝土T形梁。

⑥单导梁、双导梁、跨墩龙门架及场地龙门架数量可根据跨径按定额说明提供的参考质量计算；轨道分为桥上轨道和路基轨道两部分，桥上轨道一般按全桥长度减去一孔桥长计算，路基上轨道应根据预制场地的布置情况确定；梁的运输，一般跨径大于20m按龙门架装车计算，运距按平均运距计算；后张法预应力混凝土梁底座数量应根据计划工期计算，计算公式为：底座个数＝梁数量(片)÷总工期(d)×单片梁预制周期(d/片)，预应力混凝土单片梁的预制周期一般按8～10d考虑，普通混凝土梁可适当小一些。

⑦预算定额中的预应力钢筋主要包括预应力高强钢丝(锥形锚、墩头锚)、预应力钢筋(螺栓锚)、预应力钢绞线(群锚)。在套用预应力高强钢丝定额时需计算质量与束数的关系；在套用预应力钢筋定额时需计算质量与根数的关系；预应力钢丝束主要套用斜拉索定额，包括钢丝束的制作、安装等工作内容；套用预应力钢绞线定额时，应明确“束”与“孔”的概念，“束”与质量的关系，由于锚具型号较多，一般按增加新材料进行抽换计算；当采用连接器时，应将连接器作为一种锚具来考虑，目前连接器的市场价格约130元/孔。

(2)现浇法

目前公路桥梁施工中采用最多的现浇法有支架现浇及悬臂现浇两大类。支架现浇包括固定支架现浇、逐孔现浇及移动模架逐孔现浇等；悬臂现浇最常见的是挂篮悬浇，适用于大跨径的预应力混凝土悬臂梁桥、连续梁桥、T形刚构、连续刚构、斜拉桥等结构，其特点是无需建立落地支架、无需大型起重机及运输机具等。

①现浇支架数量的计算。一般可根据支架的高度、长度计算支架的立面积，直接套用“桥梁支架定额”计算，定额中综合的木支架桥梁宽度为8.5m，钢支架桥梁宽度为12m，超过宽度时应进行系数调整。另外计算钢管桩支架的设备数量时，可将钢管桩单列计算，同时还应考虑支架预压费用。

②支架地基基础处理工程量的计算。一般灰土垫层(石灰稳定土、水泥稳定土)、砂砾垫、碎石垫层等，其厚度可按15～30cm计算。

③挂篮设备的计算。挂篮设备的计算可按定额说明提供的设备参考质量计算，其中块件质量指最大节段的混凝土质量(可按2.5t/m^3计算)。

④零号块托架设备的计算。零号块托架设备的计算可根据零号块的长度(箱梁顶板的横向宽度)按定额说明提供的设备参考质量(7t/m)计算。

⑤现浇段支架设备的计算可参考现浇支架数量的计算方法。

第二节　公路工程概预算的编制实例

一、工程内容

甘肃省道303线公路改建工程，为二级公路，主要包括路基工程、路面工程、桥梁涵洞工程、隧道工程及公路设施等内容。

(1)本项目路基工程,路线长30km、路基宽12m,挖方、填方路段长度各占50%,全部挖方均用作路基填方。其中土方平均运距为1500m、石方平均运距60m,借方平均运距为2000m(普通土)。路基平均填土高度2m,边坡坡度1∶1.5,填前压实沉陷厚度为0.1m,土的压实干密度为1.4t/m^3,自然状态土的含水率约低于其最佳含水率2%,水的平均运距为1000m。施工图设计中路基土石方工程量见表8-1。

路基土石方工程量(m^3) 表8-1

挖　　方				填　　方
松　　土	普　通　土	硬　　土	次　坚　土	
50000	150000	65000	45000	420000

(2)本项目路面工程为沥青混凝土路面,路线30km,路基宽12m,行车道宽9m。路面结构:上面层为4cm厚中粒式沥青混凝土,下面层为5cm厚粗粒式沥青混凝土,基层为25cm厚水泥稳定砂砾(路拌),垫层为20cm厚砂砾,垫层、基层、透层宽度为12m。

(3)本项目包含一座5跨预应力混凝土连续梁桥,全桥长350m。0号台、5号台位于岸上,1号~4号墩均在水中,水深4.0m。桥台采用10根ϕ2.0m钻孔灌注桩,桩长30~40m,桥墩采用6根ϕ2.5m钻孔灌注桩,桩长30~40m。承台尺寸为800cm×1850cm×300cm。混凝土在岸上集中拌和,泵送施工,桩基、承台混凝土的平均泵送距离为250m。桥台钢护筒按单根长度3.5m计,桥墩钢护筒按单根长度10m计,钢套箱按150kg/m^2计。施工图设计中桥梁下部结构的主要工程量见表8-2。

桥梁下部结构的主要工程量 表8-2

项　　目		钻孔岩层统计(m)		混凝土(m^3)	钢筋(t)
		砂砾	软石		
灌注桩	桩径2.5m	629	135	3956.7	800.7
	桩径2.0m	562	117	1936	
承台		封底混凝土(m^3)	承台混凝土(m^3)	挖基(m^3)	钢筋(t)
		888	2608	1020	234.72

该桥梁为先简支后连续预应力混凝土T形梁结构,每跨布置预制T形梁12片,T形梁长70m,梁高180cm、底宽40cm、顶宽120cm。T形梁预制、安装工期均按2个月计算,预制安装存在时间差,按1个月考虑。吊装设备考虑1个月安拆时间,每片梁预制周期按10d计算。现场有2400m^2的预制场地。预应力混凝土T形梁工程量见表8-3。

预应力混凝土T形梁工程量 表8-3

工程细目		单　　位	数　　量	备　　注
70m预制T形梁	C50混凝土	m^3	2520	
	带肋钢筋	t	453.6	
	钢绞线	t	92.4	OVM锚15-12:672套

由于篇幅所限,该案例只列出了路基工程、路面工程及桥梁工程的部分工程量以做讲解。

二、计算工程量及套用定额

1. 路基工程

首先计算土石方工程的断面方、挖方、填方、利用方、借方和弃方数量，再列出编制路基工程施工图预算所需的全部工程细目名称、单位、定额代号及工程数量等内容，并填入表 8-4 中。

(1)断面方数量＝50000＋150000＋65000＋45000＋420000 ＝730000m^3。

(2)挖方数量＝50000＋150000＋65000＋45000 ＝310000m^3。

(3)利用方数量＝50000÷1.23 ＋150000÷1.16 ＋65000÷1.09 ＋45000÷0.92＝278507m^3。

(4)路基填前压实沉陷增加数量＝30000×50％ ×(12＋2×1.5×2)×0.1＝27000m^3。

(5)填方数量＝420000 ＋27000 ＝447000m^3。

其中，填石方数量＝45000÷0. 92 ＝48913m^3。

填土方数量＝447000－48913＝398087m^3。

(6)借方数量＝447000－278507＝168493m^3。

(7)弃方数量：由于挖方全部利用，故弃方数量为 0。

(8)填前压实数量＝30000×50％×(12＋2×1.5×2)＝ 270000m^2。

(9)挖方及零填段压实数量＝30000×50％×12 ＝180000m^2。

(10)土方压实需加水数量＝(420000 ＋ 27000)×1.4×2％ ＝12516m^3。

(11)整修路拱数量＝30000×12 ＝ 360000m^2。

路基工程的工程细目名称、定额代号及工程数量 表 8-4

工程细目		定额代号	单位	数量	定额调整
2m^{3}挖掘机挖装土方	松土	1-1-9-7	1000m^3	50	
	普通土	1-1-9-8	1000m^3	150	
	硬土	1-1-9-9	1000m^3	65	
12t 自卸汽车运土 1.5km	第一个 1km	1-1-11-17	1000m^3	265	
	每增运 0.5km	1-1-11-18	1000m^3	265	
135kW 内推土机 60m 挖次坚石	第一个 20m	1-1-15-25	1000m^3	45	
	每增运 10m	1-1-15-28	1000m^3	45	4
2m^{3}挖掘机装土(借方)		1-1-9-8	1000m^3	168.493	1.16
12t 自卸汽车运土 2000m	第一个 1km	1-1-11-17	1000m^3	168.493	1.19
	每增运 0.5km	1-1-11-18	1000m^3	168.493	1.19×2
土方碾压		1-1-18-9	1000m^3	398.087	
石方碾压		1-1-18-20	1000m^3	48.913	
土方洒水(6000L)		1-1-22-5	1000m^3	12.516	
零填及挖方段压实		1-1-18-31	1000m^3	180	
耕地填前压实		1-1-5-4	1000m^2	270	
整修路拱		1-1-20-1	1000m^2	360	
整修边坡		1-1-20-3	1km	30	

2. 路面工程

首先根据资料计算路面工程量，再列出编制路面工程施工图预算所需的全部工程细目名称、单位、定额代号及工程数量等内容，并填入表 8-5 中。

(1)路面工程数量的计算

$$垫层、基层、透层工程量=30000\times12=360000m^3$$

$$黏层工程量=30000\times9=270000m^3$$

$$粗粒式沥青混凝土=30000\times9\times0.05=13500m^3$$

$$中粒式沥青混凝土=30000\times9\times0.04=10800m^3$$

$$沥青混凝土合计=13500+10800=24300m^3$$

$$质量=13500\times2.365+10800\times2.358=57395t$$

(2)混合料拌和设备数量的计算

根据题意，路面基层采用路拌法施工，不需要设置集中拌和设备，因此仅需要设置面层沥青混合料拌和设备。

假设拌和设备型号为 160t/h，每天施工 8h，设备利用率为 0.8，拌和设备安拆需 1 个月，则由算式：57395÷(160×8×0.8×30) +1 =2.86 可知，若设置 1 处拌和站，路面面层可以在 3 个月内完成施工。根据路面合理标段划分的要求，本项目设置 1 台拌和设备是合适的。

(3)混合料综合平均运距

路面工程设置拌和站 1 处，假定设置在路线的中点，其混合料综合平均运距为：30÷2÷2=7.50km，按 8km 考虑。

路面工程的工程细目名称、定额代号及工程数量　　表 8-5

工程细目		定额代号	单　位	数　量	定额调整
砂砾垫层厚 20cm	压实厚度 15cm	2-1-1-12	$1000m^2$	360.0	
	每增减 1cm	2-1-1-17	$1000m^2$	360.0	5
水泥稳定砂砾厚 25cm	压实厚度 15cm	2-1-2-5	$1000m^2$	360.0	人工及机械调整
	每增减 1cm	2-1-2-6	$1000m^2$	360.0	10
沥青透层		2-2-16-3	$1000m^2$	360.0	
沥青黏层		2-2-16-5	$1000m^2$	270.0	
沥青混凝土混合料拌和(160t/h 以内)	粗粒式	2-2-11-4	$1000m^3$	13.5	
	中粒式	2-2-11-10	$1000m^3$	10.8	
15t 以内自卸汽车运混合料 8km	第一个 1km	2-2-13-21	$1000m^3$	24.3	
	每增运 0.5km	2-2-13-23	$1000m^3$	24.3	14
机械摊铺沥青混凝土混合料	粗粒式	2-2-14-42	$1000m^3$	13.5	
	中粒式	2-2-14-43	$1000m^3$	10.8	
沥青混合料拌和设备安拆(160t/h 以内)		2-2-15-4	1 座	1	

3. 桥梁工程

(1)基础及下部结构

经过相关计算，列出桥梁基础工程施工图预算所涉及的工程细目名称、单位、定额代号及工程数量等内容，并填入表 8-6 中(混凝土拌和站的安拆此处不考虑)。

①钻孔灌注桩钢护筒。

a. 陆上桩，桩径 2.0m 的单根护筒长度按 3.5m 计，共 20 根。

$$质量 =20\times3.5\times0.4991=34.937t$$

b. 水中桩，桩径 2.5m 的单根护筒长度按 10m 计，共 24 根。

$$质量=24\times10\times0.6126 =147.024t$$

②水中施工平台。

根据承台的平面尺寸，拟定平面尺寸为 12m×22.5m。

$$面积=12\times22.5\times4=1080m^2$$

③承台钢套箱。

$$水中钻孔灌注桩成孔长度=629+135=764m$$

$$平均桩入土长度=764\div24 =31.83m$$

$$按设计混凝土数量反算桩长=3956.7\div(2.5^2\times\pi\div4)\div24 =33.60m$$

即平均桩长比入土深度大 2m，因此，应考虑设置砂垫层，其费用按筑岛围堰方式计算。

设置四套钢套箱，每套钢套箱可按 150kg/m^2 计算，高度高于施工水位 0.5m。

$$四套钢套箱质量=(8 +18.5)\times2\times4.5\times0.15\times4 =143.1t$$

$$筑岛围堰数量=(10+20)\times2\times4 =240m$$

$$筑岛体积=10\times20\times2\times4 =1600m^3$$

④混凝土运输距离调整。

桩基、承台混凝土的平均泵送距离为 250m，而定额综合水平距离为 100m，需调整。

100m^3 灌注桩需增加人工 3 ×1.55 =4.65 工日，混凝土输送泵增加 3×0.27 =0.81 台班。

100m^3 承台需增加人工 4×2.82 =11.28 工日，混凝土输送泵增加 4×0.36 =1.44 台班。

⑤混凝土拌和。

$$5892.7\times1.197+(888+2608)\times1.04=10689m^3$$

桥梁基础及下部结构的工程细目名称、定额代号及工程数量　　表 8-6

工程细目		定额代号	单　位	数　量	定额调整
陆上，桩径 2.0m 内，孔深 40m	砂砾	4-4-5-67	10m	56.2	
	软石	4-4-5-70	10m	11.7	
水上平台，桩径 2.5m 内，孔深 40m	砂砾	4-4-5-307	10m	62.9	
	软石	4-4-5-310	10m	13.5	
水泥浆循环系统		4-11-14-1	套	4	
灌注桩混凝土		4-4-7-18	10m^3	589.27	人、机调整
灌注桩钢筋		4-4-7-22	1t	800.7	

续上表

工程细目	定额代号	单位	数量	定额调整
干处钢护筒	4-4-8-7	1t	34.937	
水中钢护筒	4-4-8-8	1t	147.024	
水中施工平台	4-4-9-1	$100m^2$	10.8	
承台封底混凝土	4-6-1-11	$10m^3$	88.8	人、机调整
承台混凝土	4-6-1-10	$10m^3$	260.8	人、机调整
承台钢筋	4-6-1-13	1t	234.72	
钢套箱	4-2-6-2	10t	14.31	
筑岛围堰	4-2-2-1	10m	24	
筑岛填心	4-2-5-2	$10m^3$	160	
混凝土拌和	4-11-11-11	$100m^3$	106.89	
基坑土方开挖	4-1-3-3	$1000m^3$	1.02	

(2)上部结构

①预制底座计算。

$$预应力T形梁数量=5\times12=60片$$

T形梁的预制工期为2个月，每片梁预制需用10d时间，所以需要底座数量为：

$$60\times10\div2\div30=10个$$

$$底座面积=10\times(70+2)\times(1.2+1)=1584m^2$$

②吊装设备。

龙门吊机采用30m跨度，12m高，布置2台。

预算定额中龙门吊参考质量每台52.5t，2台合计质量为105t。

架桥机按50m梁考虑，采用双导梁架桥机，设置2套架桥机。预算定额中架桥机全套质量200t。

因预制、安装存在1个月的时间差，再考虑1个月安拆时间，龙门架的设备摊销时间按6个月计算，定额中设备摊销费调整为5400元；架桥机的设备摊销时间按7个月计算，定额中摊销费调整为6300元。

③预制构件的平均运输距离。

桥梁两端地势较为平坦，可作预制场，面积约$2400m^2$，因此预制构件的平均运输距离为：

$$350\div2=175m$$

④预应力钢绞线每吨束数。

$$672\div2\div92.4=3.64束/t$$

$$3.64-1.38=2.26束/t$$

⑤计算混凝土拌和数量。

$$2520\times1.01=2545m^3$$

⑥套定额并填写工程量。

编制该桥梁工程上部结构施工图预算所需的工程细目名称、单位、定额代号及数量等内容，并填入表8-7中。

桥梁上部结构的工程细目名称、定额代号及工程数量 表8-7

工程细目		定额代号	单位	数量	定额调整
T形梁预制		4-7-14-1	$10m^3$	252	
预制钢筋		4-7-14-3	1t	453.6	
T形梁安装		4-7-14-7	$10m^3$	252	
预应力钢绞线		4-7-20-39	1t	92.4	
		4-7-20-40	1t	92.4	2.26
大型预制构件底座		4-11-9-1	$10m^2$	158.4	
T形梁运输	第一个50m	4-8-2-6	$100m^3$	25.2	
	每增运50m	4-8-2-15	$100m^3$	25.2	3
混凝土拌和		4-11-11-11	$100m^3$	25.45	
混凝土运输		4-11-11-20	$100m^3$	25.45	
平整场地		4-11-1-2	$1000m^2$	2.4	
场地硬化砂砾厚15cm		1-3-12-2	$1000m^3$	0.36	
场地硬化混凝土厚10cm		4-11-5-6	$10m^3$	24.0	
双导梁		4-7-31-2	10t	40	设备摊销费调整为6300元
预制场龙门吊		4-7-31-4	10t	10.5	设备摊销费调整为5400元

三、预算编制说明

1. 编制依据

(1)甘肃省道303线公路改建工程设计文件和施工组织设计。

(2)《公路工程基本建设项目概算预算编制办法》(JTG B06—2007)。

(3)《公路工程预算定额》(JTG/T B06-02—2007)。

(4)《公路工程机械台班费用定额》(JTG/T B06-03—2007)。

(5)《关于公布取消和停止征收100项行政事业性收费项目的通知》(财综[2008]78号)。

(6)《甘肃省执行交通部2007年公路基本建设项目概算预算编制办法补充规定》(甘交发[2009]20号)。

(7)《公路工程标准施工招标文件》(2009年版)(交公路发[2009]221号)。

2. 各项费用及取费标准

(1)人工工日单价：正宁县47.44元/工日。

(2)材料原价：外购材料采用甘肃省定额站2011年10月发布的《甘肃省公路工程主要外购材料指导价格和综合外购材料指导价格》；地方性材料主要根据近期沿线料场及各生产厂家询价资料，采用料场及市场调查价。

(3)施工机械使用费:按《公路工程机械台班费用定额》及《补充规定》计算。机上人员人工费单价同生产工人人工费单价,燃料价格同材料费的计算规定。车船使用税按《甘肃省车船税实施办法》(甘政发[2007]82 号)的有关规定计算。

3.其他工程费

(1)冬季施工增加费根据《编制办法》按冬二区Ⅱ费率计列。

(2)高原地区施工增加费按项目海拔所处的范围(1501～2000m)计算。

(3)安全及文明施工措施费按《补充规定》以直接工程费的 1%计列。

(4)临时设施费按《补充规定》计列。

(5)施工辅助费按《编制办法》中的费率计列。

(6)工地转移费按庆阳市所在地至工地的距离计算,里程约为 55km。

4.间接费

(1)规费以人工费为计算基数,按《补充规定》取定各项规费费率:养老保险费 20%、失业保险费 2%、医疗保险费 8.9%、住房公积金 7%、工伤保险费 1%,共计 38.9%计列。

(2)企业管理费中的基本费用按《补充规定》计列。

(3)主副食运费补贴费费率:粮食、蔬菜、水等从附近村庄运输,综合里程按 12km 计列。

(4)职工探亲路费按《编制办法》计列。

(5)职工取暖补贴费率按冬二Ⅱ区计列。

(6)财务费用按《补充规定》计列。

5.公路交工前养护费

公路交工前养护费根据《补充规定》平均养护月数为 3 个月。

6.利润和税金

利润按 5.6%计列,税金按 3.35%计列。

7.设备、工具、器具及家具购置费

办公及生活家具购置费按《编制办法》规定,每公里 5800 元计列。

8.建设项目管理费

(1)建设单位管理费:按《编制办法》规定费率计列。

(2)工程质量监督费和工程定额测定费:按财综[2008]78 号文取消。

9.预留费用

预备费按《编制办法》规定以第一、二、三部分费用之和(扣除贷款利息)为基数,按 3%计列。

四、预算表格

打印 01 表、02 表、03 表、04 表、07 表、08-2 表、09 表、11 表。

第九章　公路工程工程量清单计价

第一节　工程量清单概述

一、基本概念

1. 工程量清单的概念

工程量清单是表现拟建工程的分部分项工程项目、措施项目、其他项目名称和相应数量的明细清单，是按照招标要求和施工设计图纸要求规定将拟建招标工程的全部项目和内容，依据统一的工程量计算规则、统一的工程量清单项目编制规则要求，计算拟建招标工程的分部分项工程数量的表格。它包括分部分项工程量清单、措施项目的清单和其他项目清单。

公路工程工程量清单是招标文件的组成部分，是由招标人发出的一套注有拟建工程各实物工程名称、性质、特征、单位、数量及开办项目、税费等相关表格组成的文件。工程量清单是一份由招标人提供的文件，编制人是招标人或其委托的工程造价咨询单位。工程量清单是招标文件的组成部分，一经中标并且签订合同，即成为合同的组成部分。所以，无论招标人还是投标人都应该慎重地对待。

2. 工程量清单计价的概念

工程量清单计价是指投标人完成由招标人提供的工程量清单所需的全部费用，包括分部分项工程费、措施项目费、其他项目费和规费、税金。工程量清单计价方法是在建设工程招投标中，招标人或委托具有资质的中介机构编制反映工程实体消耗和措施性消耗的工程量清单，并作为招标文件的一部分提供给投标人，由投标人依据工程量清单自主报价的计价方式。在工程招投标中采用工程量清单计价是国际上较为通行的做法。

工程量清单计价办法的主旨就是在全国范围内，统一项目编码、统一项目名称、统一计量单位工程量计算规划。

3. 工程量清单计价的基本过程

工程量清单计价的基本过程可以描述为：在统一的工程量计算规则的基础上，制订工程量清单项目设置规则，根据具体工程的施工图样计算出各个清单项目的工程量，再根据各种渠道所获得的工程造价信息和经验数据计算得到工程造价。

其编制过程可以分为两个阶段：工程量清单格式的编制和利用工程量清单来编制招标标底和投标报价。招标标底是建设单位根据自身掌握的信息资料，依据一定的价格计算原则计算出来的工程项目预估价。投标报价是在建设单位提供的工程量计算结果的基础上，根据企业自身所掌握的各种信息、资料，结合企业定额编制得出的。标底价格或投标报价的计算过程基本一致，由下述步骤构成：

（1）计算分部分项工程数量和工程单价。

（2）各章节清单合计＝∑分部分项工程量×分部分项工程单价。

其中分部分项工程单价由人工费、材料费、机械费、措施费、管理费、利润、税金等组成，并考虑风险费用。

（3）清单合计＝∑各章节清单合计。

（4）专项暂定金额小计＝∑专项暂定金额。

其中专项暂定金额项目包括通用项目、建筑工程措施项目和安装工程措施项目。

（5）计日工小计＝∑计日工工程量×计日工单价。

单价的构成与分部分项工程单价构成类似。

（6）不可预见费＝∑清单合计减去专项暂定金额后乘以不可预见费比例。

（7）标底价格或投标报价＝（3）＋（5）＋（6）。

二、工程量清单的作用

（1）作为招标文件的组成部分，同时也作为信息的载体，为潜在的投标者提供必要的信息。

（2）采用工程量清单招标有利于将工程的“质”与“量”紧密地结合起来。质量、造价、工期三者之间存在着一定的必然联系，报价当中必须充分地考虑到工期和质量因素，这是客观规律的反映和要求。采用工程量清单招标有利于投标单位通过报价的调整来反映质量、工期、成本三者之间的科学关系。

（3）可以作为计价和询标、评标的基础。招标工程标底的编制和企业的投标报价，都必须在清单的基础上进行。同样也为今后的询标、评标奠定了基础。

（4）为施工过程中支付工程进度款和办理竣工结算以及工程索赔提供了依据。

（5）为投标者提供一个公开、公平、公正的竞争环境。工程量清单由招标人统一提供，统一的工程量避免了由于计算不准确和项目不一致等人为因素造成的不公正影响，为投标者站在同一起跑线上，创造了一个公平的竞争环境。

（6）有利于标底的管理与控制。在传统的招标投标方法中，标底的正确与否以及保密程度如何始终是人们关注的焦点。而采用工程量清单招标方法，工程量是公开的，是招标文件内容的一部分，标底只起到参考和一定的控制作用（即控制报价不能突破工程概算的约束），而与评标过程无关，并且在适当的时候甚至可以不变标底。

（7）有利于中标企业精心组织施工，控制成本。中标后，中标企业可以根据中标价以及投标文件中的承诺，通过对单位工程成本、利润进行分析，统筹考虑、精心选择施工方案；并且根据企业定额合理确定人工、材料、施工机械要素的投入与配置，优化组合，合理控制现场费用和施工技术措施费用等，以更好地履行承诺，抓好工程质量和工期。

三、编制工程量清单应遵循的原则

（1）编制的工程量清单应当满足建设工程招标、投标的需要，能合理确定有效工程造价。

（2）编制的工程量清单要做到“四个统一”，即统一项目编码、统一工程量计量规则、统一计量单位、统一项目名称。

(3)编制的工程量清单应有利于规范建筑市场的计价行为,促进企业经营管理、技术进步,增强市场竞争力。

(4)编制工程量清单时应适当考虑我国目前工程造价管理工作的现状,实行市场调节价。

第二节　工程量清单的编制

一、工程量清单项目设置

工程量清单是招标文件的组成部分,主要由分部分项工程量清单、专项暂定金额清单和计日工清单组成,是编制标底和投标报价的依据。已标价、经算术性修正无误且施工单位已确认的最终工程量清单是签订合同、调整工程量和办理工程结算的基础。

工程量量清单应由有编制招标文件能力的招标人或受其委托具有相应资质的工程造价咨询机构、招标代理机构,依据有关计价方法、招标文件的要求、设计文件和施工现场实际情况进行编制。

工程量清单的项目设置规则是为了统一工程量清单项目号、项目名称、计算单位、工程量计算而制订的,是编制工程量清单的依据。在《公路工程工程量清单计量规则》中,对工程量清单项目的设置做了明确的规定。

1.项目编号

项目编号以五级编码设置,用阿拉伯数字或英文字母表示。一、二、三级编码统一;第四级编码根据不同情况,对已有细目的项目可在其后增列细目,没有细目的项目可直接列细目;第五级编码由工程量清单编制人区分具体工程的清单项目特征而分别编码。各级编码代表的含义介绍如下:

(1)第一级表示项顺序码(一位)总则为1、路基为2、路面为3、桥梁、涵洞为4、隧道为5、安全及预埋管线为6、绿化及环境保护为7、房建工程为8。

(2)第二级表示目顺序码(两位),用阿拉伯数字表示,不足两位数前面补零。

(3)第三级表示节顺序码(一位或两位)用自然数表示。

(4)四级表示细目顺序码(一位或两位)用英文字母a、b、…表示。

(5)第五级表示子细目顺序码(一位或两位)用自然数表示。

项目编码结构如图9-1所示:

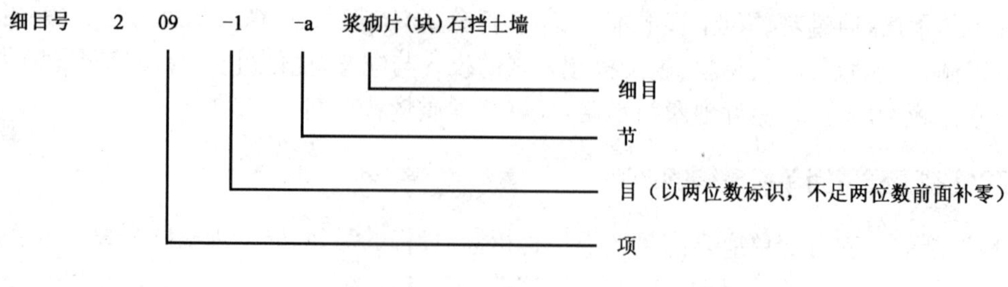

图9-1　项目编码结构

2. 项目名称

项目名称以工程和费用名称命名，如有缺项，招标人可按相应的《公路工程工程量清单计量规则》所述原则进行补充。项目名称不能重复，完全相同的项目，只能相加后列一项。

3. 项目特征

项目特征是按不同的工程部位，施工工艺或材料品种、规格等对项目所做的描述，是设置清单项目的依据，且不能有遗漏。

4. 计量单位

计量单位采用基本单位，除各章另有特殊规定外，均按以下单位计量：

以体积计算的项目——m^3。

以面积计算的项目——m^2。

以质量计算的项目——t、kg。

以长度计算的项目——m。

以自然体计算的项目——个、棵、根、台、套、块……

没有具体数量的项目——总额。

5. 工程量计算规则

工程量计算规则是对清单项目工程量的计算规定。除另有说明外，清单项目工程量均按设计图以工程实体的净值计算；材料及半成品采购和损耗、场内二次转运、常规的检测、试验等均包括在相应工程项目中，不另行计量。

6. 工程内容

工程内容是对拟完成项目的主要工作的描述。凡工程内容中未列的其他工作，为该项目的附属工作，应参照各项目对应的招标文件范本章节的规定或设计图样综合考虑在报价中。

二、工程量清单内容

工程量清单应采用统一格式，一般应由封面、说明、专项暂定金额汇总表、工程细目、计日工明细表、工程量清单汇总表组成。

1. 封面

封面一般是注明工程量清单所涉及的工程项目名称和合同段名称，同时要注明招标人名称，以及涉及的具体日期，并加盖公章。

2. 说明

(1)工程量清单应与投标人须知、合同条款、计量规则、技术规范以及图纸等文件结合起来查阅与理解。

(2)工程量清单中所列工程数量是依据设计文件估算的预计数量，只作为投标的共同基础，不能作为最终结算与支付的依据。实际支付应按实际完成的工程量，由承包人按计量规则、技术规范规定的计量方法，以监理人认可的尺寸、断面计量，按工程量清单的单价和总额价计算支付金额；或者根据具体情况，按《公路工程国内招标文件范本》中合同条款第 52 条的规定，由监理人确定的单价或总额价计算支付额。

(3)除非合同另有规定,工程量清单中有标价的单价和总额价都已包括了为实施和完成合同工程所需的劳务、材料、机械、质检(自检)、安装、缺陷修复、管理、保险(工程一切险和第三方责任险除外)、税费、利润等费用,以及合同明示或暗示的所有责任、义务和一般风险。

(4)工程一切险的投保金额为工程量清单第100章(不含工程一切险以及第三方责任险的保险费)至第800章的合计金额,保险费率为××‰;第三方责任险的投保金额为××元,保险费率为××‰。工程量清单第100章内列有上述保险费的支付细目,投标人根据上述保险费率计算出保险费,填入工程量清单。除上述工程一切险及第三方责任险以外,所投其他保险的保险费均由承包人承担并支付,不在报价中单列。

(5)工程量清单中本合同工程的每一个细目,都需填入单价;对于没有填入单价或总额价的细目,其费用应视为已包括在工程量的其他单价或总额价中,承包人必须按监理人指令完成工程量清单中未填入单价或总额价的工程细目,但是不能得到结算与支付。

(6)符合合同条款规定的全部费用应认可已被计入有标价的工程量清单所列各细目之中,未列细目不予计量的工作,其费用应视为已分摊在本合同工程的有关细目的单价或总额价之中。

(7)工程量清单各章是按计量规则、技术规范相应章次编号的,因此,工程量清单中各章的工程细目的范围与计量等应与计量规则、技术规范相应章节的范围、计量与支付条款结合起来理解或解释。

(8)对作业和材料的一般说明或规定,未重复写入工程量清单内,在给工程量清单各细目标价前,应参阅招标文件中计量规则和技术规范的有关部分。

(9)对于符合要求的投标文件,在签订合同协议书前,若发现工程量清单中有计算方面的算术性差错,应按投标人须知第23条规定予以修正。

(10)工程量清单中所列工程量的变动,丝毫不会降低或影响合同条款的效力,也不免除承包人按照规定的标准进行施工和修复缺陷的责任。

(11)承包人用于本合同工程的各类装备的提供运输、维护、拆卸、拼装等支付的费用,已包括在工程量清单的单价与总额价之中。

(12)在工程量清单中标明的暂定金额,除合同另有规定外,应由监理工程师按《公路工程国内招标文件范本》中合同条款第52条和58条的规定,结合工程具体情况,报经建设单位批准后全部或部分使用,或根本不予动用。

(13)计量方法。

①用于支付已完工程的计量方法,应符合计量规则、技术规范中相应章节的"计量与支付"条款的规定。

②图样中所列的工程数量表及数量汇总表仅是提供资料,不是工程量清单的外延。但图样与工程量清单所列数量不一致时,以工程量清单所列数量作为报价的依据。

(14)工程量清单中各项金额均以人民币(元)结算。

3. 工程细目

工程量清单表是按《公路工程标准施工招标文件》(2009年版)第七章"技术规范"的章节顺序,将各细目的工程数量置于表中。表中有子目号、子目名称、单位、工程数量、单价及合价,其中单价和合价栏由投标人在投标时填写,其余各栏由招标人编写招标文件时填写确定。施工招标文件中工程量清单表如下：第100章总则工程量清单表；第200章路基工程量清单表；第300章路面工程量清单表；第400章桥梁、涵洞工程量清单表；第500章隧道工程量清单表；第600章安全设施及预埋管线工程量清单表；第700章绿化及环境保护设施工程量清单表。

4.计日工表

计日工也称散工或点工，指在工程实施过程中，业主可能有一些临时性的或新增加的项目，而且这种临时的、新增项目的工程量在招投标阶段很难估计，希望通过招投标阶段事先定价，避免开工后可能出现的争端，故需要以计日工明细表的方式在工程量清单中予以明确。计日工表包括劳务、材料、施工机械计价表和计日工汇总表。

(1)总则

①计日工明细表应参照《公路工程国内招标文件范本》合同通用条款第52.4款一并理解。

②未经监理工程师书面指令，任何工程不得按计日工施工；接到监理工程师按计日工施工的书面指令，承包人也不得拒绝。

③投标人应在本节计日工单价表中填列计日工细目的基本单价或租价，该基本单价或租价适用于监理工程师指令的任何数量的计日工的结算与支付。计日工的劳务、材料和施工机械由招标人(或业主)列出正常的估计数量，投标人报出单价，计算出计日工总额后列入工程量清单汇总表并进入评标价。

④计日工不调价。

(2)计日工劳务

①在计算应付给承包人的计日工工资时，工时应从工人到达施工现场，并开始从事指定的工作算起，到返回原出发地点为止，扣去用餐和休息的时间。只有直接从事指定的工作，且能胜任该工作的工人能计工，随同工人一起做工的班长应计算在内，但不包括领工(工长)和其他质检管理人员。

②承包人可以得到用于计日工劳务的全部工时的支付，此支付按承包人填报的“计日工劳务单价表”所列单价计算，该单价应包括基本单价及承包人的管理费、税费、利润等所有附加费，说明如下。

a.劳务基本单价包括承包人劳务的全部直接费用，如：工资、加班费、津贴、福利费及劳动保护费等。

b.承包人的利润、管理、质检、保险、税费；易耗品的使用，水电及照明费，工作台、脚手架、临时设施费，手动机具与工具的使用及维修，以及上述各项伴随而来的费用。

(3)计日工材料

承包人可以得到计日工使用的材料费用(已计入劳务费内的材料费用除外)的支付，此费用按承包人“计日工材料单价表”中所填报的单价计算，该单价应包括基本单价及承包人的管理费、税费、利润等所有附加费，说明如下。

①材料基本单价按供货价加运杂费(到达承包人现场仓库)、保险费、仓库管理费以及运输损耗等计算。

②承包人的利润、管理、质检、保险、税费及其他附加费。

③从现场运至使用地点的人工费和施工机械使用费不包括在上述基本单价内。

(4)计日工施工机械

①承包人可以得到用于计日工作业的施工机械费用的支付，该费用按承包人填报的“计日工施工机械单价表”中的租价计算。该租价应包括施工机械的折旧、利息、维修、保养、零配件、油燃料、保险和其他消耗品的费用以及全部有关使用这些机械的管理费、税费、利润和驾驶员与助手的劳务费等费用。

②在计日工作业中，承包人计算所用的施工机械费用时，应按实际工作小时支付。除非经监理人的同意，计算的工作小时才能将施工机械从现场某处运到监理人指令的计日工作业的另一现场的往返运送时间包括在内。

5. 暂估价表

暂估价表中包括材料暂估价表、工程设备暂估价表和专业工程暂估价表，其中材料暂估价表和工程设备暂估价表相同。

6. 投标报价汇总表

投标报价汇总表是将各章的工程细目表及计日工明细表进行汇总，再加上暂列金额而得出的项目总报价。

7. 工程量清单单价分析表

工程量清单单价分析表见表 9-1。

工程量清单分析表 表 9-1

<table>
<tr><th rowspan="3">序号</th><th rowspan="3">编码</th><th rowspan="3">子目名称</th><th colspan="3">人工费</th><th colspan="6">材料费</th><th rowspan="3">机械使用费</th><th rowspan="3">其他</th><th rowspan="3">管理费</th><th rowspan="3">税费</th><th rowspan="3">利润</th><th rowspan="3">综合单价</th></tr>
<tr><th rowspan="2">工日</th><th rowspan="2">单价</th><th rowspan="2">金额</th><th colspan="4">主材</th><th rowspan="2">辅材费</th><th rowspan="2">金额</th></tr>
<tr><th>主材耗量</th><th>单位</th><th>单价</th><th>主材费</th></tr>
<tr><td></td><td></td><td></td><td></td><td></td><td></td><td></td><td></td><td></td><td></td><td></td><td></td><td></td><td></td><td></td><td></td><td></td><td></td></tr>
<tr><td></td><td></td><td></td><td></td><td></td><td></td><td></td><td></td><td></td><td></td><td></td><td></td><td></td><td></td><td></td><td></td><td></td><td></td></tr>
<tr><td></td><td></td><td></td><td></td><td></td><td></td><td></td><td></td><td></td><td></td><td></td><td></td><td></td><td></td><td></td><td></td><td></td><td></td></tr>
<tr><td colspan="12">编制：</td><td colspan="6">复核：</td></tr>
</table>

三、工程量清单编制的要求

(1)招标文件中要求工程量清单签字、盖章的地方，必须由规定的单位和人员签字、盖章。

(2)工程量清单中的任何内容不得随意删除或涂改。

(3)工程量清单中所有需要招标人明确的单位或数量，招标人应填写；工程量清单列明的所有需要填报的单价和合价，投标人均应填报，未填入单价或总额价，其费用视为已包括在工程量清单的其他单价或总额价中，施工单位必须按监理工程师指令完成工程量清单中未填入单价或总额价的工程细目，但不能得到结算与支付。

(4)工程数量按照计量规则中的工程量计算规则计算，其精确度按下列规定执行。

①以“t”为单位的，保留小数点后三位，第四位小数四舍五入。

②以“m^3”、“m^2”、“m”为单位的，保留小数点后两位，第三位小数四舍五入。

③以“个”、“棵”、“kg”等为单位的，取整数。

④以“总额”为单位的，按金额数量。

第三节　工程量清单应用

一、案例一

某项目主线为双向四车道高速公路，路基宽度 26m，采用沥青混凝土路面结构形式，具体工程数量如下。

路面工程部分数量见表 9-2。

路面工程部分数量表　　表 9-2

起止桩号	结构类型			
	4cm 厚 SMA-13 上面层	8cm 厚粗粒式沥青混凝土下面层	20cm 厚 5%水稳碎石基层	SBS 改性乳化沥青黏层
	体积（$100m^3$）	体积（$100m^3$）	面积（$1000m^2$）	面积（$1000m^2$）
第 1 合同段合计	98.9	98.9	106.902	98.9

纵向排水管工程数量见表 9-3。

纵向排水管工程数量表　　表 9-3

起止桩号	长度（m）	现浇 C25 沟身（m^3）	预制 C30 盖板（m^3）	沥青麻絮伸缩缝（m^2）	盖板钢筋（kg）	砂砾垫层（m^3）
第 1 合同段合计	4612	553.43	221.37	84.55	51192.2	507.31

施工组织拟采用集中拌和，摊铺机铺筑，混合料综合平均运距为 5km，混合料均采用 15t 自卸汽车运输，基层稳定土混合料采用 300t/h 稳定土拌和站拌和，沥青混凝土采用 240t/h 沥青混合料拌和站拌和。

问题：

(1)编制路面工程工程量清单。

(2)在路面工程的上面层、水稳基层、黏层的清单子目下套取定额。

分析要点：

(1)本案例主要考核工程量清单编制和清单控制价的编制。

(2)首先参照给定的《公路工程标准施工招标文件》(2009 年)编制工程量清单，然后在相应清单中套取定额，并计算定额用量。

(3)需注意工程数量表单位与清单单位的换算，以及定额中取用数量单位的调整。另需注意纵向排水管的清单计量规则。

参考答案：

(1)工程量清单(表 9-4)

工程量清单表 表 9-4

子 目 号	子目名称	单 位	数 量
304-3	水泥稳定碎石基层		
	20cm 水泥稳定碎石基层	m^2	106902.00
308-2	黏层	m^2	
	SBS 改性乳化沥青黏层	m^2	98900.00
309-1	细粒式沥青混凝土上面层		
-a	厚 40mmSMA-13	m^2	98900.00
309-3	粗粒式沥青混凝土下面层		
	厚 80mm	m^2	98900.00
314-2	纵向雨水沟(管)		
	纵向排水沟		4612.00

(2)清单子目定额套取

304-3-a20cm 水泥稳定碎石基层见表 9-5。

水泥稳定碎石基层清单子目定额套取表 表 9-5

序号	工程细目	定额代号	费率	单位	数量	定额调整或系数
1	厂拌水泥碎石稳定土(5%)压实厚度 15cm	2-7-1-5	其他路面	$1000m^2$	106.902	厚度调整为 20cm
2	15t 以内自卸汽车运稳定土第一个 1km	2-1-8-21	汽车运输	$1000m^3$	21.38	运距调整为 5km
3	12.5m 以内摊铺机铺筑基层混合料	2-1-9-11	其他路面	$1000m^2$	106.902	人工、压实机械调整

308-2-aSBS 改性乳化沥青黏层见表 9-6。

改性沥青黏层清单子目定额套取表 表 9-6

工程细目	定额代号	费率	单位	数量	定额调整或系数
乳化沥青层黏层	2-2-16-6	其他路面	$1000m^2$	98.9	乳化沥青改为 SBS 改性乳化沥青

309-1-a 厚 40mmSMA-13 见表 9-7。

40mmSMA-13 清单子目定额套取表 表 9-7

工程细目	定额代号	费率	单位	数量	定额调整或系数
沥青玛蹄脂碎石混合料拌和(240t/h 以内)	2-2-12-3	高级路面	$1000m^3$	3.956	
15t 以内自卸汽车运沥青混合料第一个 1km	2-1-13-21	汽车运输	$1000m^3$	3.956	运距调整为 5km
机械摊铺沥青玛蹄脂碎石混合料(240t/h 以内)	2-2-14-56	高级路面	$1000m^3$	3.956	

309-3-a 厚 80mm 粗粒式沥青混凝土见表 9-8。

表 9-8

粗粒式沥青混凝土清单子目定额套取表

工程细目	定额代号	费率	单位	数量	定额调整或系数
粗粒式沥青混凝土拌和	2-2-12-5	高级路面	$1000m^3$	7.912	
15t 以内自卸汽车运沥青混合料第一个 1km	2-1-13-21	汽车运输	$1000m^3$	7.912	运距调整为 5km
机械摊铺粗粒式沥青混凝土	2-2-14-46	高级路面	$1000m^3$	7.912	

314-2-a 纵向排水管见表 9-9。

表 9-9

纵向排水管清单子目定额套取表

工程细目	定额代号	费率	单位	数量	定额调整或系数
现浇 C25 沟身混凝土	1-2-4-5	构造物 I	$10m^3$	55.343	C20 调整为 C25
C30 盖板预制	1-24-8	构造物 1	$10m^3$	22.137	C20 调整为 C30，定额×1.01
盖板安装	1-2-4-11	构造物 1	$10m^3$	22.137	
盖板钢筋	1-24-10	钢材及钢结构	1t	51.192	

二、案例二

某大桥为 5×25m 预应力混凝土分体小箱梁桥，桥梁全长 133m，下部构造采用重力式桥台和柱式桥墩，桥台高 8.6m，桥墩高 9.1m。桥梁下部结构主要工程数量为：U 形桥台 C30 混凝土 487.8m^3，台帽 C40 混凝土 190.9m^3；柱式桥墩立柱 C40 混凝土 197.7m^3，盖梁 C40 混凝土 371.7m^3。施工要求采用集中拌和运输，混凝土拌和场设在距离桥位 500m 的一片荒地，拌和站采用 40m^3/h 的规格，不计拌和站安拆及场地费用。

问题：

(1)根据给定桥梁下部结构相关清单子目号、子目名称，见表 9-10，编制桥梁下部结构工程量清单。

表 9-10

清单子目号、子目特征表

子目号	子目名称	子目号	子目名称
410-2	下部结构混凝土	410-2-d	轻型桥台
410-2-a	重力式 U 形桥台	410-2-e	柱式桥墩
410-2-b	肋板式桥台	410-2-f	薄壁式桥墩
410-2-c	柱式桥台	410-2-g	空心桥墩

(2)在相应的清单子目下套取定额。

分析要点：

本案例主要考核工程量清单编制和清单控制价的编制。参照给定的清单子目号、子目名称编制桥梁下部工程量清单；在相应清单中套取定额，并计算定额用量。

参考答案：

(1)工程量清单见表 9-11。

工程量清单表 表 9-11

子　目　号	子目名称	计量单位	工程数量
410-2	下部结构混凝土		
410-2-a	重力式U形桥台		
410-2-a-1	C30 混凝土台身	m^3	487.8
410-2-a-2	C40 混凝土台帽	m^3	190.9
410-2-e	柱式桥墩		
410-2-e-1	C40 混凝土桥墩	m^3	197.7
410-2-e-2	C40 混凝土盖梁	m^3	371.7

(2)清单子目定额套取

410-2-a-1 C30 混凝土台身见表 9-12。

混凝土台身清单子目套取定额表 表 9-12

工程细目	定额代号	费率	单位	数量	定额调整或系数
梁桥板实体式墩台高 10m 以内	4-6-2-4	08	$10m^3$	48.78	片 C15-32.5-8 换普 C30-32.54
混凝土搅拌站拌和($40m^3/h$ 以内)	4-11-11-11	08	$10m^3$	49.76	
$6m^3$ 搅拌运输车运混凝土第一个 1km	4-11-11-20	03	$10m^3$	49.76	

410-2-a-2 C40 混凝土台帽见表 9-13。

混凝土台帽清单子目套取定额表 表 9-13

工程细目	定额代号	费率	单位	数量	定额调整或系数
墩、台帽混凝土非泵送钢模	4-6-3-2	08	$10m^3$	19.09	普 C30-32.5-4 换普 C40-32.5-4
混凝土搅拌站拌和($40m^3$ 以内)	4-11-11-11	08	$10m^3$	19.47	
$6m^3$ 搅拌运输车运混凝土第一个 1km	4-11-11-20	03	$10m^3$	19.47	

410-2-e-1 C40 混凝土桥墩见表 9-14。

混凝土桥墩清单子目套取定额表 表 9-14

工程细目	定额代号	费率	单位	数量	定额调整或系数
圆柱式墩台混凝土非泵送 10m 以内	4-4-2-9	08	$10m^3$	19.77	普 C25-32.54 换普 C40-32.54
混凝土搅拌站拌和($40m^3/h$ 以内)	4-11-11-11	08	$10m^3$	20.17	
$6m^3$ 搅拌运输车运混凝土第一个 1km	4-11-11-20	03	$10m^3$	20.17	

410-2-e-2 C40 混凝土盖梁见表 9-15。

混凝土盖梁清单子目套取定额表

表 9-15

工程细目	定额代号	费率	单位	数量	定额调整或系数
盖梁混凝土非泵送钢模	4-6-4-2	08	$10m^3$	37.17	普 C30-32.54 换普 C40-32.5-4
混凝土搅拌站拌和($40m^3$以内)	4-11-11-11	08	$10m^3$	37.913	
$6m^3$ 搅拌运输车运混凝土第一个 1km	4-11-11-20	03	$10m^3$	37.913	

三、案例三

某公路有一段需要加宽改造，原桥梁由 12m 加宽至 17m，原桥上部结构为预应力先简支后连续箱梁，3×30m。招标文件图纸的桥梁上部工程数量表内容见表 9-16。

桥梁上部工程数量表

表 9-16

结构名称	预制 C50 混凝土	现浇 C50 横梁混凝土	现浇 C50 整体化混凝土	R235 钢筋	HRB335 钢筋	R235 定位钢筋
单位	m^3			kg		
数量	200.2	6.273	3.6	5706	28 172	581

招标文件技术规范为《公路工程标准施工招标文件》(2009 年)，工程量清单格式见表 9-17。

工程量清单格式

表 9-17

子目编号	子目名称	单　位	数　量	单　价	合　价
403-3	上部结构钢筋				
-a	光圆钢筋(HPB235、HPB300)	kg			
-b	带肋钢筋(HRB335、HRB300)	kg			
403-4	附属结构钢筋				
-a	光圆钢筋(HPB235、HPB300)	kg			
-b	带肋钢筋(HRB335、HRB400)	kg			
……					
410-3	上部结构混凝土				
-e	C50 预制混凝土	m^3			
410-5	上部结构现浇整体化混凝土				
-d	C50 现浇整体化混凝土	m^3			

问题：请按桥梁上部工程数量表标注的工程量填写《公路工程标准施工招标文件》(2009 年)中的清单中的工程数量。

分析要点：

需要注意的是，根据《公路工程标准施工招标文件》(2009 年)中钢筋的计量与支付条款规定,固定、定位架立钢筋不计量。

参考答案:

清单工程数量见表 9-18。

清单工程数量表

表 9-18

子目编号	子目名称	单位	数量	单价	合价
403-3	上部结构钢筋				
-a	光圆钢筋(HPB235、HPB300)	kg	5706		
-b	带肋钢筋(HRB335、HRB400)	kg	28172		
403-4	附属结构钢筋				
-a	光圆钢筋(HPB235、HPB300)	kg			
-b	带肋钢筋(HRB335、HRB400)	kg			
…					
410-3	上部结构混凝土				
…	C50 预制混凝土	m^3	200.2		
410—5	上部结构现浇整体化混凝土				
-d	C50 现浇整体化混凝土	m^3	9.873		

第四节　公路工程投标报价实例

一、编制信息

1. 基本信息

(1)文件名称:A4 合同段(编制范围或标段名称)。

(2)建设项目名称:甘肃××高速公路。

(3)项目类型:2009 清单范本(清单投标报价)。

(4)编制软件:纵横公路工程造价管理系统。

(5)工料机信息价按甘肃省部颁费率标准(2011)计。

2. 项目属性

项目属性见表 9-19。

项目属性

表 9-19

建设单位:甘肃××公路发展有限公司	工程地点:甘肃兰州
数据文件号:CQ2011002(可不填)	公路等级:高速公路
工程地点:甘肃兰州	编制范围:A2 合同段
利润率:7%	税金:3.35%

3. 取费信息

取费信息见表 9-20。

取 费 信 息　　　　表 9-20

工程所在地	甘 肃 兰 州	费 率 标 准	甘肃高速一级公路特殊桥隧构造物
冬季施工	冬二区Ⅱ	雨季施工	不计
夜间施工	不计	高原施工	不计
风沙施工	不计	沿海地区	不计
行车干扰	不计(新建不计)	施工安全	计
临时设施	计	施工辅助	计
工地转移(km)	100	养老保险(%)	20
失业保险(%)	2	医疗保险(%)	8.9
住房公积金(%)	7	工伤保险(%)	1
基本费用	计	综合里程(km)	4
职工探亲	计	职工取暖	冬二区
财务费用	计		

二、投标报价的编制

1. 工程量清单

工程量清单见表 9-21。

工 程 量 清 单　　　　表 9-21

合 同 段：甘肃某高速公路 4 标段			
清单 第 200 章　路基			
子 目 号	子 目 名 称	单　位	数　量
202-1	清理与掘除		
-a	清理现场	m^2	649703.000
203-1	路基挖方		
-a	挖土方	m^3	400726.000
-c	挖除非适用材料(包括淤泥)	m^3	28896.000
203-2	改河、改渠、改路挖方		
-a	开挖土方	m^3	13784.000
-c	清理河道土方	m^3	13158.000
204-1	路基填筑(包括填前压实)		
-b	利用土方	m^3	318891.000
-c	借土填方	m^3	404268.000
-h	结构物台背回填未筛分碎石	m^3	58436.000

续上表

子目号	子目名称	单位	数量
-i	导流堤、梨形堤、挡坝内填土	m^3	37837.000
204-2	改路、改河、改渠填筑		
-c	借土填方	m^3	2886.000
205-1	软土地基处理		
-k	填筑石渣	m^3	28896.000
-m	土工格栅	m^2	32520.000
-n	冲击压实	m^2	33652.000
-o	未筛分碎石封层	m^3	109677.000
207-4	急流槽		
-a	M7.5 浆砌片石	m^3	349.000
-c	C25 现浇混凝土	m^3	280.000
-e	PVC 管材	m	4561.000
207-7	挡水埝	m	3950.000
208-1	种草、铺草皮		
-a	播种草籽(带沙障)	m^2	159510.000
-b	播种草籽(不带沙障)	m^2	55900.000
208-2	浆砌片石护坡		
-c	M7.5 浆砌片石护坡	m^3	8003.000
208-3	预制混凝土块护坡		
-b	六边形空心砖,C25 混凝土	m^3	975.000
-c	格状骨架,C25 混凝土	m^3	1506.000
-d	拱形、菱形骨架镶边石,C25 混凝土	m^3	681.000
208-4	护面墙、矮墙、围墙		
-b	M7.5 浆砌片石矮墙、围墙	m^3	917.000
-c	M7.5 浆砌料石矮墙、围墙	m^3	235.000
209-1	挡土墙、防雪堤		
-a	M7.5 级浆砌片石挡土墙	m^3	83.000
-b	M7.5 级浆砌料石挡土墙	m^3	12.000
215-1	河床铺砌		
-a	M7.5 级浆砌片石	m^3	1043.000
215-3	石笼防护	m^3	
-a	石笼内填片石	m^3	6200.000
215-4	调水坝、导流堤、梨形堤(坝)、丁坝		
-a	M7.5 浆砌片石	m^3	5480.000
215-5	浆砌片石锥坡		

续上表

子目号	子目名称	单位	数量
-a	M7.5浆砌片石	m^3	765.000
-b	M7.5浆砌料石	m^3	77.000
-c	M7.5人行踏步	m^3	317.000
-d	预制六棱砖5cm厚	m^3	75.000
302-1	碎石路面		
-a	碎石渣厚200mm	m^2	6630.000
-b	未筛分碎石厚15cm	m^2	6353.000
304-1	水泥稳定土底基层		
-a	厚320mm,级配碎石	m^2	313290.000
304-2	水泥稳定土基层		
-b	厚200mm,级配碎石	m^2	292396.000
307-1	改性乳化沥青透层	m^2	292396.000
307-2	改性乳化沥青粘层	m^2	544778.000
308-2	粗粒式沥青混凝土		
-a	厚70mm	m^2	255130.000
310-1	改性沥青混合料		
-a	厚50mm,中粒式	m^2	289649.000
-c	厚40mm,细粒式	m^2	289649.000
312-1	培土路肩		
-a	培土路肩(碎石渣)	m^2	15094.000
312-2	中央分隔带		
-a	回填土	m^2	8681.000
-b	预制块铺砌	m^2	952.000
312-5	路缘石		
-a	花岗岩路缘石	m^3	1496.000
313-8	防水层		
-a	改性沥青	m^2	23403.000
-b	其他防水层	m^2	540.000
403-1	基础钢筋(包括灌注桩、承台、沉桩、沉井等)		
-a	光圆钢筋(R235)	kg	136174.000
-b	带肋钢筋(HRB335)	kg	1049726.000
403-2	下部结构钢筋		
-a	光圆钢筋(R235)	kg	133211.000
-b	带肋钢筋(HRB335)	kg	629149.000
403-3	桥梁上部结构钢筋		

续上表

子 目 号	子 目 名 称	单 位	数 量
-a	光圆钢筋(R235)	kg	453766.000
-b	带肋钢筋(HRB335)	kg	2006935.000
-d	D8 钢筋焊接网	kg	190752.000
403-4	附属结构钢筋		
-a	光圆钢筋(R235)	kg	23198.000
-b	带肋钢筋(HRB335)	kg	271519.000
404-1	干处挖土方	m^3	6092.000
404-2	水下挖土方	m^3	6096.000
405-1	钻孔灌注桩		
-a	桩径 1.2m	m	2844.000
-b	桩径 1.5m	m	5934.000
410-1	混凝土基础(包括支撑梁、桩基承台,但不包括桩基)		
-b	C25 混凝土	m^3	1748.000
-c	C30 混凝土	m^3	184.000
410-2	混凝土下部结构		
-c	C30 混凝土	m^3	5551.000
410-3	现浇混凝土上部结构		
-b	C35 混凝土	m^3	737.000
410-5	上部结构现浇整体化混凝土		
-b	C40 混凝土	m^3	13.000
410-6	现浇混凝土附属结构		
-c	C30 混凝土	m^3	1958.000
-d	C40 混凝土	m^3	25.000
411-2	先张法预应力钢绞线		
-b	$\phi^S 15.20$	kg	2788.000
411-5	后张法预应力钢绞线		
-b	$\phi^S 15.20$	kg	342365.000
411-7	现浇预应力混凝土上部结构		
-b	C50 混凝土	m^3	1634.000
411-8	预制预应力混凝土上部结构		
-a	C40 混凝土	m^3	123.000
-b	C50 混凝土	m^3	8229.000
415-1	沥青混凝土桥面铺装		
-a	厚 90mm	m^2	89.000

续上表

子 目 号	子 目 名 称	单　　位	数　　量
415-2	水泥混凝土桥面铺装		
-a	40 级	m^3	36.000
-b	50 级	m^3	1933.000
416-1	矩形板式橡胶支座		
-a	厚 1cm	m^2	307.000
416-2	圆形板式橡胶支座		
-a	GYZ225×49mm	个	64.000
-e	GYZ450×99mm	个	480.000
-f	滑板式 GYZF4300×65mm	个	256.000
416-4	盆式支座		
-a	盆式支座 GPZ2.0DXmm	个	4.000
-b	盆式支座 GPZ3.0DXmm	个	4.000
-e	盆式支座 GPZ7.0GDmm	个	1.000
417-2	模数式伸缩装置		
-c	SSFD80	m	68.000
-e	SSFD160	m	181.000
-h	GQF-C-60	m	24.000
417-3	TST 伸缩缝	m	358.000
419-1	单孔××级钢筋混凝土圆管涵，ϕ××m		
-b	ϕ1.5m	m	84.000
420-1	钢筋混凝土盖板涵，…m×…m		
-a	2m	m	40.000
-b	4m	m	285.000

2. 报价原始数据表

报价原始数据见表 9-22。

报价原始数据表　　　　表 9-22

建设项目名称：甘肃某高速公路 4 标段					
编 制　范 围：××高速公路 4 标段					
编　　号	名　　称	单位	工程量	费率编号	备　　注
	第 100 章至 700 章清单				
	清单 第 100 章　总则				
	清单 第 200 章　路基				
202-1	清理与掘除				
-a	清理现场	m^2	649703.000		

续上表

编　　号	名　　称	单位	工程量	费率编号	备　　注
1-1-1-12	清除表土(135kW 内推土机)	$100m^3$	802.550	2	
1-1-1-5	砍挖灌木林(φ10cm 下)密	$1000m^2$	649.703	1	
1-1-1-3	人工伐推土机挖根(135kW 内)	10 棵	216.800	1	
1-1-5-4	填前夯(压)实 12～15t 光轮压路机	$1000m^2$	407.871	2	
4-11-1-3	推土机平整场地	$1000m^2$	3.663	2	
203-1	路基挖方				
-a	挖土方	m^3	400726.000		
1-1-12-18 改	165kW 内推土机 20m 普通土	$1000m^3$	329.045	2	定额×1.16
1-1-9-8 改	2.0m^3 内挖掘机挖装土方普通土	$1000m^3$	1.175	2	定额×1.16
1-1-9-8	2.0m^3 内挖掘机挖装土方普通土	$1000m^3$	17.671	2	
1-1-11-17	12t 内自卸车运土 2km	$1000m^3$	17.671	3	＋18×2
-c	挖除非适用材料(包括淤泥)	m^3	28896.000		
1-1-2-5	挖掘机挖装、淤泥、流沙	$1000m^3$	28.896	2	
1-1-11-17	12t 内自卸车运土 1km	$1000m^3$	28.896	3	
203-2	改河、改渠、改路挖方				
-a	开挖土方	m^3	13784.000		
1-1-12-14	135kW 内推土机 100m 普通土	$1000m^3$	13.784	2	＋16×8
4-11-1-3	推土机平整场地	$1000m^2$	3.563	8	
-c	清理河道土方	m^3	13158.000		
1-1-12-14	135kW 内推土机 100m 普通土	$1000m^3$	13.158	2	＋16×8
204-1	路基填筑(包括填前压实)				
-b	利用土方	m^3	318891.000		
1-1-11-17	12t 内自卸车运土 1km	$1000m^3$	298.648	3	
1-1-22-5	6000L 内洒水车洒水 1km	$1000m^3$	68.880	3	
1-1-18-3	高速一级路 10t 内振动压路机压土	$1000m^3$	159.445	2	
1-1-18-5	高速一级路 20t 内振动压路机压土	$1000m^3$	159.446	2	
1-1-20-3	整修边坡二级及以上等级公路	1km	4.850	1	
1-1-20-1	机械整修路拱	$1000m^2$	135.994	2	
-e	借土填方	m^3	404268.000		
1-1-9-8 改	2.0m^3 内挖掘机挖装土方普通土	$1000m^3$	404.268	2	定额×1.16
1-1-11-17	12t 内自卸车运土 5.3km	$1000m^3$	404.268	3	＋19×9
1-1-9-8 改	2.0m^3 内挖掘机挖装土方普通土	$1000m^3$	50.006	2	人工×1.16，材料×1.19，机械×1.19
1-1-11-17 改	12t 内自卸车运土 5.2km	$1000m^3$	50.006	3	＋19×8，定额×1.19
1-1-22-5	6000L 内洒水车洒水 1km	$1000m^3$	87.322	3	

续上表

编 号	名 称	单位	工程量	费率编号	备 注
1-1-18-3	高速一级路 10t 内振动压路机压土	1000m³	202.134	2	
1-1-18-5	高速一级路 20t 内振动压路机压土	1000m³	202.134	2	
1-1-20-3	整修边坡二级及以上等级公路	1km	6.150	1	
1-1-20-1	机械整修路拱	1000m²	172.446	2	
1-1-9-8	2.0m³ 内挖掘机挖装土方普通土	1000m³	14.099	2	
1-1-11-17 改	12t 内自卸车运土 5.2km	1000m³	14.099	3	+19×8，定额×1.03
1-1-13-9 改	12m³ 内铲运机 100m 松土	1000m³	335.542	2	定额×1.23
	取土资源费	m³	404268.000		单价:3
-h	结构物台背回填未筛分碎石	m³	58436.000		
1-3-12-4 改	软基碎(砾)石垫层	1000m³	58.436	7	958 换 100958，100958 量 1200
1-1-4-2	人工挖土质台阶普通土	1000m²	8.286	1	
-i	导流堤、梨形堤、挡坝内填土	m³	37837.000		
1-1-12-18	165kW 内推土机 100m 普通土	1000m³	37.837	2	+20×8
1-1-7-1	人工夯实	1000m³	37.837	1	
204-2	改路、改河、改渠填筑				
-c	借土填方	m³	2886.000		
1-1-9-8 改	2.0m³ 内挖掘机挖装土方普通土	1000m³	2.886	2	定额×1.16
1-1-11-17 改	12t 内自卸车运土 1km	1000m³	2.886	3	定额×1.19
1-1-22-5	6000L 内洒水车洒水 1km	1000m³	0.623	3	
1-1-18-8	二级路 10t 内振动压路机压土	1000m³	2.886	2	
4-11-1-3	推土机平整场地	1000m²	2.283	2	
205-1	软土地基处理				
-k	填筑石渣	m³	28896.000		
1-3-12-3	软基石渣垫层	1000m³	28.896	7	
-m	土工格栅	m²	32520.000		
1-3-9-3	软基(或路面基层)土工格栅处理	1000m²	32.520	7	
-n	冲击压实	m²	33652.000		
1-1-18-26	高速一级路 15t 内振动压路机碾压	1000m²	33.652	2	
-o	未筛分碎石封层	m³	109677.000		
1-3-12-4 改	软基碎(砾)石垫层	1000m³	109.677	7	958 换 100958，100958 量 1200
207-4	急流槽				
-a	M7.5 浆砌片石	m³	349.000		
1-2-3-3	浆砌片石急流槽	10m³	34.900	8	

续上表

编　号	名　称	单位	工程量	费率编号	备　注
4-11-6-17	水泥砂浆抹面(厚 2cm)	$100m^2$	4.188	8	
-c	C25 现浇混凝土	m^3	280.000		
1-2-4-14	现浇混凝土急流槽	$10m^3$	28.000	8	
-e	PVC 管材	m	4561.000		
1-2-7-1 改	横向排水管安装	10m	456.100	8	添 779 量 10.2
1-2-6-3	铸铁箅子安放	10 套	447.900	8	
1-1-6-2	人工挖运普通土 20m	$1000m^3$	5.134	1	
207-7	挡水埝	m	3950.000		
1-1-12-18	165kW 内推土机 100m 普通土	$1000m^3$	1.501	2	+20×8
1-1-7-1	人工夯实	$1000m^3$	1.501	1	
208-1	种草、铺草皮				
-a	播种草籽(带沙障)	m^2	159510.000		
5-1-2-5 改	人工撒草籽	$1000m^2$	159.510	8	821 量 28
5-1-13-6 改	草方格沙障	$1000m^2$	159.510	8	996 量 3000
-b	播种草籽(不带沙障)	m^2	55900.000		
5-1-2-5 改	人工撒草籽	$1000m^2$	55.900	8	821 量 28
208-2	浆砌片石护坡				
-c	M7.5 浆砌片石护坡	m^3	8003.000		
5-1-10-2	浆砌片石护坡	$10m^3$	800.300	8	
4-11-2-1	锥坡填土	$10m^3$	549.800	8	
4-11-7-13	沥青麻絮伸缩缝	$1m^2$	697.660	8	
4-1-3-3	基坑≤$1500m^3$,$1.0m^3$ 内挖掘机挖土	$1000m^3$	19.059	8	
4-11-5-1	填砂砾(砂)垫层	$10m^3$	10.110	8	
208-3	预制混凝土块护坡				
-b	六边形空心砖,C25 混凝土	m^3	975.000		
5-1-6-1 改	预制混凝土块、席块	$10m^3$	97.500	8	普 C20-32.5-4,-10.1, 普 C25-32.5-4,+10.1
5-1-6-3	铺砌混凝土块	$100m^2$	97.500	8	
-c	格状骨架,C25 混凝土	m^3	1506.000		
5-1-6-4	预制混凝土菱形格	$10m^3$	150.600	8	
5-1-6-5	菱形格钢筋	1t	11.443	13	
4-7-29-1	安装桥涵缘(帽)石	$10m^3$	150.600	8	
-d	拱形、菱形骨架镶边石,C25 混凝土	m^3	681.000		
5-1-6-4	预制混凝土菱形格	$10m^3$	68.107	8	
4-7-29-1	安装桥涵缘(帽)石	$10m^3$	68.107	8	

续上表

编　号	名　称	单位	工程量	费率编号	备　注
5-1-6-5	菱形格钢筋	1t	5.176	13	
208-4	护面墙、矮墙、围墙				
-b	M7.5浆砌片石矮墙、围墙	m^3	917.000		
4-5-2-7	轻型墩台、拱上横墙、墩上横墙	$10m^3$	91.700	8	
-c	M7.5浆砌料石矮墙、围墙	m^3	235.000		
4-5-4-1	墩、台、墙粗料石镶面高10m内	$10m^3$	23.540	8	
209-1	挡土墙、防雪堤				
-a	M7.5级浆砌片石挡土墙	m^3	83.000		
5-1-15-7改	浆砌片石墙身	$10m^3$	8.300	8	M5，−3.5， M7.5，+3.5
-b	M7.5级浆砌料石挡土墙	m^3	12.000		
5-1-15-7改	浆砌片石墙身	$10m^3$	1.230	8	M5，−3.5， M7.5，+3.5
215-1	河床铺砌				
-a	M7.5级浆砌片石	m^3	1043.000		
4-5-2-1	基础、护底、截水墙	$10m^3$	104.300	8	
4-11-5-1	填砂砾(砂)垫层	$10m^3$	28.540	8	
215-3	石笼防护	m^3			
-a	石笼内填片石	m^3	6200.000		
5-1-4-5改	铁丝笼	$10m^3$	620.000	8	111量0.31， 655量137.3
215-4	调水坝、导流堤、梨形堤(坝)、丁坝				
-a	M7.5浆砌片石	m^3	5480.000		
5-1-10-2改	浆砌片石护坡	$10m^3$	548.000	8	M5，−3.5， M7.5，+3.5
4-11-5-1	填砂砾(砂)垫层	$10m^3$	107.650	8	
4-1-3-3	基坑≤1500m^3，1.0m^3内挖掘机挖土	$1000m^3$	11.102	8	
215-5	浆砌片石锥坡				
-a	M7.5浆砌片石	m^3	765.000		
4-5-2-9改	锥坡、沟、槽、池	$10m^3$	65.470	8	M5，−3.5， M7.5，+3.5
4-5-2-1	基础、护底、截水墙	$10m^3$	11.060	8	
4-11-5-1	填砂砾(砂)垫层	$10m^3$	24.370	8	
4-11-6-17	水泥砂浆抹面(厚2cm)	$100m^2$	14.990	8	
4-11-7-13	沥青麻絮伸缩缝	$1m^2$	337.900	8	

续上表

编　　号	名　　称	单位	工程量	费率编号	备　　注
-b	M7.5 浆砌料石	m^3	77.000		
4-5-4-1	墩、台、墙粗料石镶面高 10m 内	$10m^3$	7.700	8	
4-11-5-1	填砂砾(砂)垫层	$10m^3$	0.390	8	
-c	M7.5 人行踏步	m^3	317.000		
4-5-2-1	基础、护底、截水墙	$10m^3$	31.700	8	
4-11-5-1	填砂砾(砂)垫层	$10m^3$	5.610	8	
4-11-6-17	水泥砂浆抹面(厚 2cm)	$100m^2$	11.432	8	
4-1-3-3	基坑≤$1500m^3$,$1.0m^3$ 内挖掘机挖土	$1000m^3$	0.211	8	
4-11-4-4	沥青油毡防水层	$10m^2$	5.030	8	
-d	预制六棱砖 5cm 厚	m^3	75.000		
5-1-6-1	预制混凝土块、席块	$10m^3$	7.500	8	
5-1-6-3	铺砌混凝土块	$100m^2$	15.000	8	
4-8-3-1	4t 内人工装卸 1km	$100m^3$	0.750	3	
	清单 第 300 章　路面				
302-1	碎石路面				
-a	碎石渣厚 200mm	m^2	6630.000		
2-2-4-3 改	机械铺厚度 20cm	$1000m^2$	6.630	7	+4×10，902 换 939，939 量 248.86
-b	未筛分碎石厚 15cm	m^2	6353.000		
2-2-4-3 改	机械铺厚度 15cm	$1000m^2$	6.353	7	+4×5，902 换 100958，100958 量 186.65
304-1	水泥稳定土底基层				
-a	厚 320mm,级配碎石	m^2	313290.000		
2-1-7-5 改	厂拌水泥碎石 5:95 厚度 32cm	$1000m^2$	313.290	7	+6×17，96:4
2-1-8-21	稳定土运输 15t 内 3km	$1000m^3$	100.253	3	+22×4
2-1-9-10 改	摊铺机铺筑底基层(9.5m 内)	$1000m^2$	313.290	7	拖平压机×2,人工+3
2-1-10-4	厂拌设备安拆(300t/h 内)	1 座	0.500	14	
304-2	水泥稳定土基层				
-b	厚 200mm,级配碎石	m^2	292396.000		
2-1-7-5	厂拌水泥碎石 5:95 厚度 20cm	$1000m^2$	292.396	7	+6×5
2-1-8-21	稳定土运输 15t 内 3km	$1000m^3$	58.479	3	+22×4
2-1-9-9	摊铺机铺筑基层(9.5m 内)	$1000m^2$	292.396	7	
2-1-10-4	厂拌设备安拆(300t/h 内)	1 座	0.500	14	
307-1	改性乳化沥青透层	m^2	292396.000		
2-2-16-4	乳化沥青半刚性基层透层	$1000m^2$	292.396	7	

续上表

编　号	名　称	单位	工程量	费率编号	备　注
307-2	改性乳化沥青黏层	m^2	544778.000		
2-2-16-6	乳化沥青层黏层	$1000m^2$	544.778	7	
308-2	粗粒式沥青混凝土				
-a	厚 70mm	m^2	255130.000		
2-2-11-5	粗粒沥青混凝土拌和(240t/h 内)	$1000m^3$	17.859	6	
2-2-13-21	混合料运输 15t 内 1km	$1000m^3$	17.859	3	
2-2-14-46	机铺沥青混凝土粗粒式(240t/h 内)	$1000m^3$	17.859	6	
2-2-15-5	混合料拌和设备安拆(240t/h 内)	1 座	0.300	14	
310-1	改性沥青混合料				
-a	厚 50mm,中粒式	m^2	289649.000		
2-2-11-11 改	中粒沥青混凝土拌和(240t/h 内)	$1000m^3$	14.482	6	851 换 852，852 量 113.465，996 量 8739.9
2-2-13-21	混合料运输 15t 内 3km	$1000m^3$	14.482	3	+22×4
2-2-14-47	机铺沥青混凝土中粒式(240t/h 内)	$1000m^3$	14.482	6	
2-2-15-5	混合料拌和设备安拆(240t/h 内)	1 座	0.350	14	
-c	厚 40mm,细粒式	m^2	289649.000		
2-2-11-17	细粒沥青混凝土拌和(240t/h 内)	$1000m^3$	11.586	6	
2-2-13-21	混合料运输 15t 内 1km	$1000m^3$	11.586	3	
2-2-14-48	机铺沥青混凝土细粒式(240t/h 内)	$1000m^3$	11.586	6	
2-2-15-5	混合料拌和设备安拆(240t/h 内)	1 座	0.350	14	
312-1	培土路肩				
-a	培土路肩(碎石渣)	m^2	15094.000		
2-3-3-5 改	培路肩厚度 68cm	$1000m^2$	22.197	7	+6×48，添 939 量 693.6
312-2	中央分隔带				
-a	回填土	m^2	8681.000		
6-1-5-3	中间带填土	$10m^3$	868.100	13	
-b	预制块铺砌	m^2	952.000		
6-1-5-1	预制混凝土中间带	$10m^3$	95.200	8	
6-1-5-2	安装混凝土中间带	$10m^3$	95.200	8	
312-5	路缘石				
-a	花岗岩路缘石	m^3	1496.000		
2-3-4-4 改	预制安砌混凝土路缘石	$10m^3$	149.600	8	1 量 18.87，832 量 0，952 量 0，996 量 0.37，1272 量 0

续上表

编　　号	名　　称	单位	工程量	费率编号	备　　注
	花岗岩	m^3	1496.000		单价:1300
313-8	防水层				
-a	改性沥青	m^2	23403.000		
4-11-4-6	防水剂	$1000m^2$	23.403	8	
	增强纤维	kg	16470.700		单价:40
-b	其他防水层	m^2	540.000		
	防水层	m^2	540.000		单价:24
	清单 第400章　桥梁、涵洞				
403-1	基础钢筋(包括灌注桩、承台、沉桩、沉井等)				
-a	光圆钢筋(R235)	kg	136174.000		
4-6-1-12 改	基础、支撑梁钢筋	1t	2.365	13	光圆=1.025,带肋=0
4-6-1-13 改	承台钢筋	1t	2.453	13	112 换 111,111 量 1.025
4-4-7-22 改	焊接连接钢筋	1t	131.358	13	光圆=1.025,带肋=0
-b	带肋钢筋(HRB335)	kg	1049726.000		
4-6-1-12 改	基础、支撑梁钢筋	1t	21.810	13	光圆=0,带肋=1.025
4-6-1-13	承台钢筋	1t	132.652	13	
4-4-7-22 改	焊接连接钢筋	1t	857.404	13	光圆=0,带肋=1.025
4-6-4-12 改	系梁钢筋	1t	37.861	13	光圆=0,带肋=1.025
403-2	下部结构钢筋				
-a	光圆钢筋(R235)	kg	133211.000		
4-6-2-8 改	实体式墩台钢筋	1t	2.879	13	光圆=1.025,带肋=0
4-6-2-19 改	柱式墩台焊接钢筋(高10m内)	1t	19.839	13	光圆=1.025,带肋=0
4-6-2-28 改	肋形埋置式桥台钢筋	1t	3.242	13	光圆=1.025,带肋=0
4-6-4-11 改	盖梁钢筋	1t	100.869	13	光圆=1.025,带肋=0
4-6-4-13 改	耳背墙钢筋	1t	1.167	13	光圆=1.025,带肋=0
4-6-3-9 改	桥(涵)台帽钢筋	1t	5.215	13	光圆=1.025,带肋=0
-b	带肋钢筋(HRB335)	kg	629149.000		
4-6-2-8 改	实体式墩台钢筋	1t	124.571	13	光圆=0,带肋=1.025
4-6-2-19 改	柱式墩台焊接钢筋(高10m内)	1t	169.119	13	光圆=0,带肋=1.025
4-6-2-28 改	肋形埋置式桥台钢筋	1t	20.984	13	光圆=0,带肋=1.025
4-6-3-9 改	桥(涵)台帽钢筋	1t	18.298	13	光圆=0,带肋=1.025
4-6-4-11 改	盖梁钢筋	1t	282.408	13	光圆=0,带肋=1.025
4-6-4-13 改	耳背墙钢筋	1t	13.768	13	光圆=0,带肋=1.025
403-3	桥梁上部结构钢筋				

续上表

编　号	名　称	单位	工程量	费率编号	备　注
-a	光圆钢筋(R235)	kg	453766.000		
4-7-16-3 改	预应力箱梁钢筋	1t	339.288	13	光圆=1.025,带肋=0
4-6-10-4 改	箱梁钢筋	1t	57.774	13	光圆=1.025,带肋=0
4-6-13-10 改	水泥及防水混凝土钢筋 ϕ8mm 上	1t	41.284	13	光圆=1.025,带肋=0
4-7-13-3 改	预应力空心板钢筋	1t	15.420	13	光圆=1.025,带肋=0
-b	带肋钢筋(HRB335)	kg	2006935.000		
4-7-16-3 改	预应力箱梁钢筋	1t	1759.608	13	光圆=0,带肋=1.025
4-6-10-4 改	箱梁钢筋	1t	77.592	13	光圆=0,带肋=1.025
4-6-13-10 改	水泥及防水混凝土钢筋 ϕ8mm 上	1t	7.022	13	光圆=0,带肋=1.025
4-7-13-3 改	预应力空心板钢筋	1t	9.733	13	光圆=0,带肋=1.025
4-6-8-4 改	矩形板钢筋	1t	152.981	13	光圆=0,带肋=1.025
-d	D8 钢筋焊接网	kg	190752.000		
4-6-13-9	水泥及防水混凝土钢筋 ϕ8mm 内	1t	190.752	13	
403-4	附属结构钢筋				
-a	光圆钢筋(R235)	kg	23198.000		
6-1-2-4	墙体护栏钢筋	1t	23.198	13	
-b	带肋钢筋(HRB335)	kg	271519.000		
4-6-14-3	桥头搭板钢筋	1t	134.095	13	
6-1-2-4 改	墙体护栏钢筋	1t	137.424	13	111 换 112，112 量 1.025，添 231 量 1.484，656 量 0，添 1726 量 0.37
404-1	干处挖土方	m^3	6092.000		
4-1-3-3	基坑≤1500m^3,1.0m^3 内挖掘机挖土	1000m^3	6.092	8	
404-2	水下挖土方	m^3	6096.000		
4-1-3-3 改	基坑≤1500m^3,1.0m^3 内挖掘机挖土	1000m^3	6.096	8	添 1653 量 0.04
405-1	钻孔灌注桩				
-a	桩径 1.2m	m	2844.000		
4-4-7-8	冲击成孔起重机配吊斗混凝土	10m^3	321.656	9	
4-4-8-7	埋设钢护筒干处	1t	51.451	13	
4-4-5-17	陆地 ϕ120cm 内孔深 40m 内沙土	10m	284.400	9	
4-4-7-24	检测管	1t	7.843	13	
4-11-11-11	混凝土搅拌站拌和(40m^3/h 内)	100m^3	32.166	8	
4-11-11-20	6m^3 内混凝土搅运车运 3km	100m^3	32.166	3	+21×4
-b	桩径 1.5m	m	5934.000		

续上表

编　号	名　称	单位	工程量	费率编号	备　注
4-2-5-1	筑岛填芯土	$10m^3$	104.000	8	
4-4-7-8	冲击成孔起重机配吊斗混凝土	$10m^3$	1048.538	9	
4-4-8-7	埋设钢护筒干处	1t	89.104	13	
4-4-5-41	陆地 ϕ150cm 内孔深 40m 内沙土	10m	1048.538	9	
4-4-7-24	检测管	1t	81.104	13	
4-11-11-11	混凝土搅拌站拌和($40m^3$/h 内)	$100m^3$	104.854	8	
4-11-11-20	$6m^3$ 内混凝土搅运车运 1km	$100m^3$	104.854	3	
4-2-2-10	麻袋围堰高 1.0m	10m	78.000	8	
410-1	混凝土基础(包括支撑梁、桩基承台,但不包括桩基)				
-b	C25 混凝土	m^3	1748.000		
4-6-1-5 改	支撑梁混凝土	$10m^3$	10.990	8	普 C20-32.5-4,−10.2,普 C25-32.5-4,+10.2
4-6-1-7	承台混凝土(起重机配吊斗无底模)	$10m^3$	64.200	8	
4-6-4-5 改	系梁混凝土(地面下非泵送)	$10m^3$	99.650	8	普 C30-32.5-4,−10.2,普 C25-32.5-4,+10.2
4-11-11-11	混凝土搅拌站拌和($40m^3$/h 内)	$100m^3$	17.480	8	
4-11-11-20	$6m^3$ 内混凝土搅运车运 3km	$100m^3$	17.480	3	+21×4
-c	C30 混凝土	m^3	184.000		
4-6-1-7 改	承台混凝土(起重机配吊斗无底模)	$10m^3$	18.400	8	普 C25-32.5-4,−10.2,普 C30-32.5-4,+10.2
4-11-11-11	混凝土搅拌站拌和($40m^3$/h 内)	$100m^3$	1.840	8	
4-11-11-20	$6m^3$ 内混凝土搅运车运 3km	$100m^3$	1.840	3	+21×4
410-2	混凝土下部结构				
-c	C30 混凝土	m^3	5551.000		
4-6-2-1 改	轻型墩台钢筋混凝土	$10m^3$	109.130	8	普 C25-32.5-4,−10.2,普 C30-32.5-4,+10.2
4-6-2-9 改	圆柱式墩台混凝土(非泵送高 10m 内)	$10m^3$	130.410	8	普 C25-32.5-4,−10.2,普 C30-32.5-4,+10.2
4-6-2-25 改	肋形埋置式桥台混凝土(高 8m 内)	$10m^3$	16.920	8	普 C25-32.5-4,−10.2,普 C30-32.5-4,+10.2
4-6-2-60 改	盆式支座垫石混凝土	$10m^3$	0.053	8	普 C30-32.5-4,−10.2,普 C50-42.5-2,+10.2
4-6-2-61 改	板式支座垫石混凝土	$10m^3$	2.500	8	普 C30-32.5-4,−10.2,普 C40-42.5-2,+10.2

续上表

编　号	名　称	单位	工程量	费率编号	备　注
4-6-3-2	墩、台帽混凝土(钢模非泵送)	$10m^3$	17.440	8	
4-6-4-2	盖梁混凝土(钢模非泵送)	$10m^3$	237.200	8	
4-6-4-9 改	耳背墙混凝土	$10m^3$	13.670	8	普 C25-32.5-4，－10.2， 普 C40-32.5-4，＋10.2
4-11-4-5	涂沥青防水层	$10m^2$	148.200	8	
4-11-11-11	混凝土搅拌站拌和($40m^3/h$ 内)	$100m^3$	55.510	8	
4-11-11-20	$6m^3$ 内混凝土搅运车运 3km	$100m^3$	55.510	3	＋21×4
	抗裂纤维	t	1.413	8	单价:40000
410-3	现浇混凝土上部结构				
-b	C35 混凝土	m^3	737.000		
4-6-8-1 改	现浇矩形板混凝土	$10m^3$	73.720	8	普 C30-32.5-4，－10.2， 普 C35-42.5-4，＋10.2
4-9-3-7	满堂式轻型钢支架(墩台高 4m 内)	$10m^2$	22.400	13	
4-9-6-1	支架预压	$10m^3$	73.720	8	
4-11-11-11	混凝土搅拌站拌和($40m^3/h$ 内)	$100m^3$	7.370	8	
4-11-11-20	$6m^3$ 内混凝土搅运车运 3km	$100m^3$	7.370	3	＋21×4
	抗裂纤维	t	0.615	8	单价:40000
410-5	上部结构现浇整体化混凝土				
-b	C40 混凝土	m^3	13.000		
4-11-11-11	混凝土搅拌站拌和($40m^3/h$ 内)	$100m^3$	0.130	8	
4-11-11-20	$6m^3$ 内混凝土搅运车运 3km	$100m^3$	0.130	3	＋21×4
4-6-13-2 改	行车道铺装面层水泥混凝土(非泵送)	$10m^3$	1.300	8	普 C30-32.5-4，－10.2， 普 C40-42.5-4，＋10.2
410-6	现浇混凝土附属结构				
-c	C30 混凝土	m^3	1958.000		
4-6-14-1	搭板混凝土	$10m^3$	75.140	8	
6-1-2-3 改	现浇混凝土墙体防撞护栏	$10m^3$	120.700	8	普 C25-32.5-4，－10.2， 普 C40-42.5-4，＋10.2
6-1-2-5	铸铁柱及栏杆	1t	32.105	13	
4-11-11-11	混凝土搅拌站拌和($40m^3/h$ 内)	$100m^3$	19.580	8	
4-11-11-20	$6m^3$ 内混凝土搅运车运 3km	$100m^3$	19.580	3	＋21×4
-d	C40 混凝土	m^3	25.000		
4-11-11-11	混凝土搅拌站拌和($40m^3/h$ 内)	$100m^3$	0.250	8	
4-11-11-20	$6m^3$ 内混凝土搅运车运 3km	$100m^3$	0.250	3	＋21×4
4-6-2-61	板式支座垫石混凝土	$10m^3$	2.500	8	

续上表

编号	名称	单位	工程量	费率编号	备注
4-6-2-60	盆式支座垫石混凝土	$10m^3$	2.500	8	
411-2	先张法预应力钢绞线				
-b	ϕ^S15.20	kg	2788.000		
4-7-21-5	先张法钢绞线	1t	2.788	13	
4-11-10-1	60m 张拉台座 3000kN	1座	1.000	8	
411-5	后张法预应力钢绞线				
-b	ϕ^S15.20	kg	342365.000		
4-7-20-27	钢绞线束长 40m 内 3 孔 9.48 束/t	1t	256.454	13	+28×0.573
4-7-20-17	钢绞线束长 20m 内 7 孔 16.36 束/t	1t	73.344	13	+18×8.241
4-7-20-39	钢绞线束长 80m 内 12 孔 0.96 束/t	1t	12.567	13	+40×-0.425
411-7	现浇预应力混凝土上部结构				
-b	C50 混凝土	m^3	1634.000		
4-6-10-2	支架现浇箱梁混凝土(泵送)	$10m^3$	34.400	8	
4-7-16-6	现浇连续梁接缝混凝土	$10m^3$	129.000	8	
4-9-3-9	满堂式轻型钢支架(墩台高 8m 内)	$10m^2$	4.250	13	
4-9-6-1	支架预压	$10m^3$	34.400	8	
4-11-11-11	混凝土搅拌站拌和($40m^3$/h 内)	$100m^3$	16.340	8	
4-11-11-20	$6m^3$ 内混凝土搅运车运 5.5km	$100m^3$	16.340	3	+21×9
411-8	预制预应力混凝土上部结构				
-a	C40 混凝土	m^3	123.000		
4-7-13-1	预制预应力空心板混凝土非泵送	$10m^3$	12.280	8	
4-8-4-7	重 25t 内起重机装车 1km	$100m^3$	1.228	3	
4-8-2-5	重 50t 内龙门架装卷扬机牵引 100m	$100m^3$	1.228	8	+14×1
4-7-13-7	起重机安装空心板跨径 20m 内	$10m^3$	12.280	8	
4-11-11-11	混凝土搅拌站拌和($40m^3$/h 内)	$100m^3$	1.228	8	
4-11-11-20	$6m^3$ 内混凝土搅运车运 3km	$100m^3$	1.228	3	+21×4
4-11-11-16	1t 机动翻斗车运 200m	$100m^3$	1.228	3	+17×1
-b	C50 混凝土	m^3	8229.000		
4-7-16-2	预制等截面箱梁混凝土泵送	$10m^3$	822.900	8	
4-7-16-4	双导梁安装简支梁	$10m^3$	822.900	8	
4-8-4-4	重 40t 内龙门架装车 5.5km	$100m^3$	82.290	3	+16×9
4-11-9-1	平面底座	$10m^2$	21.600	8	
4-11-11-11	混凝土搅拌站拌和($40m^3$/h 内)	$100m^3$	82.290	8	
4-11-11-16	1t 机动翻斗车运 200m	$100m^3$	82.290	3	+17×1
4-7-31-2	双导梁	10t	11.570	13	

续上表

编 号	名 称	单位	工程量	费率编号	备 注
415-1	沥青混凝土桥面铺装				
-a	厚 90mm	m^2	89.000		
4-6-13-7	行车道铺装沥青混凝土	$10m^3$	0.800	8	
415-2	水泥混凝土桥面铺装				
-a	40 级	m^3	36.000		
4-6-13-2 改	行车道铺装面层水泥混凝土(非泵送)	$10m^3$	3.600	8	普 C30-32.5-4，−10.2，普 C40-42.5-4，+10.2
4-11-11-11	混凝土搅拌站拌和($40m^3/h$ 内)	$100m^3$	0.360	8	
4-11-11-20	$6m^3$ 内混凝土搅运车运 3km	$100m^3$	0.360	3	+21×4
-b	50 级	m^3	1933.000		
4-6-13-2 改	行车道铺装面层水泥混凝土(非泵送)	$10m^3$	193.300	8	普 C30-32.5-4，−10.2，普 C50-42.5-2，+10.2
4-11-7-14	泄水管	10 个	45.600	8	
4-11-11-11	混凝土搅拌站拌和($40m^3/h$ 内)	$100m^3$	19.330	8	
4-11-11-20	$6m^3$ 内混凝土搅运车运 3km	$100m^3$	19.330	3	+21×4
	抗裂纤维	t	1.740		单价:40000
	增强纤维	t	0.642		单价:40000
416-1	矩形板式橡胶支座				
-a	厚 1cm	m^2	307.000		
4-7-30-3	板式橡胶支座	$1dm^3$	3070.000	13	
4-6-2-62	支座垫石钢筋	1t	1.915	13	
416-2	圆形板式橡胶支座				
-a	GYZ225×49mm	个	64.000		
4-7-30-3	板式橡胶支座	$1dm^3$	125.000	13	
-e	GYZ450×99mm	个	480.000		
4-7-30-3	板式橡胶支座	$1dm^3$	7558.000	13	
-f	滑板式 GYZF4300×65mm	个	256.000		
4-7-30-4 改	四氟板式橡胶组合支座	$1dm^3$	1176.000	13	183 量 0.025
416-4	盆式支座				
-a	盆式支座 GPZ2.0DXmm	个	4.000		
4-7-30-5	钢盆式橡胶支座反力 3000kN	1 个	4.000	13	
-b	盆式支座 GPZ3.0DXmm	个	4.000		
4-7-30-5	钢盆式橡胶支座反力 3000kN	1 个	4.000	13	
-e	盆式支座 GPZ7.0GDmm	个	1.000		
4-7-30-8	钢盆式橡胶支座反力 7000kN	1 个	1.000	13	

续上表

编　号	名　　称	单位	工程量	费率编号	备　注
417-2	模数式伸缩装置				
-c	SSFD80	m	68.000		
4-11-7-1	模数伸缩缝伸缩量 80～480mm	1t	5.424	13	
4-11-7-5	预留槽混凝土	$10m^3$	1.210	13	
4-11-7-6	预留槽钢筋	1t	1.717	13	
4-11-11-1	混凝土搅拌机拌和(250L 内)	$10m^3$	1.210	8	
4-11-11-16	1t 机动翻斗车运 100m	$100m^3$	0.121	3	
-e	SSFD160	m	181.000		
4-11-7-4	模数伸缩缝伸缩量 1600～2000mm	1t	32.580	13	
4-11-7-5	预留槽混凝土	$10m^3$	4.220	13	
4-11-7-6	预留槽钢筋	1t	6.005	13	
4-11-11-1	混凝土搅拌机拌和(250L 内)	$10m^3$	4.220	8	
4-11-11-16	1t 机动翻斗车运 100m	$100m^3$	0.422	3	
-h	GQF-C-60	m	24.000		
4-11-7-1	模数伸缩缝伸缩量 80～480mm	1t	1.920	13	
4-11-7-5	预留槽混凝土	$10m^3$	0.400	13	
4-11-7-6	预留槽钢筋	1t	0.652	13	
4-11-11-1	混凝土搅拌机拌和(250L 内)	$10m^3$	0.400	8	
4-11-11-16	1t 机动翻斗车运 100m	$100m^3$	0.040	3	
417-3	TST 伸缩缝	m	358.000		
补 4-11-7-15	TST 伸缩缝槽宽 200mm 以内槽深 10cm	m	358.000	1	
419-1	单孔××级钢筋混凝土圆管涵，ϕ××m				
-b	ϕ1.5m	m	84.000		
4-1-3-3	基坑≤$1500m^3$，$1.0m^3$ 内挖掘机挖土	$1000m^3$	1.372	8	
4-11-5-1	填砂砾(砂)垫层	$10m^3$	3.320	8	
4-7-5-5 改	现浇管座混凝土	$10m^3$	3.320	8	普 C15-32.5-4，－10.2，普 C20-32.5-4，＋10.2
4-7-4-2 改	预制 ϕ2m 内混凝土	$10m^3$	17.980	8	普 C30-32.5-2，－10.1，普 C25-32.5-2，＋10.1
4-7-4-3	普通钢筋	1t	9.121	13	
4-7-5-4	起重机安装 ϕ1.0m 上圆管涵	$10m^3$	17.980	8	
4-8-3-10	10t 内汽车式起重机装卸 3km	$100m^3$	1.798	3	＋14×4
4-11-7-13	沥青麻絮伸缩缝	$1m^2$	15.100	8	

续上表

编　号	名　称	单位	工程量	费率编号	备　注
4-11-11-11	混凝土搅拌站拌和($40m^3/h$内)	$100m^3$	2.130	8	
4-11-11-20	$6m^3$内混凝土搅运车运1km	$100m^3$	2.130	3	
1-1-7-1	人工夯实	$1000m^3$	0.962	1	
420-1	钢筋混凝土盖板涵,…m×…m				
-a	2m	m	40.000		
4-1-3-3	基坑≤$1500m^3$,$1.0m^3$内挖掘机挖土	$1000m^3$	0.943	8	
4-6-1-1	轻型墩台基础混凝土(跨径4m内)	$10m^3$	16.740	8	
4-6-2-1	轻型墩台钢筋混凝土	$10m^3$	18.510	8	
4-7-9-1	预制矩形板混凝土(跨径4m内)	$10m^3$	2.050	8	
4-7-9-3	矩形板钢筋	1t	3.868	13	
4-7-10-2	起重机安装矩形板	$10m^3$	2.050	8	
4-8-3-9	8t内汽车式起重机装卸1km	$100m^3$	0.205	3	
4-7-28-2	预制桥涵缘(帽)石混凝土钢模	$10m^3$	0.070	8	
4-7-29-1	安装桥涵缘(帽)石	$10m^3$	0.070	8	
4-11-7-13	沥青麻絮伸缩缝	$1m^2$	70.600	8	
4-11-4-5	涂沥青防水层	$10m^2$	42.200	8	
4-11-4-4	沥青油毡防水层	$10m^2$	4.250	8	
4-6-2-8	实体式墩台钢筋	1t	7.140	13	
4-11-5-1	填砂砾(砂)垫层	$10m^3$	4.000	8	
4 5 2-1	基础、护底、截水墙	$10m^3$	4.420	8	
4-5-4-1	墩、台、墙粗料石镶面高10m内	$10m^3$	0.460	8	
4-5-2-5	实体式台、墙高10m内	$10m^3$	2.860	8	
4-11-6-17	水泥砂浆抹面(厚2cm)	$100m^2$	0.079	8	
5-1-10-2改	浆砌片石护坡	$10m^3$	2.520	8	M5，－3.5， M7.5，＋3.5
4-11-5-2改	填碎(砾)石垫层	$10m^3$	20.000	8	952换915，915量13.26
-b	4m	m	285.000		
4-1-3-3	基坑≤$1500m^3$,$1.0m^3$内挖掘机挖土	$1000m^3$	8.676	8	
4-6-1-1	轻型墩台基础混凝土(跨径4m内)	$10m^3$	218.650	8	
4-6-2-1	轻型墩台钢筋混凝土	$10m^3$	224.480	8	
4-7-9-1	预制矩形板混凝土(跨径4m内)	$10m^3$	52.400	8	
4-7-9-3	矩形板钢筋	1t	92.777	13	
4-7-10-2	起重机安装矩形板	$10m^3$	52.400	8	
4-8-3-9	8t内汽车式起重机装卸1km	$100m^3$	5.245	3	
4-7-28-2	预制桥涵缘(帽)石混凝土钢模	$10m^3$	0.456	8	

续上表

编　号	名　称	单位	工程量	费率编号	备　注
4-7-29-1	安装桥涵缘(帽)石	$10m^3$	0.456	8	
4-11-7-13	沥青麻絮伸缩缝	$1m^2$	707.000	8	
4-11-4-5	涂沥青防水层	$10m^2$	458.700	8	
4-11-4-4	沥青油毡防水层	$10m^2$	62.190	8	
4-6-2-8	实体式墩台钢筋	1t	68.227	13	
1-3-12-3 改	软基石渣垫层	$1000m^3$	1.949	8	939 换 915，915 量 1200
4-5-2-1	基础、护底、截水墙	$10m^3$	65.610	8	
4-5-4-1	墩、台、墙粗料石镶面高 10m 内	$10m^3$	10.410	8	
4-5-2-5	实体式台、墙高 10m 内	$10m^3$	52.840	8	
4-11-6-17	水泥砂浆抹面(厚 2cm)	$100m^2$	1.032	8	
4-11-5-1	填砂砾(砂)垫层	$10m^3$	31.560	8	
5-1-10-2 改	浆砌片石护坡	$10m^3$	29.490	8	M5，－3.5，M7.5，＋3.5
	已包含在清单合计中的材料、工程设备、专业工程暂估价合计				
	清单合计减去材料、工程设备、专业工程暂估价合计				
	计日工合计				
	劳务				
	材料				
	机械				
	暂列金额(不含计日工总额)				
	投标报价				

3. 补充定额

补充定额见表 9-23。

补 充 定 额 表 9-23

定额号	4-11-7-15	名称	TST 伸缩缝槽宽 200mm 以内槽深 10cm	单位	m
代号	名　称		单　位	定额单价	定额消耗
1	人工		工日	49.20	1.50
112	带肋钢筋		t	3400.00	0.01
183	钢板		t	4450.00	0.00
545	TST 伸缩体		kg	21.58	12.50
951	碎石(2cm)		m^3	55.00	0.01
952	碎石(4cm)		m^3	55.00	0.01

续上表

定额号	4-11-7-15	名称	TST 伸缩缝槽宽 200mm 以内槽深 10cm	单位	m
代号	名 称		单 位	定额单价	定额消耗
996	其他材料费		元	1.00	15.70
1245	电动混凝土切缝机		台班	141.52	0.03
1840	$3m^3$/min 以内机动空压机		台班	256.67	0.15
1998	小型机具使用费		元	1.00	86.90
1999	基价		元	1.00	524.00

4. 工程量清单报价

工程量清单报价见表 9-24。

工程量清单报价 表 9-24

子 目 号	子 目 名 称	单位	数量	单价	合价
202-1	清理与掘除				
-a	清理现场	m^2	649703.000	2.13	1383867
203-1	路基挖方				
-a	挖土方	m^3	400726.000	2.59	1037880
-c	挖除非适用材料(包括淤泥)	m^3	28896.000	12.58	363512
203-2	改河、改渠、改路挖方				
-a	开挖土方	m^3	13784.000	7.85	108204
-c	清理河道土方	m^3	13158.000	7.62	100264
204-1	路基填筑(包括填前压实)				
-b	利用土方	m^3	318891.000	13.73	4378373
-e	借土填方	m^3	404268.000	32.40	13098283
-h	结构物台背回填未筛分碎石	m^3	58436.000	52.70	3079577
-i	导流堤、梨形堤、挡坝内填土	m^3	37837.000	18.33	693552
204-2	改路、改河、改渠填筑				
-c	借土填方	m^3	2886.000	17.80	51371
205-1	软土地基处理				
-k	填筑石渣	m^3	28896.000	62.06	1793286
-m	土工格栅	m^2	32520.000	20.42	664058
-n	冲击压实	m^2	33652.000	2.38	80092
-o	未筛分碎石封层	m^3	109677.000	52.27	5732817
207-4	急流槽				
-a	M7.5 浆砌片石	m^3	349.000	361.27	126083
-c	C25 现浇混凝土	m^3	280.000	944.79	264541
-e	PVC 管材	m	4561.000	586.56	2675300

续上表

子 目 号	子 目 名 称	单位	数量	单价	合价
207-7	挡水埝	m	3950.000	6.97	27532
208-1	种草、铺草皮				
-a	播种草籽(带沙障)	m^2	159510.000	602.17	96052137
-b	播种草籽(不带沙障)	m^2	55900.000	281.83	15754297
208-2	浆砌片石护坡				
-c	M7.5 浆砌片石护坡	m^3	8003.000	593.87	4752742
208-3	预制混凝土块护坡				
-b	六边形空心砖,C25 混凝土	m^3	975.000	1601.55	1561511
-c	格状骨架,C25 混凝土	m^3	1506.000	974.52	1467627
-d	拱形、菱形骨架镶边石,C25 混凝土	m^3	681.000	974.62	663716
208-4	护面墙、矮墙、围墙				
-b	M7.5 浆砌片石矮墙、围墙	m^3	917.000	421.61	386616
-c	M7.5 浆砌料石矮墙、围墙	m^3	235.000	733.14	172288
209-1	挡土墙、防雪堤				
-a	M7.5 级浆砌片石挡土墙	m^3	83.000	364.27	30234
-b	M7.5 级浆砌料石挡土墙	m^3	12.000	373.25	4479
215-1	河床铺砌				
-a	M7.5 级浆砌片石	m^3	1043.000	375.92	392085
215-3	石笼防护	m^3			
-a	石笼内填片石	m^3	6200.000	326.81	2026222
215-4	调水坝、导流堤、梨形堤(坝)、丁坝				
-a	M7.5 浆砌片石	m^3	5480.000	448.35	2456958
215-5	浆砌片石锥坡				
-a	M7.5 浆砌片石	m^3	765.000	1374.72	1051661
-b	M7.5 浆砌料石	m^3	77.000	747.27	57540
-c	M7.5 人行踏步	m^3	317.000	426.55	135216
-d	预制六棱砖 5cm 厚	m^3	75.000	2530.67	189800
	清单 第 200 章合计 人民币	162813721			
清单 第 300 章 路面					
子 目 号	子 目 名 称	单位	数量	单价	合价
302-1	碎石路面				
-a	碎石渣厚 200mm	m^2	6630.000	12.67	84002
-b	未筛分碎石厚 15cm	m^2	6353.000	8.19	52031
304-1	水泥稳定土底基层				

续上表

清单 第 300 章　路面					
子　目　号	子 目 名 称	单位	数量	单价	合价
-a	厚 320mm，级配碎石	m^2	313290.000	106.40	33334056
304-2	水泥稳定土基层				
-b	厚 200mm，级配碎石	m^2	292396.000	68.13	19920939
307-1	改性乳化沥青透层	m^2	292396.000	5.25	1535079
307-2	改性乳化沥青黏层	m^2	544778.000	2.42	1318363
308-2	粗粒式沥青混凝土				
-a	厚 70mm	m^2	255130.000	60.67	15478737
310-1	改性沥青混合料				
-a	厚 50mm，中粒式	m^2	289649.000	98.21	28446428
-c	厚 40mm，细粒式	m^2	289649.000	39.73	11507755
312-1	培土路肩				
-a	培土路肩（碎石渣）	m^2	15094.000	64.50	973563
312-2	中央分隔带				
-a	回填土	m^2	8681.000	32.47	281872
-b	预制块铺砌	m^2	952.000	1406.16	1338664
312-5	路缘石				
-a	花岗岩路缘石	m^3	1496.000	1593.57	2383981
313-8	防水层				
-a	改性沥青	m^2	23403.000	70.86	1658337
-b	其他防水层	m^2	540.000	24.00	12960
	清单　第 300 章合计　人民币	118326767			
清单 第 400 章　桥梁、涵洞					
子　目　号	子 目 名 称	单位	数量	单价	合价
403-1	基础钢筋（包括灌注桩、承台、沉桩、沉井等）				
-a	光圆钢筋（R235）	kg	136174.000	4.87	663167
-b	带肋钢筋（HRB335）	kg	1049726.000	5.14	5395592
403-2	下部结构钢筋				
-a	光圆钢筋（R235）	kg	133211.000	5.03	670051
-b	带肋钢筋（HRB335）	kg	629149.000	5.28	3321907
403-3	桥梁上部结构钢筋				
-a	光圆钢筋（R235）	kg	453766.000	5.14	2332357
-b	带肋钢筋（HRB335）	kg	2006935.000	5.40	10837449
-d	D8 钢筋焊接网	kg	190752.000	5.34	1018616

续上表

清单 第400章　桥梁、涵洞					
子　目　号	子 目 名 称	单位	数量	单价	合价
403-4	附属结构钢筋				
-a	光圆钢筋(R235)	kg	23198.000	5.21	120862
-b	带肋钢筋(HRB335)	kg	271519.000	5.39	1463487
404-1	干处挖土方	m^3	6092.000	20.63	125678
404-2	水下挖土方	m^3	6096.000	20.65	125882
405-1	钻孔灌注桩				
-a	桩径 1.2m	m	2844.000	1642.26	4670587
-b	桩径 1.5m	m	5934.000	3181.13	18876825
410-1	混凝土基础(包括支撑梁、桩基承台,但不包括桩基)				
-b	C25 混凝土	m^3	1748.000	635.15	1110242
-c	C30 混凝土	m^3	184.000	541.61	99656
410-2	混凝土下部结构				
-c	C30 混凝土	m^3	5551.000	1411.97	7837845
410-3	现浇混凝土上部结构				
-b	C35 混凝土	m^3	737.000	1383.66	1019757
410-5	上部结构现浇整体化混凝土				
-b	C40 混凝土	m^3	13.000	668.62	8692
410-6	现浇混凝土附属结构				
-c	C30 混凝土	m^3	1958.000	999.06	1956159
-d	C40 混凝土	m^3	25.000	1362.16	34054
411-2	先张法预应力钢绞线				
-b	$\phi^S 15.20$	kg	2788.000	41.79	116511
411-5	后张法预应力钢绞线				
-b	$\phi^S 15.20$	kg	342365.000	17.58	6018777
411-7	现浇预应力混凝土上部结构				
-b	C50 混凝土	m^3	1634.000	1156.54	1889786
411-8	预制预应力混凝土上部结构				
-a	C40 混凝土	m^3	123.000	1512.08	185986
-b	C50 混凝土	m^3	8229.000	1363.61	11221147
415-1	沥青混凝土桥面铺装				
-a	厚 90mm	m^2	89.000	106.40	9470
415-2	水泥混凝土桥面铺装				

续上表

清单 第 400 章　桥梁、涵洞					
子　目　号	子 目 名 称	单位	数量	单价	合价
-a	40 级	m^3	36.000	668.69	24073
-b	50 级	m^3	1933.000	812.31	1570195
416-1	矩形板式橡胶支座				
-a	厚 1cm	m^2	307.000	1366.70	419577
416-2	圆形板式橡胶支座				
-a	GYZ225×49mm	个	64.000	260.88	16696
-e	GYZ450×99mm	个	480.000	2103.00	1009440
-f	滑板式 GYZF4300×65mm	个	256.000	2153.96	551414
416-4	盆式支座				
-a	盆式支座 GPZ2.0DXmm	个	4.000	6649.25	26597
-b	盆式支座 GPZ3.0DXmm	个	4.000	6649.25	26597
-e	盆式支座 GPZ7.0GDmm	个	1.000	19043.00	19043
417-2	模数式伸缩装置				
-c	SSFD80	m	68.000	2192.91	149118
-e	SSFD160	m	181.000	5797.56	1049358
-h	GQF-C-60	m	24.000	2199.33	52784
417-3	TST 伸缩缝	m	358.000	2236.05	800506
419-1	单孔××级钢筋混凝土圆管涵，ϕ××m				
-b	ϕ1.5m	m	84.000	4500.17	378014
420-1	钢筋混凝土盖板涵，…m×…m				
-a	2m	m	40.000	18583.40	743336
-b	4m	m	285.000	32371.68	9225929
	清单　第 400 章合计　人民币	97193219			

5. 投标报价汇总表

投标报价汇总见表 9-25。

投标报价汇总表　　表 9-25

序　　号	章　　次	科 目 名 称	金额(元)
1	100	清单 第 100 章　总则	
2	200	清单 第 200 章　路基	164550572
3	300	清单 第 300 章　路面	119425178
4	400	清单 第 400 章　桥梁、涵洞	98001753

续上表

序　号	章　次	科 目 名 称	金额(元)
5	第 100 章～700 章清单合计		381977503
6	已包含在清单合计中的材料、工程设备、专业工程暂估价合计		
7	清单合计减去材料、工程设备、专业工程暂估价合计(即 5－6)＝7		381977503
8	计日工合计		
9	暂列金额(不含计日工总额)		
10	投标报价(5＋8＋9)＝10		381977503

附　　录

附录一　铁路综合概(预)算章节表

附表1

章别	节号	工程及费用名称	单位	附　　注
第一部分:静态投资			正线公里	
一	1	拆迁及征地费用	正线公里	
		其中:Ⅰ.建筑工程费	正线公里	以下各章、节同
		Ⅱ.安装工程费	正线公里	以下各章、节同
		Ⅲ.设备购置费	正线公里	以下各章、节同
		Ⅳ.其他费	正线公里	以下各章、节同
		Ⅰ.建筑工程费	正线公里	
		一、改移道路	元	指废除既有道路后引起的有关工程费用
		(一)等级公路	km	
		1.路基	km	
		(1)土方	m^3	含路基附属工程的土方
		(2)石方	m^3	含路基附属工程的土方
		(3)路基附属工程	元	
		①干砌石	m^3	
		②浆砌石	圬工方	
		③混凝土	圬工方	
		④钢筋混凝土	圬工方	
		⑤绿色防护、绿化	m^3	
		⑥地基处理	元	按处理方式分列
		2.路面	m^2	
		(1)垫层	m^2	
		(2)基层	m^2	
		(3)面层	m^2	
		①沥青混凝土路面	m^2	含桥梁和隧道的路面面层,包括沥青贯入式路面、沥青表面处治路面和沥青混凝土路面
		②水泥混凝土路面	m^2	含桥梁和隧道的路面面层
		3.公路桥(××座)	延长米	

续上表

章别	节号	工程及费用名称	单位	附　注
一	1	(1)下部建筑	圬工方	
		①基础	圬工方	
		A. 明挖	圬工方	
		B. 承台	圬工方	
		C. 挖孔桩	m	
		D. 钻孔桩	m	
		E. 管桩	m	
		②墩台	圬工方	
		(2)上部建筑	m^2	
		(3)附属工程	元	
		①土方	m^3	
		②石方	m^3	
		③干砌石	m^3	
		④浆砌石	圬工方	
二		路基	正线公里/路基公里	
	2	区间路基土石方	施工立方米/断面立方米	包括开挖路堑、填筑路堤(含桥台后过渡段),挖除池沼淤泥、多年冻土,路堤夯压、挖台阶,修整边坡、侧沟边及路面、清除植被和表土、原地面压实等;不包括桥头锥体土石方及桥台后缺口土石方
		Ⅰ. 建筑工程费	施工立方米/断面立方米	
		一、土方	m^3	
		(一)挖土方	m^3	路基设计断面内土方的挖、装、运、卸等
		1. 挖土方(运距≤1km)	m^3	含铲运机铲运超过1km的部分
		(1)人力施工	m^3	
		(2)机械施工	m^3	
		2. 增运土方(运距>1km的部分)	立方米公里	
		(二)利用土方填方	m^3	利用土方的摊铺、压实、洒水等
		1. 人力施工	m^3	
		2. 机械施工	m^3	
		(三)借土填方	m^3	借土方的挖、装、运、卸,摊铺、压实、洒水等
		1. 挖填土方(运距≤1km)	m^3	
		(1)人力施工	m^3	
		(2)机械施工	m^3	
		2. 增运土方(运距>1km的部分)	立方米公里	

续上表

章别	节号	工程及费用名称	单位	附 注
二	2	二、石方	m³	
		(一)挖石方	m³	路基设计断面内石方的开挖、装、运、卸等
		1. 挖石方(运距≤1km)	m³	
		(1)人力施工	m³	
		(2)机械施工	m³	
		2. 增运石方(运距>1km的部分)	立方米公里	
		(二)利用石填方	m³	包括按以石代土路堤设计时利用石方的摊铺、压实、洒水等和按填石路堤设计时利用石方的填筑、码砌等
		1. 人力施工	m³	
		2. 机械施工	m³	
		(三)借石填方	m³	包括按以石代土路堤设计时的借石方的开挖、装、运、卸、摊铺、压实、洒水等和按填石路堤设计时借石方的开挖、装、运、卸、填筑、码砌等
		1. 挖填石方(运距≤1km)	m³	
三	5	②水上	m	
		(6)沉入桩	元	
		①钢筋(预应力)混凝土管桩	m	
		②钢管桩	m	
		(7)管柱	m	
		①钢筋(预应力)混凝土	m	
		②钢管柱	m	
		(8)挖井基础	圬工方	
		①混凝土	圬工方	
		②钢筋	t	
		2. 墩台	圬工方	
		(1)混凝土	圬工方	
		(2)钢筋	t	
		(3)浆砌石	圬工方	
		3. 预应力混凝土简支箱梁	孔	按单线、双线、跨度、设计速度分列,含先简支后连续梁
		(1)预制	孔	
		(2)架设	孔	
		(3)现浇	孔	
		4. 制架(钢筋)预应力混凝土T梁	孔	按单线、双线、跨度、梁高、设计速度分列

续上表

章别	节号	工程及费用名称	单位	附注
三	5	(1)预制	孔	
		(2)架设	孔	
		(3)现浇	孔	
		5.构架(钢筋)预应力混凝土T梁	孔	按单线、双线、跨度、梁高、设计速度分列
		6.预应力混凝土连续梁	圬工方	
		(1)混凝土	圬工方	
		(2)预应力筋	t	
		(3)普通钢筋	t	
		7.钢桁梁(钢桁拱)	t	
		8.钢板梁	t	
		9.钢—混凝土结合梁	延长米	
		(1)混凝土	圬工方	
		(2)普通钢筋	t	
		(3)钢梁	t	
		10.斜拉桥	延长米	指承台以上部分索塔和斜拉索支承的梁部,不包括桥面系
		(1)斜拉桥索塔	圬工方	
		(2)斜拉索	t	
		(3)钢梁	t	
十一	29	②浆砌石	圬工方	
		③混凝土	圬工方	
		④钢筋混凝土	圬工方	
		⑤绿色防护、绿化	m^2	
		⑥地基处理	元	
		2.路面	m^2	
		(1)垫层	m^2	
		(2)基层	m^2	
		(3)面层	m^2	
		①沥青混凝土路面	m^2	
		②水泥混凝土路面	m^2	
		3.沿线设施	km	包括护栏、隔离带(栅、块)、标志牌、标线、界牌、标桩、路面标线、轮廓标、路面及中央分隔带、排水设施等
		(二)立交桥综合排水工程	处	包括排水泵站房屋、排水设施及设备
		六、联合试运转及工程动态检测费	元	

续上表

章别	节号	工程及费用名称	单位	附　注
十一	29	七、生产准备费	正线公里	
		(一)生产职工培训费	正线公里	
		(二)办公和生活家具购置费	正线公里	
		(三)工器具生产家具购置费	正线公里	
		八、其他	元	
		以下各章合计	正线公里	
		其中：Ⅰ.建筑工程费	正线公里	
		Ⅱ.安装工程费	正线公里	
		Ⅲ.设备购置费	正线公里	
		Ⅳ.其他费	正线公里	
十二	30	基本预备费	正线公里	
以上总计			正线公里	
第二部分：动态投资			正线公里	
十三	31	工程造价增涨预留费	正线公里	
十四	32	建设期投资贷款利息	正线公里	
第三部分：机车车辆购置费			正线公里	
十五	33	机车车辆购置费	正线公里	
第四部分：铺底流动资金			正线公里	
十六	34	铺底流动资金	正线公里	
概(预)算总额			正线公里	第一、二、三、四部分之和

附录二　公路工程概(预)算项目表

附表 2

项	目	节	细目	工程或费用名称	单　位	备　注
				第一部分　建筑安装工程费	公路公里	建设项目路线总长度(主线长度)
一				临时工程	公路公里	
	1			临时道路	km	新建便道与利用原有道路的总长
			1	临时便道的修建与维护	km	新建便道长度
			2	原有道路的维护与恢复	km	利用原有的道路长度
				……		
	2			临时便桥	m/座	指汽车便桥
	3			临时轨道铺设	km	
	4			临时电力线路	km	
	5			临时电信线路	km	不包括广播线
	6			临时码头	座	按不同的形式划分节或细目
二				路基工程	km	扣除桥梁、隧道和互通立交的主线长度，独立桥梁或隧道为引道或接线长度
	1			场地清理	km	
		1		清理与掘除	m^2	按清除内容的不同划分细目
			1	清除表土	m^3	
			2	伐树、挖根、除草	m^2	
				……		
		2		挖除旧路面	m^2	按不同的路面类型和厚度划分细目
			1	挖除水泥混凝土路面	m^2	
			2	挖除沥青混凝土路面	m^2	
			3	挖除碎(砾)石路面	m^2	
				……		
		3		拆除旧的建筑物、构筑物	m^3	按不同的构筑材料划分细目
			1	拆除钢筋混凝土结构	m^3	
			2	拆除混凝土结构	m^3	
			3	拆除砖石及其他砌体	m^3	
				……		

续上表

项	目	节	细目	工程或费用名称	单 位	备 注
	2			挖方	m^3	
		1		挖土方	m^3	按不同的地点划分细目
			1	挖路基土方	m^3	
			2	挖改路、改河、改渠土方	m^3	
				……		
		2		挖石方	m^3	按不同的地点划分细目
			1	挖路基石方	m^3	
			2	挖改路、改河、改渠石方	m^3	
				……		
		3		挖非适用材料	m^3	
		4		弃方运输	m^3	
	3			填方	m^3	
		1		路基填方	m^3	按不同的填筑材料划分细目
			1	换填土	m^3	
			2	利用土方填筑	m^3	
			3	借土方填筑	m^3	
			4	利用石方填筑	m^3	
			5	填砂路基	m^3	
			6	粉煤灰及填石路基	m^3	
				……		
		2		改路、改河、改渠填方	m^3	按不同的填筑材料划分细目
			1	利用土方填筑	m^3	
			2	借土方填筑	m^3	
			3	利用石方填筑	m^3	
				……		
		3		结构物台背回填	m^3	按不同的填筑材料划分细目
			1	填碎石	m^3	
				……	m^3	
	4			特殊路基处理	km	指需要处理的软弱路基长度
		1		软土处理	km	按不同的处置方法划分细目
			1	抛石挤淤	m^3	
			2	砂、砂砾垫层	m^3	
			3	灰土垫层	m^3	
			4	预压与超载预压	m^2	
			5	袋装砂井	m	

续上表

项	目	节	细目	工程或费用名称	单　位	备　注
			6	塑料排水板	m	
			7	粉喷桩与旋喷桩	m	
			8	碎石桩	m	
			9	砂桩	m	
			10	土工布	m^2	
			11	土工格栅	m^2	
			12	土工格室	m^2	
				……		
		2		滑坡处理	处	按不同的处理方式划分细目
			1	卸载土石方	m^3	
			2	抗滑桩	m^3	
			3	预应力锚索	m	
				……		
		3		岩溶洞回填	m^3	按不同的回填材料划分细目
			1	混凝土	m^3	
				……		
		4		膨胀土处理	km	按不同的处理方法划分细目
			1	改良土	m^3	
				……		
		5		黄土处理	m^3	按黄土的不同特性划分细目
			1	陷穴	m^3	
			2	湿陷性黄土	m^2	
				……		
		6		盐渍土处理	m^2	按不同的厚度划分细目
				……		
	5			排水工程	km	按不同的结构类型分节

参 考 文 献

[1] 李继也,张峰.公路工程造价与实例[M].北京:化学工业出版社.2010.

[2] 交通运输部职业资格中心 .公路工程造价的控制[M].北京:人民交通出版社.2011.

[3] 交通运输部职业资格中心.公路工程造价案例分析[M].北京:人民交通出版社.2011.

[4] 雷书华,陈志君 .公路工程预算与工程量清单计价[M].北京:人民交通出版社.2008.

[5] 中华人民共和国国家标准.GB 50500—2008 建设工程工程量清单计价规范[S].北京:人民交通出版社.2008.

[6] 中华人民共和国行业标准.JTG/T B06-02—2007 公路工程预算定额[S].北京:人民交通出版社.2010.

[7] 中华人民共和国行业标准.JTG B06—2007 公路工程基本建设概预算编制办法[S].北京:人民交通出版社.2007.

[8] 宾雪锋 .公路工程造价编制与案例分析[M].北京:人民交通出版社.2011.